W0236115

PETER JOKOSTRA

HEIMWEH
NACH MASUREN

Jugendjahre in Ostpreußen

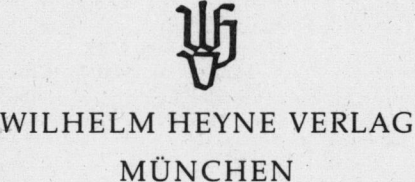

WILHELM HEYNE VERLAG

MÜNCHEN

HEYNE ALLGEMEINE REIHE
Nr. 01/6420

Genehmigte, korrigierte Taschenbuchausgabe
Copyright © by Albert Langen Georg Müller Verlag GmbH, München
Printed in Germany 1985
Umschlagfoto: Bildagentur Mauritius/Muth, Mittenwald
Umschlaggestaltung: Atelier Ingrid Schütz, München
Gesamtherstellung: Elsnerdruck GmbH, Berlin

ISBN 3-453-01978-4

INHALT

Für
Maja Komorowska

»Leben ist ein Prozeß, den man verliert,
was man auch tut, wer man auch ist.«

Thomas Bernhard

Prolog
oder
Die Sekunde der Wahrheit

Nach dem Ende des Ersten Weltkriegs, dem Zusammenbruch der deutschen Monarchie, der Gründung der ersten deutschen Republik, wurde die östlichste deutsche
Provinz Ostpreußen, das ehemalige Land der Pruzzen,
in dem jahrhundertelang der Ritterorden über die polnischen Stämme herrschte, von Deutschland abgetrennt.
Diese Trennung, die Ostpreußen zu einem fernen, für
uns Zwanzigjährige exotischen Land machte, isolierte
das Agrarland von dem geschrumpften Restreich, das
sich nun als Republik etablierte und eine demokratische
Verfassung gab. Der Versailler Friedensvertrag vom Juni
1919 sprach dem neuerstandenen Polen, das ohnmächtig
zwischen dem Zarenreich und den deutschen Armeen
zermalmt worden war, die bis Kriegsende preußischen
Provinzen Posen und Westpreußen bis zur Weichsel zu.
Zwischen dem deutschen im Volksmund als ›Weimarer
Republik‹ denunzierten Mutterland und der isolierten
Provinz Ostpreußen entstand der sogenannte ›Polnische
Korridor‹. Auch dieser Begriff, der den Nachfolgegene-
rationen nichts mehr bedeutet, der keinen aktuellen
Aussagewert mehr besitzt, sondern nur als historisches
Kuriosum verstanden werden kann, machte deutsche
Unheilsgeschichte. Denn niemand sprach damals mehr
von Posen und Westpreußen. Jeder, der zum Beispiel
von Berlin nach Königsberg oder Allenstein, ins Erm-
land oder nach Masuren reiste, fuhr eben durch den
›Polnischen Korridor‹. Es gab für mich nur *eine* schnelle

Verbindung zu diesem östlichsten Land jenseits der Weichsel, einen Nervenstrang, an dem die abgetrennte Provinz hing, verletzlich und in ihrer Entwicklung gehemmt: das war der D-Zug von Berlin durch den ›Korridor‹ über Frankfurt an der Oder, Neu-Bentschen, Deutsch-Eylau — diese Grenzstation lag bereits in Ostpreußen — weiter über Osterode, Allenstein, Korschen, Lötzen, Lyck nach Prostken. Prostken, ein völlig unbekanntes, nur auf Spezialkarten auffindbares Dorf, war das Ende der fast tausend Kilometer langen Strecke zwischen Berlin und der Inselprovinz Ostpreußen, in der Großgrundbesitzer, Bauern und Landarbeiter miteinander leben mußten. Sie lebten in der Tat ein Inseldasein, verwirklichten aber auch eine souveräne Existenz. Denn was in der fernen Hauptstadt geschah, ging sie im Grunde genommen nichts an. Sie folgten den Beschlüssen ihres Landtages in Königsberg. Dort hatte die schwarzweißrote und immer noch kaiserliche Deutschnationale Volkspartei die absolute Mehrheit. Der Landtagspräsident war, als ich Berlin verließ, um in dem exotischen Ostpreußen, meiner Traumvorstellung folgend, den Trennungsstrich zwischen einer großstädtischen Existenz und dem Idealbild eines freigewählten Landlebens zu vollziehen, ein konservativer Großagrarier, ein sogenannter ›ostelbischer Junker‹.

Die Geschichte dieses Entschlusses ist auch die Geschichte einer Selbsttäuschung, vor allem aber der Kommentar zu einer spätpubertären Krise.

Aber ich muß zurückblenden auf die tatsächlichen Verhältnisse, die einen historisch unheilvollen Prozeß einleiten. Dieser einzige D-Zug von Berlin durch das südliche Ostpreußen, durch die Landschaft der dreitausendfünfhundert Seen Masurens, die niemand von uns damals kannte, von der nur Gerüchte im Umlauf waren — es gab ja noch keine Neckermann-Reisen, die dieses

Land dem Tourismus erschlossen und ihm dadurch seinen Reiz genommen hätten —, durchfuhr die tausend Kilometer bis Prostken in etwa zehn Stunden. Das war eine später, auch heute noch nicht erreichte Geschwindigkeit. Heute hemmen Paß- und Zollkontrollen, buchstäblich drei unüberwindbare Grenzen, jede Tempobeschleunigung. Denn in Frankfurt an der Oder filzen die DDR-Grenzpolizisten die Reisenden. Dann prüfen die polnischen Genossen die Papiere. Allein dieser Aufenthalt verzögert die Fahrt je nach dem Ergebnis der Kontrolle um eine Zeit, die die höhere Geschwindigkeit später nicht wieder einholen kann. Die Strecke ist nicht elektrifiziert. Die technischen Voraussetzungen und Bedingungen der Reise nach Masuren — um mein damaliges Ziel zu nennen — sind die gleichen wie vor fast fünfzig Jahren. Damals — das war das kaum noch einem Zeitgenossen verständliche Kuriosum — fuhr der D-Zug von der deutschen Grenzstation Neu-Bentschen, die ebenso in Vergessenheit geraten ist wie das achthundert Kilometer entfernte Grenzdorf Prostken, ohne zu halten, dreihundert Kilometer bis Deutsch-Eylau durch.

In Prostken konnte man nach Polen umsteigen, falls man — was selten vorkam — über Grajewo nach Warschau fahren wollte.

Prostken hatte wie Neu-Bentschen nur politische, keine verkehrsfördernde Bedeutung. Aber entscheidend war die merkwürdige Tatsache, daß kein deutscher Zug im ›Polnischen Korridor‹, also in Polen, in den ehemaligen deutschen Provinzen Posen und Westpreußen, halten durfte. Wenn er aber tatsächlich halten mußte, weil in einem Bahnhof ein anderer Zug bereitstand oder ein Einfahrtsignal nicht gezogen war und die Durchfahrt nicht freigab — dann durfte niemand ein- oder aussteigen. Der D-Zug Berlin—Ostpreußen durchfuhr die polnischen Bahnhöfe mit unvermindertem Tempo. Es gab keinen fahrplanmäßigen Aufenthalt in Posen, Gnesen, Hohensalza und Thorn. Fairerweise sollten diese nach 1945 wieder polnischen Städte — die Hitlerherrschaft stellte lediglich ein Interregnum von sechs Jahren dar — mit ihren Namen genannt werden, an die wir uns endlich gewöhnen sollten: Poznań, Gniezno, Inowroclaw und Torun. Wer aus Norddeutschland nach Ostpreußen reiste, fand noch eine Route, die auf Umwegen von Stettin durch Pommern über Danzig nach Elbing führte. Von dort gab es Nebenstrecken nach Königsberg und Allenstein. Eine dritte Verbindung bestand zwischen Danzig über Dirschau und Marienburg nach Deutsch-Eylau. Ostpreußen hing — das zeigt dieses Eisenbahnnetz — an einem dünnen, einem seidenen Faden.

Er war aus dem Stroh der riesigen Weizen-, Roggen-, Gersten- und Haferfelder der großen Herren dieses Landes geflochten. Die Latifundien gehörten Familien, deren Namen untergegangen und vergessen sind. Einige davon besitzen für mich Erinnerungswert, weil ich ihnen begegnet bin, weil ich über ihre Felder gewandert und gefahren bin mit der Bahn, mit dem Fahrrad, seltener mit einer Gig und im Winter oft mit dem Schlitten, der auf jedem Guts- und Bauernhof bereitstand, gepflegt und für Ausfahrten im hohen kontinentalen Schnee geeignet. Es waren Namen, die ebenfalls Geschichte, Unheilsgeschichte gemacht haben: die Fürsten zu Eulenburg auf Prassen und Gallingen, die Grafen von der Trenck-Schakaulack, die Grafen von Dohna-Schlobitten-Schlodien-Tolksdorf und Carwinden, dann die von der Gröben-Langheim und Ponarien, die Dönhoffs in Dönhoffstädt und Quittainen, die Grafen Kanitz-Podangen, die von Finkenstein auf Schloß Finkenstein im Kreis Rosenberg und schließlich die durch den Widerstand gegen Hitler bekannt gewordenen Grafen Lehndorff, deren Besitz über ganz Südostpreußen verstreut war, in deren Stammschloß Groß Steinort der letzte Graf das Attentat auf Hitler in der Wolfsschanze mit Ungeduld erwartete, weil er darin verstrickt war, der Graf, der mit dem Attentäter, dem Grafen von Stauffenberg, Kontakt hielt und auf die Erfolgsmeldung wartete, während die Gestapo bereits sein Schloß umstellte und ihn nach seinem Sprung aus dem Fenster im Mauerwald verhaftete. Er wurde mit den Verschwörern hingerichtet.

Das Land der Fürsten, Grafen, Freiherrn und Barone war das eigentliche Ostpreußen. Es hatte zu Kaisers Zeiten von 1902 bis 1912 seinen Wortführer, den Herrn von Oldenburg-Januschau, als Abgeordneten der deutschnationalen Volkspartei in den Reichstag geschickt.

In Ostpreußen und in meinem Zielgebiet, wohin mich meine Träume, die Illusionen eines Zwanzigjährigen, trieben, in Masuren, hatte es keine Novemberrevolution 1918 gegeben. Dort war die Republik nicht existent, war Demokratie eine suspekte und abstrakte Formel, die nichts aussagte und zu nichts verpflichtete. Die Instleute, die Deputatarbeiter, die Schnitter wußten nichts von den veränderten Verhältnissen im Reich; für sie hatte sich seit 1918 und dem verlorenen Krieg nichts geändert. Alle waren sich einig, daß man Glück gehabt hatte, weder die Polen oder noch schlimmer die Russen im Land zu halten. Das sollte dann ›tausend Jahre‹ später, also genau zwölf Jahre nach Machtübernahme durch den ›Führer‹, den größten Zerstörer aller Zeiten, der sich für den größten Feldherrn hielt, mit undenkbarer Brutalität und Endgültigkeit über das Volk der 1933 noch abgetrennten Ostprovinz kommen. Das Ende brach wie ein alles vernichtender Orkan über die Menschen herein, als 1945 die Rote Armee Ostpreußen buchstäblich im eigenen Blut erstickte, es niederwalzte mit einer Panzerarmada, die über das wehrlos gewordene, von seinem Gauleiter im Stich gelassene und verratene Land rollte.

Es kann keine Geschichtsbeschreibung geben, die diesem Ereignis, diesem Phänomen einer vollständigen Zerstörung gerechnet wird. Die Fantasie kommt bei dieser Vorstellung aus dem Takt. Die Visionen werden zweifelhafte Spielereien mit Untergangsszenen. Die Heimsuchung war so umfassend, daß ihr niemand entkommen konnte, dem es nicht durch ein Wunder gelang, mit einem Treck zwischen den aufgerissenen Fronten durchzubrechen. Untertauchen und irgendwo in der Geborgenheit wieder auftauchen, staunen, daß man es überlebt hatte, daß es ein Weiterleben nach dem Inferno gab: Das war alles, was an Möglichkeiten noch offen war. Ganze Dörfer verschwanden von der Landkarte und sind auch heute nicht mehr verzeichnet. Der Autor und Verlagslektor Herbert Reinoß, der vor zwei Jahren nach Rydzewen bei Lyck unterwegs war, fand an der Stelle seines Heimatdorfes eine dichte Buschwildnis, eine Art neuerstandenen Dschungel. So widerfuhr diesem Land, was seine Soldaten, die besten Divisionen Hitlers, im russischen Nachbarland Jahre zuvor im ›Unternehmen Barbarossa‹ in der Tat barbarisch vollzogen hatten, ohne zu ahnen, daß die Vernichtungsstrategie, die Taktik der ›verbrannten Erde‹, immer ein Bumerang ist, der den Werfer trifft.

Alles hat seine Zeit und sein Maß. Das gilt auch für dieses Land, das ich mir als Wahlheimat gewählt hatte, als ich aus Berlin und aus der heimatlichen Kleinstadt Grodk an der Spree aufbrach, um Neuland für mich zu entdecken, wo mein unruhiger Sinn, mein krankes Gemüt Frieden finden würden. Sprechen wir nicht von Geist und Seele, obwohl auch diese geschundenen Begriffe auf mein Verhalten zutrafen, meine innere Verfassung betrafen. Ich hatte mich entschieden. Das Reiseziel war Masuren, Masuren, wo es am ›masurischsten‹ war, abseits der einzigen D-Zug-Verbindung mit Berlin, abseits der Hauptchausseen, die damals im Vergleich zum heutigen Verkehrssystem noch beschauliche Landstraßen, oft nur Landwege und Pisten waren.

Der Drehpunkt, die Drehscheibe des ostpreußischen Eisenbahnnetzes war die Station Korschen zwischen Rothfließ und Rastenburg. Wer kennt noch Korschen? Wer weiß, daß es eine D-Zug-Station Rothfließ gab, von der eine Nebenbahn zu der kleinen Stadt Bischofsburg und über Sorquitten, wo der ehemalige Kapitänleutnant Freiherr von Paleske residierte, nach Sensburg und zu den masurischen Seen führte, eine andere nach Norden in die alte Bischofsstadt Heilsberg und nach Landsberg bis Sangnitten? Ein Name, der ebenfalls keinem, der nicht dort war, mehr etwas zu sagen hat. Ich nenne die Namen, um Vergessenes aus der Versunkenheit ans Licht zu heben. Ich bin ein Schatzsucher, der Namen ausgräbt, keine Steine und Tonscherben von Vorzeitkulturen, sondern lebendige Namen, die zu früh begraben wurden, die von Menschen, die sich zu erinnern vermögen, oft nur verschwiegen werden, scheintote Namen wie der des Freiherrn von Alt-Stutternheim-Schnakenhof.

Korschen, die Drehscheibe, der große Bahnhof und der kleine unbedeutende Ort. Einige Bauern, eine Kneipe, ›Krug‹ genannt und ziemlich schmuddlig, sonst nichts. Man fährt nicht nach Korschen. Aber man muß *über* Korschen fahren, wenn man nach Masuren, nach Rastenburg, Lötzen, Lyck oder Treuburg will. Johannes Bobrowski, Richard Anders und Arno Surminski, Marion Gräfin Dönhoff-Dönhoffstädt, Hans Graf von Lehndorff, der Arzt und Chronist des Massakers von Königsberg, Herbert Reinoß, der Lektor und Herausgeber, auch Siegfried Lenz aus Lyck, sind über Korschen gefahren und haben sich dabei nichts Außergewöhnliches denken können. Alle, die aus Masuren kamen und weiter in die

Republik, später ins ›Reich‹, wollten, mußten über Korschen fahren und dort einige Minuten anhalten oder umsteigen, wenn sie aus Insterburg oder Gumbinnen, aus Tilsit oder Pillkallen kamen. Das war so in der Zeit, als die Bahn das einzige Fernverkehrsmittel war, als Autos auf ostpreußischen Straßen noch Seltenheitswert besaßen. Wenn ein Auto vorüberfuhr, richteten sich alle Schnittermädchen aus ihrer gebückten Haltung auf den Kartoffel- und Rübenfeldern auf, spürten für einen Augenblick des Hinsehens und Nachschauens lang ihren schmerzenden Rücken und dachten vielleicht: »Da fährt nun so ein reicher Kerl mit seinem Auto herum, während wir hier zehn Stunden im Akkord Kartoffeln ausbuddeln oder Rüben verziehen.« Aber vielleicht war es auch ein Arzt, der Tierarzt oder tatsächlich ein Großagrarier, ein ›Junker‹, ein Landbesitzer wie die Grafen ringsum.

Von Korschen konnte man nach Nordostpreußen fahren, nach Gerdauen zum Beispiel oder über Bartenstein nach Tharau, wo das Ännchen herstammte, im Lied allerdings nur, und weiter nach Königsberg. An Korschen kam niemand vorbei. Es hatte fast eine strategische Bedeutung wie dann im ›Unternehmen Barbarossa‹ das hart umkämpfte Rosslawl, wo auch alle Transporte durchmußten, die an die Front vor Moskau wollten. Aber damals in Berlin, der Stadt Franz Biberkopfs, die in einer Art Rausch, einer Tropik des unaufhaltsamen Untergangs lebte, als man schon die demagogische Stimme des Gauleiters Goebbels hören konnte, wenn man überhaupt fähig war, kommende Katastrophen vorauszuahnen, das Unheil wahrzunehmen, damals konnte niemand wissen, daß die Würfel schon gefallen waren, daß dieses wilde, brausende, zügel- und gedankenlose Leben, das berauschte Sichfallenlassen, ein vorbestimmtes Ende nehmen würde.

Ich reiste eines Tages im Sommer 1933, als Berlins

Halbweltzauber, sein Glanz bereits erlosch, mit dem einzigen D-Zug des Tages nach Lötzen in Masuren. Dort wollte ich leben. Dort wollte ich ein besserer Mensch werden. Denn ich besaß nicht mehr die Kraft, Widerstand zu leisten gegen diese Kräfte verzehrende und Seelen zerstörende Stadt, die Alfred Döblin als ›große Hure Babylon‹ beschrieben hatte. Ich hatte gerade seine mörderische Geschichte vom Franz Biberkopf gelesen. Ich hatte in den Spelunken rund um den Alexanderplatz herumgesessen. Ich war infiziert von Berlin und identifizierte mich mit dem Schicksal Franz Biberkopfs. Ich mußte mich, so weit es nur ging, von diesem Zentrum des Verbrechens entfernen. Ich wollte den Tanz auf dem Vulkan nicht mehr mitmachen.

Masuren! Masuren! Es gab kein anderes Ziel, keinen anderen Ausweg, der mich zu mir zurückführen konnte, zu meinem eigentlichen Leben. Masuren war für den gescheiterten Studenten der Philosophie und Kunstgeschichte die Alternative, der rettende Hafen vor dem Versinken im Chaos der Straße. Ich wohnte im Nuttenviertel, unmittelbar hinter der Potsdamer Straße an der Apostelkirche. Unter meinem Zimmer, im Parterre, war eine Bar mit betrunkenen Mädchen, in der der Barbesitzer allnächtlich seine riesigen Doggen peitschte und die Dirnen dazu.

Unser Treffpunkt war eine kaum beleuchtete Nebenstraße, eine Kneipe, die ebenfalls im Halbdunkel dahindämmerte. Es gab kein Neonlicht, nur entfernt eine Straßenlaterne als Orientierungspunkt. Die Straße war mit ihren hohen rußschwarzen Mietshäusern ins Zwielichtige getaucht. Sie konnte ebensogut in einem verfilmten Dostojewski-Roman aus Leningrad zu finden sein. Denn finden mußte man die Annenstraße und unsere Kneipe, wo sich die arbeitslosen Intellektuellen des ›Synergon-Clubs‹ trafen und mit ihrem letzten Stempelgeld die letzten Biere bezahlten, ehe sie ausgehöhlt und erschöpft von nächtelangen Gesprächen mit rauh gewordenen Stimmen und trockenen Lippen nach Hause wankten.

Ich erinnere mich an keine Einzelheit dieser ersten Fahrt nach Masuren — es sollten noch viele Fahrten folgen —, keine Details, keine Begegnung, keine Gespräche, nicht einmal, wie ich abreiste . . . Nur eine ganz nebensächliche Episode, ein Bild blitzt auf von dieser längsten Reise, die ich bis zu diesem Tag gemacht hatte. Dieses Bild ist mir deutlich, überscharf und transparent vor dem Hintergrund anderer mich direkt betreffender und oft schrecklicher Ereignisse haften geblieben. Es ist stehengeblieben. Ich kann es in die Kamera obskura schieben, wieder herausziehen, betrachten: Es erscheint immer in demselben Licht. Auf dem Bahnsteig von Inowroclaw — ich sehe deutlich das für mich unleserliche Namensschild — stand eine Gruppe polnischer Ulanenoffiziere mit der Rogatywka, der für sie typischen Viereckmütze mit dem großen blanken Mützenschirm. Sie hielten ihre Hände fest am Knauf ihrer schweren Schleppsäbel. Sie waren begleitet von kleineren, sehr schönen dunkelhaarigen Frauen, die lachten, während die jungen Offiziere den D-Zug ›nur für Deutsche‹ vorüberrollen ließen, langsam wie in einem Film von Zanussi. Es war wie eine raffiniert gestellte Filmaufnahme. So gruppierten sich die Paare in meiner Erinnerung, die immer auf der Lauer liegt, um Bilder zu produzieren, die Anhaltspunkte an die Wirklichkeit sucht, die die Realität der wieder Gegenwart gewordenen Vergangenheit erkennt. Denn die Vergangenheit — das wußten schon die Chinesen der alten Dynastien — ist nur ein Schatten der Zukunft.

Przytullen

Obwohl von der Nazi-Ideologie immer wieder das ›einfache Leben‹ und die ›Verbundenheit mit der Scholle‹ propagiert wurden, war es absolut ungewöhnlich, daß ein Student aus der Großstadt auf das Land floh und dort arbeitete, wenn ihn nicht politische Gründe oder Ängste dazu veranlaßten. Später begegneten mir auf diesem Weg viele untergetauchte Systemgegner, die das Klima der Bespitzelung und Verfolgung nicht mehr ertragen konnten. Der erste Sommer in Masuren war für mich ein Alptraum. Er wurde zur privaten Katastrophe — privat, weil sie nur mich betraf und keinen anderen Menschen in meinen Abgrund hineinzog oder gar nachholte, wie der Teufel kranke Seelen in sein Schattenreich lockt, wenn man ihn erst nimmt und an ihn glaubt —, was damals in diesem Land der magischen Reflexe, der Mythen, Märchen und Legenden noch vielen widerfuhr.

Mein Zustand der völligen Vereinsamung, der Isolierung, der Verlassenheit ohne Trost und Partner, den ich heute als eine unbewältigte Pubertätserscheinung betrachte — jedenfalls könnte ich ihn so verstehen und zu erklären versuchen —, hatte jedes erträgliche Maß überschritten. Verschärfend wirkte auf dieses furchtbare Gefühl des Alleingelassenseins die Großartigkeit dieser stillen, weiten, nach allen Seiten offenen, von keiner Stadt, keinem Industriewerk begrenzten oder eingekreisten Landschaft. Außer dem täglich einmal vor der staubigen, ungepflasterten Gutsstraße anhaltenden gelben Postbus, der zwischen dem Marktflecken Benkheim und der masurischen Mini-Metropole Lötzen, dem Herzen

Masurens, verkehrte, sah ich niemals ein Auto auf dieser immerhin bereits asphaltierten Landstraße, die in Possessern von der Chaussee Lötzen—Angerburg abzweigte und in Windungen an dem Gut Karlsberg vorbeiführte.

Es gab hier nichts mehr, was mich mit den turbulenten, aber verzweifelten Jahren in Berlin verband. Es führte kein Weg zurück. Ich mußte diese ersten Monate der Selbstprüfung durchhalten. Dann wollte ich wieder an die Universität nach Berlin reisen. Eine weite Reise aus dem ›Lande der Barbaren‹.

Ich war aus Berlin nach Przytullen in Masuren in eine abseitige Welt verschlagen worden, in die nur selten ein Berliner eingedrungen war. Ich war ein Mensch, der aus Berlin geflohen war, der in der Hauptstadt der verachteten schwarz-rot-goldenen Republik gelebt hatte, einer so fremden und feindlichen Welt, wo in der naiven Einbildung der konservativen Gutsbesitzer, Bauern und Landarbeiter die ›Roten‹ den Ton angaben, die Kommunisten und Juden. Man war hier auf den Großgütern und in den Bauerndörfern nicht fanatisch antisemitisch. Man war deutschnational aus Tradition. Man war aber keinesfalls damals schon für die Nazis. Man ignorierte Hitler und seine hakenkreuztragenden Sturmtruppen, die SA und SS. Man hielt sie für politisch unreife Randalierer. Aber man wollte auch keine jüdischen Nachbarn haben, duldete sie jedoch als Viehhändler und Getreideaufkäufer, als Kunstdünger- und Futtermittellieferanten. Man handelte mit ihnen, fühlte sich aber überlegen. Sie blieben Fremde, wurden nicht in die konservative Agrargesellschaft integriert.

Ich kann mich nicht erinnern, in jenen Jahren, in denen ich ganz Ostpreußen von Süden nach Norden, von der Küste bis zur polnischen Grenze durchquert habe, jemals auf einen aggressiven antijüdischen Trend gestoßen zu sein, außer bei den SS-Brüdern eines Großbauern in Gurnen bei Goldap, dessen Hof unmittelbar an der polnischen Grenze lag.

Autos gab es ganz selten, nur vereinzelt in den Städten und bei den Großgrundbesitzern. Der Landarzt kam zu uns nach Przytullen in einem alten Landauer, einer Kalesche mit schwarzer Plane und zwei asthmatisch keuchenden Pferden davor, die sich, an unseren Jahren gemessen, im Greisenalter befanden. Er kam mit einer alten brüchigen Reisetasche und glich um ein Haar dem Landarzt, wie ihn Franz Kafka beschrieben hatte und wie er noch Jahre später auch die mecklenburgischen Güter besuchte.

Unsere großen Getreide- und Kartoffelfelder, die je rund hundert Morgen Land umfaßten, lagen zum Teil links und rechts der mit Jahrhundertbirken gesäumten Landstraße. In den Monaten, die ich auf diesen Schlägen — so hießen die Felder in der Fachsprache der Landleute — mithalf, die Äcker zu bestellen, die Ernte zu bergen und die Stoppeln zu schälen, sie dann in einem zweiten Arbeitsgang tief zu pflügen, um sie für die Wintersaat vorzubereiten, fuhr nur der alte tägliche Postbus mit klappernden Schutzblechen an uns vorbei. Jeder blickte auf: die Frauen vom Garbenbinden, die Arbeitskolonnen vom Kartoffelpflanzen, vom Rübenhacken und Rübenverziehen, und manche winkten, andere dachten, daß es schön sein müßte, auch einmal mit diesem für damalige Vorstellungen schnellsten Fahrzeug nach Lötzen zu reisen. Der Bahnhof im Nachbardorf Possessern war immerhin sechs Kilometer entfernt. Es war immer ein Ereignis, eben eine Reise, wenn man das Gutsdorf verließ und einen anderen Ort kennenlernte, dort etwas Unerhörtes sah und erlebte, auch wenn es das Leben nicht veränderte.

Wenn nichts Undenkbares und Unvorstellbares,

nichts Außergewöhnliches geschah, dann blieb man mit Wolfgang B., dem Herrn, den die Kutscher den ›Oolen‹ — mit ganz breitem langgezogenen O — nannten, ›verheiratet‹. Es konnte einem Instmann — so hießen die Landarbeiter in Masuren, im ganzen Osten — widerfahren, daß er wegen Faulheit oder Aufsässigkeit entlassen wurde. Dann suchte er Arbeit auf einem Gut der Nachbarschaft, vielleicht beim alten Herrn W. in Possessern, der noch tausend Morgen Land mehr besaß, aber dafür auch um so tiefer in Schulden steckte als der ›Oole‹. Oder man bewarb sich auf der noch größeren, viertausend Morgen umfassenden Domäne Buddern, bevor sie von der ostpreußischen Landgesellschaft, einer Siedlungsgesellschaft, aufgekauft und parzelliert wurde. Vielleicht gehörte man dann dort zu den Auserwählten, die eine Siedlung, meist nicht mehr als fünfundsiebzig Morgen, im Höchstfall einhundertzwanzig Morgen, zugeteilt bekamen. Dann war man Bauer auf eigenem Boden, aber immer eben Kleinbauer mit zwei Pferden. Das Vieh mußte man auf Kredit, auf Wechsel vom ›Juden‹ kaufen. Juden wurden auch die nichtjüdischen Viehhändler genannt. Wer mit Vieh, Getreide und Kunstdünger handelte, war einfach immer ein Jude. Das war nicht einmal unbedingt diffamierend gemeint, obwohl eine Infamie dahintersteckte. Denn wer diese verbissen und gerissen handelnden Geschäftsleute einmal pauschal als Juden bezeichnet hatte, tat es nicht aus Liebe oder wenigstens Zuneigung zu ihnen. Aber es war in dieser Bezeichnung nicht automatisch ein Makel enthalten, auch nicht immer Verachtung, sondern im Gegenteil oft Hochachtung vor den Fähigkeiten der Händler, mit Geld und natürlich mit Vieh und Ware umzugehen. Sie waren eher gefürchtet als gehaßt. Haß, nein, den lernte ich in Masuren nicht kennen. Man stritt miteinander, gegeneinander und umeinander. Man führte Prozesse um Grenzen und Felder, aber das gehörte zum Alltag des Agrariers ebenso wie des Bauern.

Es gab ja Gutsdörfer und reine Bauerndörfer mit Höfen bis zu dreihundert und mehr Morgen und andere — wie das benachbarte Gassöwen —, wo nur Kleinbauern wohnten. Dort besaß niemand mehr als hundert Morgen Land inklusive Wald. Kleine Parzellen, kleine geduckte Gehöfte mit Fenstern im Wohnhaus, die nicht größer waren als die Bullaugen eines mittleren Ozeandampfers oder der Fähre von Rotterdam nach Hull in England.

Das war alles geregelt. Es war im Lot, in Ordnung, hatte seinen geradezu ritualisierten Tagesablauf. Die Zeit verging mit Pferdepflegen, Schweinefüttern, Kühemelken, Ackerbestellen, mit Saat und Ernte, und es stimmte, wenn das Wetter stimmte, wenn es nicht Dauerregen im Sommer oder anhaltende Dürre im Frühjahr brachte. Die Winter waren kalt und nach vielem Schnee klar und still. Dann dampften die Lokomobile vor den Dreschmaschinen, manchmal auch schon Deutz-Diesel-Motore, die das komplizierte System der Dreschmaschinen antrieben, die vorwiegend von der Firma Lanz in Mannheim geliefert wurden und eine Stundenleistung von dreißig und mehr Zentnern Roggen, Weizen, Gerste oder Hafer erbrachten. Mähdrescher gab es noch nicht. Es waren die Lanz- oder Fahr- oder Mac-Cormick-Getreidebinder, Mähmaschinen, die das Korn schnitten und mit einem Faden gebündelt ausstießen auf den bereits gemähten Teil des Schlages. Dann kam die Kolonne der getreidehockenaufsetzenden Männer und Frauen. In manchen Gegenden hießen sie auch Puppen. Jede Hocke wurde zu etwa sechs Paaren gesetzt, schräg nach unten, so daß die Ähren oben zusammenstießen und sich gegenseitig Halt gaben. Das mußte, wie alles auf der ländlichen Erde, mit Sorgfalt und Geschick ausgeführt werden, sonst pusteten die Gewitterstürme die Hocken um. Dann lagen die Garben auf der Stoppel und faulten, wuchsen aus, wurden grün, sie schlugen aus wie Triebe im Frühling.

Das ganze Land war vom Frühling bis zum Herbst in eine Duftwolke gehüllt. Es gab keine fremden Gerüche, keinen Gestank, außer der Jauche aus den Ställen, aber der gehörte zu der spezifischen masurischen Duftnote, war ein scharfes Ingrediens, das die Natur mischte.

Ich hatte noch den Berliner Kneipendunst in der Nase. Ich hatte diesen faden Geruch nach Bier- und Zigarrenresten, nach Kosmetika auf der schwitzenden Haut, nach dem Flair der Dirnen rund um den Alex und den angrenzenden Straßen um Ku'damm und Tauentzien, von der Potsdamer Straße und dem Nollendorfplatz, den Hauptquartieren der damaligen Halbwelt, den Homosexuellentreffpunkten im Eldorado in der Motzstraße und im Café Eck am Hochbahnhof Bülowstraße, also am Ende der berühmten, seinerzeit unglaublich belebten und vom Gewühl der hastig ihren oft dunklen Zielen, ihrem Genuß zustrebenden Menschen bewegten Potsdamer Straße — ich hatte diese Aura einer Metropole, die damals ein wirklich europäisches Geschäfts- und Vergnügungszentrum war, noch in der Erinnerung, war von ihr gewissermaßen infiziert. Ich wußte nur, daß ich ihr entfliehen mußte, wenn ich mich retten, wenn ich überleben und nicht in diesem Klima aus Suff und Schlaflosigkeit für immer scheitern und endlich zugrundegehen wollte. Aber wie sollte ich Abstand zu diesem Leben gewinnen, das kein Leben, sondern der langsame Gifttod war?

Masuren war ein Hilfsangebot, nicht mehr, zuerst jedenfalls nicht. *Ich* mußte etwas daraus machen. Ich allein war zuständig. Aber ich brauchte Partner, Altersgefährten mit ähnlich negativen und katastrophalen Erfahrungen. Aber gerade die gab es nicht in Przytullen. Es konnte sie in ganz Masuren, in ganz Ostpreußen nicht geben. Denn selbst die Hauptstadt Königsberg war im Vergleich zu dem hektischen und heruntergekommenen Berlin Provinz, war fast ein Rest heiler Welt in meiner unseligen Verstrickung. Und nach Königsberg sollte ich erst Jahre später zu der regional bekannten und von fast allen Agrariern und vielen Bauern besuchten Ostmesse kommen.

Der einzige Gesprächspartner, der wenigstens im Ansatz Verständnis für meinen zuerst befristeten Entschluß zeigte, Przytullen als Test für meine freiwillige Verbannung aus ›Babylon‹ zu wählen, war Elsa B., die Frau des ›Oolen‹, des Herrn über zweitausendsechshundert Morgen Land und Wald samt Mensch, Vieh und allem Lebenden und Toten. Elsa, von der noch viel zu erzählen sein wird, war von ihrem elterlichen Gut bei Luckenwalde in der Nähe von Berlin als junge Gartenelevin derselben ›Heerstraße‹ gefolgt, die ich für mein ganz privates Unternehmen aus einem unkontrollierbaren Impuls heraus gewählt hatte. Ich war einer Antwort auf mein Inserat in einer Landwirtschaftszeitung — sie hieß wohl ›Die Grüne Woche‹ — gefolgt. Ich hatte in der Existenzangst, die mich in Berlin immer heftiger gepackt hatte, die mich physisch ebenso gründlich wie in meinem Bewußtsein zu zerstören drohte, weil ich mich daran wundgerieben, aufgerieben hatte, einen verschlüsselten SOS-Ruf formuliert: »Student aus Berlin sucht Arbeit auf dem Lande, möglichst auf einem großen Gut in Masuren.«

Inspiriert hatte mich zu diesem Versuch, ›der großen Hure Babylon‹ zu entkommen, der Sohn der in ganz Ostpreußen bekannten Bierbrauerfamilie Krech aus Goldap in der Randzone der Rominter Heide. Das Krech-Bier war das Gütezeichen Masurens und besaß den gleichen Stellenwert wie das Dortmunder Pils für den Ruhrpott. Der junge Dr. Hermann Krech war aus dem streng konservativen Familienverband ausgeschlossen worden, weil er eine junge Jüdin geheiratet hatte, ›die letzte der Rotte Kora‹, wie er seine stille, sanfte und unendlich geduldige Frau nannte. Diese mütterliche Frau lebte mit dem Dr. phil., der das Staatsexamen versäumt hatte, in einem proletarischen Häuserblock neben der Apostelkirche. Eine heute nicht mehr vorhandene Stadtlandschaft, die mitten im Spannungsfeld zwischen Bürgerlichkeit, Halbwelt und Proletariat lag. Gleich an der nächsten Ecke stieß die Kurfürstenstraße, die aus dem Zooviertel kam, auf die Potsdamer Straße.

Dr. Krech durfte nur aushilfsweise als Deutschlehrer an Gymnasien tätig werden, da er zwar eine interessante Dissertation über die ›Stadtlandschaft in Dostojewskijs Romanen‹ geschrieben hatte, aber dann nach der Vertreibung aus dem Elternhaus im fernen Goldap, zu dem noch das Großgut Niederwitz gehörte, keinerlei finanzielle Unterstützung mehr erhielt. Er war durch die Heirat mit einer Jüdin zum outcast geworden. Als Intellektueller galt er schon vorher in dieser Gesellschaft, die nur in Import und Export denken konnte, als Außenseiter, als Verlorener. Und nun spielte er die Rolle des ›Anarchisten‹, zu dem er in seiner Heimat gestempelt wurde, komplett und mit dem Einsatz seiner letzten physischen und geistigen Kräfte. Er war arbeitslos — das Stempelgeld ging für Bier und Zigaretten drauf, Berliner Kindl und niemals Krech-Bier —, lebte von Gelegenheitsjobs und ganz selten auch von Vertretungen an Gymnasien in der Provinz als Deutschlehrer. So lernte ich ihn kennen. In meiner sorbischen Heimatstadt Grodk in der Luzyca war der jüdische Deutschlehrer für die Oberstufe — damals Sekunda und Prima — gerade entlassen worden, weil man ihm homosexuelle Neigungen unterschob. Die akademische Gesellschaft der Kleinstadt, die das sorbische Landvolk beherrschte und in

Unmündigkeit hielt, hatte diesen Trick erfunden, um den Juden — er hieß Friedländer — aus der kleinen Ortschaft vertreiben zu können. Ein Beweis brauchte nicht erbracht zu werden. Der Verdacht genügte. Die Schulbehörde beugte sich der nationalistischen Clique. Die Stelle war vakant. So kam als Aushilfe Dr. Hermann Krech aus Berlin.

Ich muß dem Dr. Friedländer an dieser Stelle noch meinen um fünfzig Jahre verspäteten posthumen Dank sagen. Er hatte mich zum Kriegsgegner, zum Antifaschisten, erzogen, und zwar ganz einfach durch den Hinweis, ja nicht zu vergessen, das gerade erschienene Werk ›Im Westen nichts Neues‹ von Erich Maria Remarque zu lesen. Ich las es mit heißem Herzen und roten Ohren, immer in Angst, bei der Lektüre erwischt zu werden. Ich versteckte es vor meinem rechtsgepolten ›alten Herrn‹, der schon einmal Kurt Tucholskys ›Das Lächeln der Mona Lisa‹ als jüdisches Gift bezeichnet und vor meinen Augen in den Wohnzimmerofen geworfen hatte. Die seltene Frage: »Was liest du denn da?« hatte mir nicht mehr die Rettung meiner geliebten Lektüre ermöglicht. Ich mußte das fragwürdige Buch ausliefern. Mein Vater blätterte, las einige Zeilen und schleuderte ohne weiteren Kommentar diese ›jüdische Schweinerei‹ in den mit Briketts gefütterten und gerade mit voller Glut brennenden Ofen.

Es war der Schlußstrich in meinem Verhältnis zum Elternhaus. Von da an gab es für mich keinen Kompromiß und keinen Frieden mehr mit der Generation, die uns dann an Hitler und seine Schergen auslieferte, an die Stahlgewitter von Stalingrad, Rschew und Welikije Luki, an die Winterschlachten vor Moskau und Leningrad, an die Kessel von Cholm und Demjansk, an Wjasma, Toropez und Suchinitschi, wo meine Klassengefährten, der Abiturjahrgang 1931, zugrunde gingen: erschossen, erschlagen, erfroren, verhungert, auf viehische Weise im Stich gelassen und verreckt. So denke ich an Günter Klauke, meinen Tippelbruder durch Niederschlesien. In seinem Schlitten stehend führte er als Oberleutnant seine Haubitzbatterie gegen den Einschließungsring um Suchinitschi, wo die Kampfgruppe des Freiherrn von Gilsa mit Tausenden Verwundeten in den Kellern der zerschossenen Häuser dem Ansturm der sowjetischen Armeen standhielt, bis General Nehrings Entsatzeinheiten den Ring sprengen konnten. Er führte die 17. Panzerdivision.

Dr. Hermann Krech aus Goldap, heimatlos in Berlin, in einem nach gekochtem Kohl und dem Mief der Arbeitslosenjahre stinkenden Haus, kam nach Grodk, und wir schrieben unter seiner alle begeisternden Anleitung unseren Abituraufsatz über Hölderlins Griechenbild im ›Hyperion‹. Dann folgte ich ihm nach Berlin und wohnte unmittelbar in seiner Nähe am unteren Ende der Kurfürstenstraße im ersten Stock einer Bar.

Schon am ersten Abend meiner Ankunft in der Hauptstadt führte er mich zu einem Bummel über den Tauentzien zum Ku'damm, durch die Kneipen am Nollendorfplatz, wo ich zum erstenmal betrunkene Nutten bei ihrem Geschäft beobachten konnte. Der fanatische Bewunderer Dostojewskijs und der ›Dämonen‹ wollte mich abhärten: gleich am ersten Abend Kopfsprung in den trüben und verschlammten Teich des funkelnden Spree-Athens. Die Annenstraße und der Alex kamen dann als nächste Zäsur. Es war eine Art Überlebenskur, eine Feuerprobe durch das Nachtleben eines vie fatale. Aber ich blieb der einsame und von den Erfahrungen im Elternhaus geschockte Einzelgänger, der auch dem brüderlichen Freund seine Zerrissenheit und Not nicht mitteilen konnte. Denn Krech war mein großer Bruder. Zudem war er selbst verstrickt in die eigene, ganz massive existentielle Krise. Er sah keine Chance mehr für sich und seine kleine Familie.

Ostpreußen hatte seinen so begabten Bierbrauersohn, der glänzend, aber anders formulierte als der politisierende Zukunftsgenosse Stresemann, verstoßen. Ostpreußen, das war nun für Dr. Hermann Krech, der seine Heimat nie wiedersah, sie nicht mehr wiedersehen wollte, identisch mit den Krech-Bieren. Das war das schale Bier des Vaterlandes, ungenießbar geworden. Aber die Landschaft bewunderte er wie eine verlorene Geliebte in Baudelaires Gedichten. Dieses Wissen von der Weite und Vollkommenheit dieser Landschaft, ihrer Strukturen und Vielfältigkeit, ihrer sanften Hügel und ziehenden Störche, Kraniche und Schwäne, den Elchen in den riesigen Sumpfwäldern des ›Großen Moosbruches‹ unweit der Kurischen Nehrung vermittelte er mir. Er schuf das Leitbild für meinen Ausbruch aus dem unmenschlich leeren Gefühlsklima dieser im eigenen Unrat erstickenden Metropolis der zwanziger und dreißiger Jahre. Es gab für mich keinen Grund, diese Jahre als ›goldene Jahre‹ zu empfinden. Ich habe mich in dieser mir fremden Tropik überreizter Wahrnehmungen und Irritationen fast verloren, fast zu Tode gelebt.

Hermann Krech starb fünfunddreißigjährig vor der Haustür des verkommenen Miethauses an der Apostelkirche durch einen Gehirnschlag. Er starb, bevor er sich das Leben nehmen konnte. Denn für ihn gab es kein Überleben nach der Machtübernahme durch die braunen ›Dämonen‹ made in Germany.

So inserierte ich in der ›Grünen Woche‹, und es meldete sich als erster dieser Herr auf Przytullen im Kreis Angerburg, genau auf halbem Weg von Angerburg nach Lötzen. Er bot mir einen Arbeitsplatz mit einer kurzen Einführung in seinem Besitzstand an: »Przytullen, Bahnhof Possessern sechs Kilometer entfernt. Zwanzig

Kilometer von Lötzen und Angerburg. Betriebsfläche zweitausendsechshundert Morgen, bestehend aus dem Hauptgut Przytullen und dem Vorwerk Natalienhof. Ich würde mich über Ihre Zusage freuen. Baldige Nachricht erbeten. Wolfgang B.«

Ich sagte postwendend zu und verließ Berlin, fuhr für einen Tag nach Grodk, um noch einige unvermeidliche familiäre Gespräche zu führen, und meldete mich zu Hause ab. Mein Vater konnte sich nicht verkneifen, die Ortsnamen Przytullen und Possessern zu verunglimpfen und dabei gleichzeitig seinen politischen Ballast abzuwerfen. Diese Entschlackungsaktion in eigener Sache gipfelte in dem Resümee: »O Gott, o Gott, was für Namen! Das sind ja Polacken!«

Das Wort Pole sprach er nicht aus. Alles, was jenseits der Weichsel lebte, gehörte zu den verhaßten Polacken. So fuhr ich als ein Heimatloser in ein Land, das ich nur durch Krechs romantische Beschreibungen kannte, die er im poetischen Stil Hugo von Hofmannsthals vortrug:

>»Dies ist ein Ding,
>das keiner voll aussinnt,
>und viel zu grauenvoll,
>als daß man klage:
>Daß alles gleitet und vorüberrinnt . . .«

Von der ersten langen, einen ganzen Tag dauernden Reise von Frankfurt an der Oder, wohin ich über Cottbus und Guben mit einem Personenzug gelangte, bis zum Zielbahnhof Lötzen im Herzen Masurens weiß ich keine Einzelheiten mehr.

Die Erinnerung ist in diesem Fall gelähmt, sie produziert keine Details, die ich nachzeichnen könnte. Meine Verzweiflung hat sie ausgelöscht. Aber von der Ankunft weiß ich alles.

Ich werde von Thus, dem Fahrer des schon damals alle Merkmale eines Oldtimers aufweisenden Autos Wolfgang B.s erwartet. Der Mann mit dem gutmütigen Gesicht und demütigen Lächeln eines treuen Dieners seines Herrn — ein schmales Bärtchen à la Menjou schmückte seine Oberlippe — trat auf mich zu und zog seine Schildmütze, eine Bundeskanzlermütze. Er stand stramm vor Ergebenheit und Respekt: »Sind Sie der Student aus Berlin?« »Der bin ich.« »Ich soll Sie abholen und nach Przytullen fahren.«

Wir fuhren im offenen grünen, noch mit Außenschaltung versehenen Wagen. Thus hatte den Motor mit einer Handkurbel angeworfen. Wir fuhren schweigend. Denn wir wußten nicht, wie wir uns verständigen sollten. Aber immerhin nannte mir der Mann, der sich als Thus vorgestellt hatte — einen Namen, den er mehrmals wiederholen mußte, ehe ich ihn verstand —, die Namen der Dörfer und Güter, an denen wir vorbei oder durch die wir hindurchfahren mußten, wenn wir nach zwanzig Kilometern Fahrt das mir geheimnisvoll erscheinende Ziel erreichen wollten: Przytullen. Ein Wort, das alle Gerüche, Düfte und Geschmacksnuancen Masurens weckt, so fern heute, so nah für alle Zeiten. Wir zuckelten mit einem Höchsttempo von sechzig Kilometer über die asphaltierten Straßen, manchmal auch durch ein ungepflastertes Dorf. Mehr schaffte der alte Opel aus den ›goldenen zwanziger Jahren‹ nicht. Es ging über die Höhen und durch die Tiefen, auch Untiefen — wenn wir vor Hühnern und Schweinen bremsen, vor Ferkeln anhalten mußten — der mir fremden, aber mich sofort in ihren Bann ziehenden Landschaft. Die Güter Possessern und das früher zum ›B.-Imperium‹ gehörende Karlsberg auf von Holunder überwachsenem Hügel markierten die ersten bleibenden Eindrücke von dieser Ausfahrt in das Land der Geister, die die Erinnerung beschwört. »Possessern ist unsere Bahnstation an der Strecke Lötzen—Angerburg. Hier verladen wir immer unsere Schlachtschweine. Noch sechs Kilometer bis nach Hause«, erklärte Thus, und sein verschlossenes Gesicht hellte sich auf. Er wurde zugänglicher, je näher wir diesem Zuhause kamen. Er sagte tatsächlich: »Dann sind wir da.«

Aber ich kam in die Fremde. Für mich gab es kein Zuhause mehr. Ich hatte diese Vorstellung und dieses Wort gerade aus meinem Vokabular gestrichen. Dann fuhren wir in einem weiten schwingenden Bogen vor der Terrasse des ganz aus grün gestrichenem Holz — es roch nach Fichten- oder Kiefernholz — errichteten Gutshauses vor. Mein Gastgeber der kommenden Monate und Zuchtmeister der folgenden Jahre stand breitbeinig auf der Terrasse, öffnete seine Arme mit einer großen Geste und rief mit einer sonoren Stimme die unvergeßlichsten Begrüßungsworte, an die ich mich in meinem an Begegnungen und Abschieden reichen Leben erinnern kann: »Willkommen im Lande der Barbaren!«

Da stand und begrüßte mich auch Elsa B. Sie war die einzige Bezugsperson meiner schizophrenen Verwirrung im Dickicht unbewußter Leiden, die Ratlosigkeit und Angst hervorriefen. Wie sollte ich das Berliner Trauma überwinden — und das gerade hier unter wehenden Jahrhundertbirken? Im Pollenstaub des blühenden Roggens, in der goldenen Flut der Rapsfelder potenzierte sich diese krankmachende Isolierung und wurde zur Ausweglosigkeit, zum ›Masturbantenwahn‹, wie ihn der junge Georg Heym beschrieben hatte, bevor die Havel den Dichter unterm brüchigen Eis verschlang.

Elsa, eine Mittvierzigerin, die von ihrem Mann zwei Kinder empfangen hatte, den siebzehnjährigen Gerd und die sechzehnjährige sanfte Marianne — über sie wird noch zu reden, zu berichten, zu schreiben sein —, besaß das, was mir fehlte, was meinem inneren Zustand entsprochen hätte: das Clownsgesicht. Wenn es stimmt, daß Clowns die traurigsten Menschen sind, denen wir begegnen können, dann trifft das auf Elsa B. zu, die von allen respektiert und von vielen geliebt wurde. Sie spielte die schwere Rolle der durch nichts zu erschütternden Heiterkeit, während ich mit einem traurigen Chaplinegesicht herumlief, dem man — wenn man eben eine so sichere Menschenkenntnis besaß wie Elsa — die Ratlosigkeit ansah, auf Anhieb und mit dem ersten prüfenden Blick.

Elsa war eine stattliche Erscheinung, völlig unansehnlich gekleidet. Sie repräsentierte nicht die Gutsbesitzerin, sie hatte diese anspruchsvolle Rolle neben ihrem mächtigen Mann aufgegeben.

Elsa, die auf andere Art ›Trauer wie Elektra‹ trug und sie nicht zeigte, oder erst wenn man das Glück erfuhr, sie in ihrem Zimmer mit den schweren Vorhängen zu sprechen, die es ins Halbdunkel tauchten, so daß kein Blick in den wilden Park vor den Fenstern möglich war, war eine ideale Komplizin. Man konnte ihr alles, auch jede Dummheit, ja sogar Schurkerei anvertrauen. Sie war die personifizierte Verschwiegenheit. Sie liebte vieles von dem, was ihr Mann verachtete oder für nichtig hielt. Umgekehrt verhielt es sich um eine Nuance anders. Denn sie hatte auch Sinn für das Geschehen auf dem Gutshof, auf den Feldern, aber abgeschwächt, nicht in der gleichen Intensität wie unser Chef, der Alleinherrscher über Przytullen und Natalienhof, das er gern noch um einige Parzellen des Wittke-Bauern erweitert hätte. Aber die Zeit der Prozesse, die sein Vater verloren hatte und die zur Abtrennung von Karlsberg auf der Höhe des Mühlenbergs und Wiesental gegenüber, hinter dem flachen silberglänzenden Wiesentaler See führte — diese Zeit der Katastrophen war vorbei. Das Gut Wiesental war ein Eldorado der Fischreiher und Jagdrevier der Störche geworden.

Wolfgang B. war Realist, ein hervorragender Agrarstratege. Er taktierte anders, vorsichtiger als sein gewaltiger Vater, aber er verfügte über die gleiche Leidenschaft für sein Land. Er lebte sparsam, geradezu spartanisch. Es gab keine rauschenden Feste à la ›Ewig singen die Wälder‹ auf Przytullen, obwohl die Wälder Masurens und auch die Wälder B.s wirklich sangen, wenn der Frühlingswind in die Birken griff und sie wie strömendes Wasser rauschen ließ.

D., der Gärtner auf Przytullen, hatte einen Sonderstatus. Denn obwohl er müßig war wie kein anderer dienstbarer Geist im ganzen B.-Imperium, blieb er auch nach dem Tod des Vaters Gärtner in einer offensichtlich unkündbaren Position. Wir haben ihn nie hart arbeiten sehen. B. kommandierte die Eleven zur Gartenarbeit ab. D. sah zu und stopfte sich diverse Pfeifen mit einem absolut undefinierbaren Knaster. Der Oole konnte sich von diesem Erbteil nicht trennen. Er behielt ihn aus einem eher unbewußten Konservatismus als lebendes Inventar der Vater-Ära. Vaterbindung und Vaterimago sind Phänomene, deren tiefere Ursachen keiner realistischen Prüfung standhalten, sie sind magische Elemente unserer Existenz.

Man kann diesen Prozeß heute bei Autoren verfolgen, die diese rätselhaften und kaum durchschaubaren Beziehungen zwischen Vater und Sohn — die Töchter sind nicht davon ausgenommen — zu entschlüsseln versuchen, so bei Peter Härtling, Christoph Meckel, Peter Renfranz, Christa Wolf, Jutta Schutting, Ilse Tielsch und vor allem bei dem masurischen Erzähler Richard Anders aus Ortelsburg in Masuren in seinem 1980 erschienenen autobiographischen Roman ›Ein Lieblingssohn‹. Da ist ganz Masuren präsent. Sie alle folgten dieser verwischten, sich im Dunkel des Magischen verlierenden Spur seit Franz Kafkas berühmtem ›Brief an den Vater‹, in dem der Vater zu dem Sohn sagt: »Ich zerreiße dich wie einen Fisch.«

D. begnügte sich damit, einen ganzen Vormittag mit der Zusammenstellung eines Blumenbuketts für Elsa oder deren Mutter zu vertrödeln, die schwer herzleidend aus Luckenwalde zu ihr gekommen war und mit ihr in den zwei verdunkelten Zimmern lebte. Sie war nie außerhalb des Gutshauses zu sehen, nachdem ihre Eltern ihre Klitsche in der sandigen Mark verkauft hatten. D. wollte allerdings erfahren haben, daß ihr Gut zwangsversteigert worden war.

D. wachte über die ›Unterwelt‹ der Hofegänger und Mägde, der Marjells, von denen fünf in der riesigen Küche mit dem zimmergroßen Kochherd hantierten. Er war ein für Polen optierender Masure. Jedenfalls hatte er — das gab er ohne Zögern zu — bei der Volksabstimmung 1920, die entschied, ob dieser südliche Teil Ostpreußens an Polen fallen oder zur neuen deutschen Republik gehören sollte, für Polen optiert.

An der großen Mittagstafel behielt Elsa neben dem Hausherrn, der selbstverständlich den Ton angab, Art und Thema der Gespräche bestimmte, seine Mannschaft aus seinen Teleskopaugen musternd und abtastend, ihren Platz.

Ich erinnere mich eines Vorfalls, den Elsa gelassen und ohne jede Reaktion hinnahm. Ich sehe noch die Reihe der Esser, blicke an der großen Tafel entlang, finde dort den großen, kräftigen, schweigsamen und schwerblütigen Oberinspektor Ernst S., den zwergenhaft gedrungenen, immer mürrischen Inspektor T., den feinsinnig-hypochondrischen Rentmeister und Hugenottensproß Jaquet, der nicht mehr lange zu leben hatte, dann die blasse, kindlich gebliebene Marianne, den dreist blik-

33

kenden Gerd, der uns mit Bärenfang versorgte, vor allem wenn er mit meinem Motorrad fahren durfte, um den Honigschnaps aus dem ›Tante-Emma-Laden‹ in Kutten heranzuschaffen. Dieser Laden ist eine Betrachtung wert. Die Bezeichnung für derartige Alleslieferanten hieß damals noch ›Kolonialwarenhandlung‹, obwohl es für uns seit fünfzehn Jahren keine Kolonien mehr gab. In den Jahren meines zweiten Aufenthaltes in Przytullen traf ich an diesem mittäglichen Treffpunkt noch die vier Eleven Konrad von Dreßler-Schreitlauken, Erich von Sperber-Sommerau, Hans Sauvant-Wangnicken und Hans K., einen Rechtsanwaltssohn aus Lötzen, außerdem die Rentamtsgehilfin Zita W. Es war eine geschlossene Gesellschaft. An diesem Tag meiner unbestechlichen Erinnerung, die mich mit Trauer erfüllt, stürmte unser Chef zornrot über etwas, das er draußen auf den Feldern erlebt hatte, herein und setzte sich schnaubend an das Kopfende der Tafel.

Kein Wort weiter. Niemand rührte sich. Keiner von uns hätte es gewagt, vor der stereotypen Aufforderung des Oolen den Löffel zu heben oder gar in die Suppe zu tauchen. Diese Erlaubnis war eine der gängigen Redensarten, ein Kalauer, wie er uns aus Ostpreußen überliefert wurde. B.s ›Ansprachen‹ mußte jeder mit Interesse zuhören, sonst folgte die grollende Anfrage, die bereits eine Verdammung bedeutete: »Is was?« — B.s Aufforderung »Futter frei!« begann stets mit den ermunternden Worten: »Hau rin, Koslowski, es jibt Kujelfleesch!« Und Kujel: das war die landläufige Bezeichnung für Läuferschwein, also Überläufer, ein Jungschwein also. Auch wenn es Pferdefleisch gab oder — was mir besonders widerlich war — fettes Hammelfleisch mit Bohnen, hieß es ›Kujelfleesch‹. Der Spruch galt unisono. Alle löffelten andächtig und in tiefes peinliches Schweigen geduckt ihre Suppe, die die Hausfrau wortlos aus der großen Terrine austeilte. Ich bin heute noch bestürzt von der unleugbaren Tatsache, daß die Geduld vieler Frauen grenzenlos ist.

Elsa goutierte, förderte und begeisterte sich für alles, was ihrem Mann fremd oder unverständlich, unzugänglich war. Ihre Lieblingsbeschäftigung, ihre ›Berufung‹ galt den Horoskopen, die sie täglich für jeden Menschen, den sie kennenlernte, stellte. Auch ich war natürlich davon nicht ausgenommen. Die bedrängende Frage: »Habe ich eigentlich schon Ihr Horoskop gestellt?« bedeutete eine Verpflichtung. Ich sollte demnach zweimal in meinem Leben heiraten. Meine zweite Frau, die ich sehr lieben würde, würde leider früh sterben. Sie tanzte, Elsas Konzept zufolge, nur einen Sommer. Nichts ist eingetroffen. Lange betrachtete die Amateurastrologin die Lebenslinie in meiner rechten Hand und fand in ihr die Bestätigung für ein langes, aber nicht störungsfreies Leben. Das traf allerdings zu.

Die Horoskope bearbeitete Elsa in ihrem verdunkelten Zimmer, das ihr Mann nie betrat, das mit altmodischen Möbeln, dem Hausrat aus Luckenwalde, vollgestellt war. Dort befand sich auch auf einem Palisanderschreibtisch ein mit einem schwarzen Tuch bedeckter Totenkopf. Außerdem las sie Romane — Maupassant war ihr Favorit — und spielte, allerdings damals nur noch selten, Klavier, das ebenfalls aus ihrer Erbmasse stammte. Lesende Frauen waren für Wolfgang B. nicht ernstzunehmen. Vernünftige Menschen bauten Roggen, Rüben und Kartoffeln an und, wenn es die Bodenqualität erlaubte, auch noch Raps, Weizen und Gerste, Braugerste vor allem. Denn die stand im Preis am höchsten und würde es bleiben, solange es Krech-Bier in Goldap gab, solange die Brauerei der Krech-Sippe stand.

Elsa hatte ein mütterliches Herz, sie hatte ihre Güte bewahrt, trotz äußerlich gezeigter forcierter Verhärtung und falscher Clownsgebärden. Wenn sie sich verstellte und ihre Rolle als Hausherrin spielte, brillant übrigens, konnte sie jeder für eine glückliche Gutsherrin halten. Sie war immer erreichbar, wenn man sie aus ihrer Dunkelkammer rief, auch an dem Tag, als mir ein mit Kartoffeln beladener eisenbereifter Kastenwagen — das waren immerhin etwa fünfzig Zentner — vor der Brennerei über den Fuß fuhr und ich im Schlamm versunken war. Zum Glück war der Gutshof nicht gepflastert. Denn dann wäre ich zum Krüppel geworden, hätte den Fuß und vielleicht sogar das Bein eingebüßt.

Der Fahrer holte den Stellmacher herbei, der mir — widerstrebend wegen der Zerstörung des eleganten Lederstiefels — den Stiefel vom überfahrenen Fuß schnitt. Denn das Bein war sofort aufgequollen, so daß sich der Stiefel nicht mehr ausziehen ließ. Einige Männer — auch S. war hinzugekommen — trugen mich ins Haus, legten mich in meine Kammer mit dem Waschtisch und der Wasserkanne aus rostigem Blech — so wohnte man damals! — und riefen nicht Herrn, sondern Frau B. Elsa mußte kommen! Sie ließ den Landarzt mit der Kafka-Tasche rufen. Es dauerte eine Weile, bis er aus Angerburg oder Benkheim — das waren in jedem Fall gut zwanzig Kilometer — mit dem Landauer eintraf. Bis dahin machte Elsa Umschläge mit essigsaurer Tonerde. So ganz unvorbereitet war man ja in so einem großen Betrieb nicht. Es gab Schlimmeres. Den alten Kukies hatten die vier Pferde vor der großen schottischen Egge zu Tode geschleift, als sie von Hornissen überfallen wurden.

Ich hatte Glück gehabt. Es war nicht einmal ein Bruch, nur ein Bluterguß, der bis zum Knie hinauf reichte.

»Sie haben erstaunliche Knochen und außerdem Schwein gehabt, daß das Eisenrad Ihren Fuß in den Schlamm drückte und keinen festen Boden unter sich hatte.«

36

Ich mußte einige Schritte gehen, zu gehen versuchen.

»Nein, da ist nichts gebrochen. Der junge Mann bleibt zwei Wochen im Bett und bekommt weiterhin Umschläge.«

Damals zitterten uns noch nicht die morschen Knochen, wie es später im Landserlied hieß und lauthals herausgeschrieen wurde. Elsa ließ sich diese Pflege nicht nehmen. Sie setzte sich auf einen Stuhl neben meinem Bett, und manchmal wollte sie mir etwas erzählen. Aber ich war zu jung, zu arglos, zu sehr mit mir selbst beschäftigt, als daß ich darauf eingehen konnte. Ich fragte sie nicht. Was hätte ich alles erfahren können: über sie, ihre Kindheit, ihre Ehe, wenn ich nicht so introvertiert gewesen wäre. So beachtete ich Elsas Seufzer, ihre Ausrufe wie »Ach ja, das Leben« und andere Ermunterungen, ihr zuzuhören, gar nicht. Ihre Augen waren braun und wie immer auf der Suche nach einem Menschen oder Gegenstand, für den sie sich begeistern oder wenigstens interessieren konnten, neugierige, schreckhaft vergrößerte Augen, erwartungsvoll aufgerissen, glänzende Augen. Die Oberlippe war stark vorgewölbt und bestimmte die ganze Mundpartie, in der die Unterlippe, klein und eingezogen, kaum sichtbar wurde, ein Mäuschenmund. Die Frisur war auf groteske Weise Vergangenheit, eine Haartracht aus der Jahrhundertwende, eine Maupassant-Frisur. Die ausdrucksstarke Nase paßte nicht in dieses nervös-sensible Gesicht, sie war platt wie ein Korken, so daß die Nasenspitze wie aufgesetzt wirkte und dem Gesicht etwas verzweifelt Unsymmetrisches verlieh, aber dadurch die Clownsmaske vollkommen erscheinen ließ.

Elsa machte sich älter, als sie war. Ihr Leben hatte sie der Magie verschrieben. Außer ihrer kranken Mutter lebte sie nur für ihre Horoskope. Sie freute sich über jeden Menschen, der nach Przytullen kam, weil sie ihn sofort nach seinem Geburtstag fragen, den Aszendenten feststellen und ihm, gebeten oder auch ungebeten, die Zukunft voraussagen konnte. Meist fügten sich die so Angesprochenen dem sanften Zwang, den sie durch ihr alle bedrängendes Temperament ausübte. Ich war ihr vom ersten Tag meiner Ankunft verfallen.

Ja, und dann veranstaltete Elsa Hausbälle, zu denen die Landjugend der Großgüter weit über den Kreis Angerburg hinaus eingeladen wurde. Sie war schon emsig damit beschäftigt, für die verschlossene und schweigsame Marianne, das ›Mondgesicht‹, einen Freier zu suchen. Anfangs hielt sie mich für eine Partie. Der Vater Apotheker: Das sah nach Geld aus. Der Sohn immerhin Abiturient und Student, kein ungebildeter, wenn auch ein etwas exzentrischer Mensch: Da ließe sich etwas arrangieren. Sie begann mit ihrer Strategie noch am ersten Abend, noch am Tage meines Eintreffens, als ich noch benommen von der Reise und den ersten unverarbeiteten Eindrücken war. Elsa ›teigte etwas an‹, wie der memelländische Dichter Johannes Bobrowski solche weiblichen, vor allem mütterlichen Akivitäten zu nennen pflegte. In dem nahen Dorf Kutten, aus dem wir unseren Schnaps bezogen, den Gerd heranschaffen mußte, war an diesem Abend ein Dorftanz, ein richtiger Bums mit anschließender Besäufnis und Prügelei. Falls sich Tänzer aus anderen Dörfern unter die Tanzenden gemischt hatten und den jungen Männern aus Kutten die Mädchen ausspannen wollen, war die Rauferei unvermeidlich. Sie sind dann acht Jahre später alle vor Moskau im Raum von Sytschewka gefallen.

Elsa machte den Vorschlag, mit Marianne, Gerd und mir dorthin zu gehen. Es waren nur zwei Kilometer an unserem Haussee, ›der kleinen Kutte‹, vorbei durch den Wald. Aber ich war noch benommen von dem Empfang ›im Lande der Barbaren‹ und außerdem so verklemmt, daß ich kaum ein Wort herausbrachte, nur in einer Art Verzückung ununterbrochen Mariannes ebenmäßiges Gesicht anschaute, was Elsa nicht ungern und mit Sympathie für mich natürlich bemerkte. Auch das Mädchen war so befangen, daß sie nichts zu den turbulenten und wüsten Vorgängen im Saal und an der Theke äußerte. Ich zog mich schließlich mit Gerd aus der Affäre, trank schnell einige ›Weiße‹, also Kornschnäpse, und war schon nach wenigen Runden ›weggetreten‹. Auf dem Heimweg brüllten Gerd und ich lauthals Kneipenlieder und Zoten, während hinter uns Elsa und Marianne folgten, beide ziemlich verstört. Zur Szene gehörten die in allen Wald- und Parkfilmen anwesenden Käuzchen. Elsa gab nach dieser ersten Provokation keineswegs auf. Ich hielt auch weiterhin als möglicher Freier für Marianne einen ersten Listenplatz.

Dann passierte der Zwischenfall, der mich unter die Räder brachte. Und gerade zu diesem Zeitpunkt arrangierte Elsa einen der alljährlich stattfindenden großen Hausbälle mit den vornehmen Gästen. Es war eine intime Gesellschaft, ein Rotary-Club für Großagrarier, eine Veranstaltung mit einer Tanzkapelle aus Lötzen, der besten, die es dort gab, die alle in Mode gekommenen Schlager — Hits sagte man in dieser preußisch-konservativen Gesellschaft nicht, das Wort existierte in der schnellen Wandlungen unterworfenen Skala der Modebegriffe noch nicht, das Vokabular nutzte sich noch nicht so schnell ab wie heute — meisterhaft beherrschte und im Repertoire der langen Nacht mehrfach wiederholte. Die Hausherrin stellte mich als einen durch Unfall am Tanzen verhinderten Studenten aus Berlin vor und ergänzte diese mir peinliche Zeremonie stets mit dem Zusatz: »Sein Vater ist Apotheker, Apothekenbesitzer natürlich.« Ich konnte so dem Spektakel auf einem Sofa des zum Tanzsaal umgeräumten Speisezimmers aus der Distanz beiwohnen. Immer wieder näherten sich mir die jungen Damen der zum Teil hoffnungslos verschuldeten Rittergüter, als sie erfuhren, was für Chancen ich bei der Familie B. hatte. Meine Verklemmtheit steigerte sich zur Angst. Ich bekam wie stets in einer derart mich bedrängenden Umgebung, in der ich zum Mittelpunkt des Interesses wurde, einen Weinkrampf, der zum Glück so verstanden wurde, daß ich unglücklich sei, wegen meines schlimmen Fußes nicht mittanzen zu können.

Die Fiktion eines durch einen Betriebsunfall am Tanzvergnügen Verhinderten ließ sich nicht lange aufrechterhalten. Denn kaum war ich wiederhergestellt, traf mich die versuchte Selbsttäuschung wie ein Bumerang. L.s, eine Gutsbesitzersfamilie, deren beide Töchter Elsas Hausball bis zum Morgengrauen genossen hatten, revanchierten sich mit einer Gegeneinladung. Auf der durch einen Boten überbrachten Karte war vermerkt, daß der Student aus Berlin hoffentlich wieder ganz gesund und besonders herzlich eingeladen sei, ja, daß er von der ganzen Familie wie ein eigener Sohn aufgenommen und erwartet würde. L.s hatten keinen Sohn, nur zwei Töchter, die eine schön, schwarzhaarig und kapriziös, die andere blaß und profillos.

Verena L., die hübsche von den beiden Töchtern — die herzliche war die Unansehnliche, nicht unbedingt häßlich zu nennende —, war mir bereits bei dem Tanzfest, das ich mit dem Gipsbein aus der Distanz bei B.s mitmachte, aufgefallen. Verena war ein niedliches, aber auch schlaues, jedoch nicht kluges Mädchen. Das glänzende, dichte, schwarze Haar — ich habe niemals zuvor so tiefschwarzes Haar gesehen — lag in kunstvoll geflochtenen Schnecken straff um ihren Kopf.

Bäckerschnecken können nicht so verlockend sein wie Verenas feste runde, die kleinen zarten Ohren verdeckende Zöpfe. Der Mittelscheitel war wie mit einem Lineal gezogen, das Haar wie mit einem Pferdestriegel gebürstet. Ein appetitliches Geschöpf. Ihre Augen versprachen nichts, sie waren kirschenschwarz, eben vom schwärzesten Schwarz. Knopfaugen. Ihre gepflegte Haut duftete angenehm. Denn Verena war immer erregt. Sie war fast hektisch damit beschäftigt, keinen Tanz auszulassen, immer einen Partner zu finden und sich, während sich ihre kaum beachtete, strohblonde ältere Schwester zurückhielt, ständig zu präsentieren, die Aufmerksamkeit auf sich zu lenken. Wenn ihr nichts einfiel — und ihr fiel eigentlich nie etwas ein, als auf einen Mann zu warten —, kicherte sie oder spielte Glückseligkeit, die Melodie des Schlagers mitsingend, der gerade en vogue war. Verena wurde bemerkt. Gerda, die Schwester, wurde übersehen, ging im Trubel des Festes unter, wurde an den Rand des Geschehens gedrängt. Gerda lebte in einem hermetisch abgesicherten Traumbereich, aber sie war die Tochter, auf die sich die um alle Gäste besorgte Frau L. verlassen konnte. Wenn Verena davonschwebte, kam Gerda an die Seite ihrer Mutter zurück. Frau L. war eine bewundernswerte Frau, auf andere Weise bewundernswert als die Hobby-Astrologin Elsa B., und sie konnte in ihrer schwierigen Lage sogar noch lächelnd für andere eintreten, an andere denken, anderen helfen. Ich habe diese Frau auch erst verstanden, als es zu spät war, daraus noch Schlüsse zu ziehen, als ihr Land untergegangen war.

Ich war zu Tode erschrocken, als die Einladung auch mich betraf und sogar noch hervorhob. »Keine Ausrede«, sagte Elsa, »da müssen Sie mitfahren. Thus bringt Sie alle mit der Kutsche hin und holt Sie wieder ab.«

Ich war, wie ich es ahnte, der einzige Nichttänzer. Ich wußte vorher, daß ich weinen würde über meine Außenseiterrolle, meine chronische Impotenz, zu der ich verdammt sein würde. Verena lächelte mich auffordernd an, solange sie mich für einen möglichen Tanzpartner hielt. Als sie merkte, daß ich allein im Sessel im Hintergrund der bewegten Szene verharrte, hatte sie keinen Blick für mich, ich war abqualifiziert. Sie hatte mich abgeschrieben. Ich war eine Enttäuschung, eine gesellschaftliche Niete. Nur Gerda, die ebenso still und unauffällig wie ihre schlichte Mutter auftrat, hatte die Situation erkannt, in der ich mich ›ausgesetzt auf den Bergen des Herzens‹ befand, erinnerte sich an mich, kam zu mir, setzte sich für Minuten neben mich und spottete nicht über meine Tränen der Hilflosigkeit. In dieser Nacht bei L.s lebte ich im Dunstkreis der Hölle.

Masuren kann ein verflucht einsames Land sein, wenn man nicht dazu gehört. In Berlin fand man immer eine Nutte, die so besoffen war, daß sie gern die Einsamkeit mit einem Alleingelassenen teilte. Hier mußte man integriert sein, wenn man überleben wollte.

Erich von Sperber, der glatte Konrad von Dressler — Erbe von zehntausend Morgen Memelwiesen im Litauischen, also jenseits des Grenzstromes —, aber auch Hans K., Hans Sauvant und die jungen B.s amüsierten sich prächtig, lebten aus dem vollen. Was für Kontakte und engere Beziehungen, für zukünftige Familienbande an diesem Abend, in dieser Spätsommernacht geknüpft worden sind, konnte ich nicht ermitteln, sie interessierten mich nicht. Ich war für dieses Spiel zu dumm. Ich ertrank in meinem eigenen Morast. Ich hatte eine unheilbare Depression, die mich tief an den Rand des Abgrundes drängte. Und ich konnte nicht ausweichen, nicht davonlaufen, mich nicht betäuben und in ein inneres Exil flüchten. Es war ein Skandal. Mein Zustand, vor dem ich aus Berlin geflüchtet war, hatte sich wieder verschlimmert. Das Trauma meines Lebens, das Verlassensein, die Todesnähe — immer dann, wenn andere jubelten — hatte mich eingeholt, war in dieser Nacht wieder aktiviert worden. Ich war ein Würstchen, ein schlapper Kerl, eine Niete. Niemand nahm mich noch ernst. So ließ ich mich von Gerda und der gütigen Gastgeberin mit Platitüden trösten und weinte, bis ich tränenlos geworden war.

Gegen Morgen — es herrschte noch tiefe, von Nebelschwaden durchzogene Dunkelheit — meldete Frau L. endlich, daß unsere Kutsche vorgefahren sei: »Die jungen Herren aus Przytullen müssen sich verabschieden.«

Das war eine erlösende Botschaft. Ich durfte weiterleben, wieder leben. Die Fahrt durch die duftende Feldernacht befreite mich von mir selbst und dem Zwang, in dieser Fremde noch länger auszuhalten. Thus hatte die beiden Wagenlaternen mit Petroleum gefüllt und angezündet. Unsere Kutsche warf ihren Schatten auf den glänzenden Asphalt der Chaussee. Niemand war noch unterwegs. Die Sterne übergossen uns mit ihrem kalten Feuer. Ich hatte das Fest — alle Feste — nur ertragen, weil ich diese Fahrt erleben durfte. So überliefert es mir die Erinnerung. Denn wer niemals mit einer Kutsche oder einem Schlitten durch eine masurische Nacht gefahren ist, weiß nicht, was Leben heißt.

Erich von Sperber war etwas angetrunken, er wiederholte immer wieder lallend: »Da sitzt der Kerl auf dem Sofa, flennt und läßt sich von der alten Vogelscheuche trösten. Nee, nee.« Die anderen Eleven waren nur müde und gelangweilt. Sie hatten Dutzende, vielleicht Hunderte solcher Kutschfahrten durch die Nacht gemacht. Es sagte ihnen nichts mehr, sie wollten nur noch schlafen. Aber ich fand meine Identität wieder. Ich fand zurück zu mir.

Viele Jahre nach dem Krieg erfuhr ich von dem polnischen, von den Nazis liquidierten Dichter Bruno Schulz, dem Autor der ›Zimtläden‹, daß die Kutsche für ihn das Sinnbild des Lebens war, daß er immer wieder fahrende, durch die Nacht fliegende Kutschen beschrieben und gezeichnet hatte. Auch er hatte, noch intensiver als ich, das Rettende solcher nächtlichen Reiseabenteuer unter den Sternen und im trabenden Zweigespann erfahren und gefeiert. Auch ich wollte, wie er es für sich einmal ausgesprochen und formuliert hat, ›zur Kindheit heranreifen‹. Und während meine Gefährten welk, fahl und erschöpft in ihren Sitzen hingen, öffnete sich mir der Himmel und riß mich zu den Sternen empor ins wirkliche Leben, und ich erkannte, daß alles, Schlaf und Vergangenheit, Traum und Wahnsinn, unbegreifliche Zukunft ist.

Einmal äußerte Wolfgang B., daß die Rattenplage im neuerbauten Schweinestall, in dem zwischen fünfhundert und achthundert Schweine inklusive Zuchtsauen und Ferkel untergebracht waren, so überhand genommen hätte, daß etwas dagegen unternommen werden müßte. Das war für seinen Sohn Gerd — einen großen schlaksigen Burschen mit wildem Haarschopf, der stets pfeifend, die Hände tief in den Hosentaschen vergraben, Abenteuer suchend und Prügeleien anzettelnd über die Felder streifte —, das war für diesen Burschen das Signal zu einer Aktion, die dann einige Wochen hindurch allnächtlich durchgeführt wurde: die Rattenvernichtungsaktion.

Das Ritual war immer das gleiche. Gerd bewaffnete sich mit einer Schrotflinte. T. oder S. nahm den ewig miefenden, sabbernden und hechelnden Jagdhund Prinz an die kurze Leine. Ich durfte sozusagen als nicht zuständiger Statist eine armdicke Stablaterne ›schußbereit‹ halten. Dann brachen wir zu einem Überraschungsschlag in den Schweinestall auf.

Die Ratten kamen aus dem verschilften Haussee ›Die kleine Kutte‹, der unmittelbar hinter dem Stallgebäude lag. Sofort beim Betreten des dunklen Stalles mußte ich die Taschenlampe anknipsen und den Lichtstrahl auf die Tröge in den Schweinebuchten richten. Dort saßen Dutzende von Ratten und fraßen, was die Mastschweine und Sauen übriggelassen hatten. Im gleichen Augenblick feuerte Gerd aus dem Schrotgewehr und der Hundehalter ließ Prinz los, der sich mit tödlicher Sicherheit soviel Ratten schnappte, wie er erwischen konnte. Er biß sie in den Nacken und packte schon die nächste. Die Schrotladung von Gerd hatte ebenfalls einige erwischt, und nach wenigen Minuten waren jeweils zehn bis fünfzehn Ratten erledigt. Während die von Prinz gepackten Tiere quietschten, begannen die Schweine in ihren Buchten zu rumoren, sie schrieen, wie es nur Schweine vermögen, weil sie, durch das Licht alarmiert, vermuteten, daß sie gefüttert werden sollten. Es war ein Höllenlärm, eine nächtliche Kakophonie. Ich erlebte sie stets mit Schrecken. Jedesmal schauderte ich vor diesem abendlichen Ritual. Und ich erwartete mit Bangen nach dem Abendessen Gerds stereotype Aufforderung, die ein Befehl war: »Gehen wir zu den Ratten!«

Ich sehe ihn noch über die Fohlenkoppeln in Natalienhof kommen, auf denen auch etwa tausend Schafe weideten, wenn wir beim Torfstechen waren.

Die Koppeln von Natalienhof, auf denen auch der Sprengmeister Lau sein Reich hatte, weil sie mit Findlingen übersät waren, waren vor Jahren drainiert, das heißt trockengelegt worden. Es war ehemaliges Sumpfland, und unter dem Gras lag eine meterdicke Schicht Torf. Dieser Torf wurde als Brennmaterial verwendet, vor allem als Deputat für die Instleute, also für die hofeigenen Arbeiter des B.-Imperiums. Dort in den Torfgruben war es in der Junihitze kaum auszuhalten. Eine schwelende Hitze, keine Deckung, kein Schatten, kein Baum weit und breit. Wir stachen den nassen Torf, der schwerer als Lehm war, mit Spaten von dem großen Torfflöz ab und kippten die Brocken auf ein Förderband, das von einer Dampfmaschine, einer sogenannten Lokomobile, angetrieben wurde. Die Lokomobile, mit der ja auch die Lanz-Dreschmaschine über einen langen handbreiten Riemen angetrieben wurde, wurde mit Steinkohle geheizt und vom Maschinenmeister Buchholz gewartet. Buchholz war ein gebeugter Mann mit dem kranken gelben Gesicht eines Leberleidenden. Aber seine krumme, wie eingeschrumpfte Figur verdankte er einem Bauchschuß im Ersten Weltkrieg. Die Operation hatte ihm vom Bauch kaum noch einen Rest gelassen. Er war nach heutigen Maßstäben ein Vollinvalide. Aber wovon sollten er und seine Familie damals leben? Invaliden durfte es auf einem Rittergut nicht geben. B. hatte keinen Platz in seinem Reich für Rentner. Und so schleppte sich Buchholz immer wieder zu dem schwarzen Ungeheuer, mit dem er die Torfpresse bedienen konnte.

Die Brocken wurden am Ende des Förderbandes von einem Messer erfaßt und in ziegelsteingroße Stücke geschnitten. So fielen sie in Körbe, die die Frauen wegtrugen, die dann die einzelnen Stücke der Supertorte zu kleinen luftdurchlässigen Pyramiden aufsetzten, damit sie in der Luft und in der Sommersonne trocknen konnten. Der fliegenleichte getrocknete Torf war ein ausgezeichnetes, große Hitze entwickelndes Brennmaterial und wurde Wochen später regelrecht geerntet, eben mit Erntewagen abgefahren und zu den Insthäusern gebracht. Auch auf dem riesigen Gutshof gab es Verwendung dafür, so in den Heizkellern der Spiritusbrennerei und der Kartoffeldämpferei für den Schweinestall.

Kein Schwein verließ den Stall unter einem Gewicht von drei Zentnern. Damals legte man Wert auf eine handbreite Speckschicht. Speckseiten wollten die Schlachter haben, ganz im Gegensatz zu den heutigen Ansprüchen, wo Schweinefleisch speckarm sein muß, wenn es ins Geschäft und an die Kundschaft kommt. Im Sommer, in der größten Hitze, geschah es gelegentlich, daß die Mastschweine an Rotlauf erkrankten. Es war eine absolut tödliche Erkrankung, bei der auch kein Tierarzt helfen konnte. Denn es gab noch nicht die heute obligatorische Spritze dagegen. Wolfgang B., der alle Tricks kannte, die sein Imperium gegen Krisen absicherten, wußte auch da einen Ausweg. Sobald bei einem Schwein Anzeichen von Rotlauf auftraten, ließ er es abstechen, damit es noch verwendet beziehungsweise verkauft werden konnte. Das nannte er Notschlachtung. Manchmal nahm der Verlauf der Krankheit ein so rasantes Tempo an, daß es zu spät wurde, die Tiere noch lebend abzustechen. Das passierte einmal, als eine Ladung Mastschweine zum Bahnhof Possessern gebracht wurde, wo sie verladen werden sollten. Die Tiere waren schon beim Abtransport in Przytullen krank. B. hatte es nicht bemerkt. Der Schweinemeister hatte es verschwiegen. Auf der Fahrt im Kastenwagen nach Possessern, die immerhin fast eine Stunde dauerte, krepierten einige davon. Der Gespannführer rief vom Bahnhof den Chef an und berichtete vom Tod der Schweine. B. ordnete an, daß die toten Tiere noch nachträglich abgestochen wurden und somit als notgeschlachtet galten.

Manchmal stand ich auf dem mit Büschen zugewachsenen Hügel, der Natalienhof von Gembalken trennte, und schaute hinunter auf den im Mittagslicht dämmernden Hof, auf das schlafende Dorf, in die glasige Stille. Es war unaussprechlich schön. Es war wunderbar und unvergeßlich, von Natalienhof in die von keiner Straße zerschnittene Ferne zu blicken, wo sich am Horizont als blauer Streifen wie ein See, ein Himmelssee, die sanfte Kontur der Pillacker Berge abzeichnete. Ein Land, in dem es keine Industrie, keine rauchenden Schlote, keine Abgase, keinen Abfall gab. Ein Land vor dem Plastik- und Chromblechzeitalter, ein makelloses Land, von dem man träumen kann, träumen muß, wenn man in unserer gespenstischen Zeit in einer zerstörten, zerstückelten, betonierten Landschaft lebt, in einer Wüste, die das Überleben problematisch erscheinen läßt.

Im Torfbruch von Natalienhof wußte ich von dem kommenden Unheil nichts. Ich schwitzte beim Abstechen der Soden in der hitzeglühenden Grube und hielt die Grillen, die beim Graben zum Vorschein kamen, für gefährliche Skorpione. Aber in Masuren, dem heilen Land, gab es keine Skorpione, keine Ottern und Nattern, außer der harmlosen Ringelnatter. Oben auf dem mit Holunder bewachsenen Grenzhügel hinter dem umgebrochenen Zaun lebte ein Rudel Rehe, das nach Gembalken floh, wenn ich in der Mittagspause dort hinaufging, um das Land zu sehen und mich verzaubern zu lassen wie Jahrzehnte später noch einmal von der sterbenden Provence auf den Ginsterbergen der Alpilles.

Aber Masuren lebt noch heute. Das ist ein Trost zum Existieren in einem mir wesensfremden Land mit dem Blick auf die Bundesstraße 42 und die Hauptstrecke der Bundesbahn von Dortmund nach München, auf der jeweils im Abstand von drei Minuten ein Zug vorüberdonnert, meist mit Autos beladen oder Kohle aus dem Ruhrpott, Kohle für den Süden in den schweren eisernen Waggons, die das Haus erzittern lassen. Masuren bleibt auch nach fünfzig Jahren Vergangenheit und unfaßbarer menschlicher Willkür, nach einer Vergangenheit, die, wie es Faulkner wußte, nie vergehen kann, meine eigentliche Heimat, das Land, das ferne leuchtet.

Der Oole — wie die Gutsarbeiter Wolfgang B. nicht ohne Furcht und Zittern nannten — war eine zwiespältige Natur. Er war einfallsreich in seinen Maßnahmen, oft von einer jedem Fremden kaum verständlichen Ambivalenz bestimmt, die zu seinen anderen Entschlüssen im Widerspruch zu stehen schien und sein Handeln oft unerklärlich machte. Es war ganz eindeutig, daß sich B. oft von sentimentalen Impulsen, von Kindheitserinnerungen lenken ließ, so im Fall der Familie F. Der Gespannführer war von seinen vier Pferden zu Tode geschleift worden. Das war der Grund, daß der Oole den beiden völlig untauglichen und renitenten Söhnen der Witwe nicht kündigen wollte, es auch nicht tat, als sie offenkundig bei der Arbeit versagten, immer widerspenstiger und aufsässiger wurden. Dafür überließ er es T. und S., später seinen vier Eleven, sich mit den Taugenichtsen herumzuärgern, die jede Arbeit sabotierten, was in einer derart aufeinander angewiesenen Gemeinschaft, wie sie ein großer Gutsbetrieb darstellte, zur Verzögerung des ganzen Arbeitsablaufes führte. In der Kolonne wirkte ein F. wie eine Sprengladung, er brachte die ganze Mannschaft zum Meutern. Beim Rübenverziehen, einer Tätigkeit, die auf freiem Feld in der vollen Vorsommersonne kniend und rutschend ausgeführt werden mußte, veranlaßte die Anwesenheit eines der beiden Burschen die ganze Kolonne zum Nichtstun. Denn sie waren große Spaßmacher und Schwadroneure. Ging es vorher langsam und stumm auf dem großen Rübenschlag vorwärts, ruhte während der Erzählung und oft skurrilen Einfälle der Brüder F., von denen besonders der ältere, etwa Zwanzigjährige, der einfallsreichere war, die Arbeit, bis am Horizont die Stute Sarotti mit dem Chef im Sattel auftauchte. Dann wurde Aktivität vorgetäuscht, und die Rutschpartie über den heißen Lehm Natalienhofs — wo ich in diesem Jahr der Kolonne beigegeben war, um auch diese erschöpfende Tätigkeit kennenzulernen — ging um einige Meter weiter. Sobald B. sich davon überzeugt hatte, daß wir fleißig die Rüben verzogen, und weitergeritten war, trat wieder Pause bis zum Wecken ein. Beim Rübenverziehen — das muß erklärt werden — blieb nur im Abstand von etwa dreißig Zentimetern zur nächsten die stärkste Pflanze stehen, die anderen mußten eliminiert werden. Die Tätigkeit war seinerzeit ausschließlich eine Handarbeit wie auch das Kartoffellegen. Höchste Alarmstufe bestand auch, wenn der Kämmerer Z. auftauchte, der mit seiner Frau und sechs Kindern in Natalienhof hauste, verantwortlich für den Betrieb. Z. witterte die Faulheit, er bemerkte die Täuschung, auf die sein Herr, mit dem er sich seit dessen Kindheit duzte, noch hereinfallen konnte. Wir hörten ihn kommen, seine rauchige Stimme ließ keinen Zweifel entstehen: »Ihr verdammten Saukerle, ihr Kreets, ihr macht wieder gar nuscht. Den janzen Morjen herumjeludert. Ich bringe euch das Tanzen bei.« Dann blieb er hinter uns stehen, die Hände unter die Hosenträger geschoben — er trug stets rote oder blaue Leinenhemden —, die Mütze schief auf dem kahlen Schädel, so trieb er die Kolonne über das Feld, über dem die Glut stand, zitternd wie Wellen im Hitzebad. Z.s wache, kleine und lustige Augen nahmen alles wahr, was in und um Natalienhof vorging. Er witterte sogar, wann es seinem Herrn einfiel, einmal selbst nachzusehen, was auf dem Vorwerk geschah. Denn immer dann stand Z. wie eine Schildwache hinter den Arbeitern im Feld, auch wenn die Getreidebinder das Korn mähten.

In Natalienhof wurde Roggen, Gerste, gute Braugerste, und Weizen, natürlich auch Hafer für die vier Gespanne, also für die sechzehn Ackerpferde und die Fohlen der Stute Sarotti angebaut. Die Stute Sarotti und der Hengst Wuppdich waren auf dem Hauptgut stationiert. Z. war enorm tüchtig und absolut zuverlässig. Er war hart und unbestechlich, ließ keine Schlamperei durch. Während der Getreideernte stand er stets auf einem der kleinen Hügel, die diesem Land so bewegte Konturen verliehen. Masuren war — wie auch Mecklenburg, die ›Mecklenburgische Schweiz‹, in der ich mich später als Landwirt niederließ, bis die Nazis mich enteigneten — ein Hügelland und mit seinen rund dreitausendfünfhundert Seen mit keiner anderen deutschen Landschaft zu vergleichen.

Z. verkörperte die Arbeitsdisziplin auf Natalienhof. Er war immer zur Stelle, und außerdem war er ein Mensch ohne Boshaftigkeit oder Falschheit. Intrigen kannte er nicht. Aber er besaß jene Eigenschaft, die man seinerzeit Bauernschläue nannte und die im Dickicht der Städte verlorengegangen ist, wo sich Gier und Erfolgsstreben um jeden Preis durchgesetzt haben. Z. war zufrieden mit einer Flasche ›Witten‹, eben Kornschnaps, aus dem Krug in Kutten. Aber damals in der Kolonne fiel sein Schatten über uns und trieb uns erbarmungslos an, diabolisch. Als er sah, daß wir das Tagespensum erreichten, stampfte er davon zu seiner Frau.

An diesem Tag im Juni 1933 hatte der ältere Sohn der F. einen Einfall, der mir in seiner Ausführung unvergeßlich geblieben ist. Er unterbrach das monotone Palaver der Frauen in unserer Gruppe — ich war längst verstummt, konnte kaum noch japsen in der schweren Luft — mit einem Vorschlag, den er mir machte, weil ich der einzige Partner war, mit dem er rechnen konnte.

»Was gilt die Wette, daß ich eine lebendige Pogge fresse?« Pogge war das masurische Wort für Frosch.

»Das glaub ich nicht.«

»Doch, Herrchen«, bestand F., »ich fresse sofort eine lebende Pogge.«

In der Nähe stolzierten die Störche herum und sammelten die Frösche auf, die in den Wiesen hinter dem Rübenfeld zu finden waren.

»'ne richtige große lebende Pogge«, wiederholte F. und zog seinen Mund breit, als hätte er sie schon zwischen den Zähnen.

»Na«, sagte ich im Glauben, daß das wieder eine der üblichen Großsprechereien des Spaßmachers war. »Na also, wenn du das fertigbringst und schluckst die Pogge

richtig lebendig herunter, dann spendiere ich 'nen Kasten Bier.«

»Abgemacht«, triumphierte der Held des Tages, der F.
dann wurde, allerdings ein Held, der dafür büßen mußte.

»Ich hole 'ne Pogge.« Und er verschwand in Richtung
Storchwiesen, kam schon bald mit einem mittelgroßen
gewöhnlichen Teichfrosch wieder, schrie »Alles mal her-
sehen!« und steckte das zappelnde Tier in seinen breiten
Mund. Er schluckte die Pogge herunter ohne zuzubei-
ßen, ohne sie herunterzuwürgen. Aber er brachte sie
nach einer halben Stunde mit dem ganzen Mageninhalt
wieder heraus. Immerhin, F. hatte die Wette gewonnen,
und den Kasten Bier bekam er auch. Wir soffen ihn gemeinsam leer am Abend nach der Arbeit, aber nicht im
Krug in Kutten, sondern in der kleinen Wirtschaft des
aus Litauen stammenden Launus, dessen Tätigkeit sich
in pseudophilosophischen Tiraden über den Sinn und
Unsinn, in seinem Fall Unsinn, des Lebens erschöpfte.
Wie er nach Przytullen verschlagen worden war, habe
ich nie erfahren können. Er war kein bäuerlicher Mensch,
kein rustikaler Typ, sondern eher ein verkrachter Kaufmann, ein Spekulant, der mit dem Leben abgeschlossen
hatte, aber nicht die Konsequenz daraus zog. Wir saßen
oft bei ihm, oft mit Z., dem er unbeschränkten Kredit ein-
geräumt hatte.

Am Ende meiner jahrelangen Odyssee kreuz und quer
durch Ostpreußen, von Marienburg am Ufer der Nogat
im Westen bis Goldap im äußersten Osten, von dem ostpreußischen Venedig Osterode im Süden bis nach Inse in
der Elchniederung im Norden, kann ich behaupten, dieses rätselhafte vielseitige Land und seinen auch nach einem halben Jahrhundert noch wirkenden Zauber besser
zu kennen und tiefer zu verstehen als die Mehrzahl der
dort Geborenen und Aufgewachsenen. Das ist sicher

keine Anmaßung, keine Besserwisserei. Es geht mir nicht um Prestige, sondern allein um die Intensität der Wahrnehmungen und die Befriedigung meiner von blutigen Zäsuren verstörten Innenwelt, die leider mit der gegenwärtigen Außenwelt der Industriegesellschaft nicht übereinstimmt. Innenwelt und Außenwelt sind zwei ganz gegensätzliche Faktoren unserer Existenz geworden. Sie waren es schon immer, auch damals, aber wir spürten diesen Kontrast nicht. Wir hielten die Innenwelt auch für unsere Außenwelt. Wir erlebten die Identität beider Welten und empfanden sie als selbstverständlich.

Die Landschaft Ostpreußens erschien mir in den Jahren meiner Wanderschaft als unveränderbar und unzerstörbar. In ihr hatte ich festen Boden unter den Füßen, als meine Innenwelt zu zerbrechen drohte und bereits in vieler Hinsicht zerbrochen war. So im sexuellen Bereich des Zwanzigjährigen, der keinen Liebespartner finden konnte aus Scheu und Verklemmung, der sich die falschen, ihm nicht erreichbaren Ziele wählte. Als Abgewiesener schmerzte mich die majestätische Gleichgültigkeit der unbeschädigten Landschaft. Die Mehrzahl der in Ostpreußen lebenden Berufstätigen war durch ihre Arbeit und ihr Schicksal an einen bestimmten Ort gebunden. Wer Geld hatte, reiste ins Reich. München war für meinen Lehr- und Zuchtmeister ein verlockendes Ziel. Von dort brachte er eines schönen unheilvollen Sommers Angela G. mit. Angela residierte indessen nicht im Gutshaus selbst, sondern sie wohnte in einem von ihr wie ein Münchner Bohème-Quartier eingerichteten Zimmer im Brennerhaus, unmittelbar gegenüber der Einfahrt zu dem marktplatzgroßen quadratischen Gutshof Przytullen.

Ich durfte Ostpreußen wie ein ungebundener Tourist erleben und kennenlernen, weil ich keinen festen Arbeitsplatz annahm, beziehungsweise nur für kurze Zeit in den Erntemonaten ›seßhaft‹ war. Ich hatte dadurch von dem kaum erschlossenen Land, in dem es damals noch keine Touristenreisen à la Neckermann gab, mehr gesehen als Wolfgang B. selbst, der höchstens mit Thus als Chauffeur seines grünen alten Autos zur Ostmesse nach Königsberg fuhr oder — das aber selten — zu Veranstaltungen nach Lötzen oder Angerburg, einmal sogar nach Gumbinnen, als er mich veranlassen wollte, ein altes Auto zu kaufen, aus dessen Kühltank in hoher Fontäne das Wasser spritzte.

Das war während meines zweiten Aufenthaltes in Przytullen, als ich bereits den Status eines Gutseleven hatte, den unser Chef ganz anders behandelte als ein Jahr zuvor den reisenden Studenten, vor dem er einen gewissen Respekt besaß. Denn da war er nicht zuständig. Da war seine Autorität, der uneingeschränkte Gehorsam, den jeder ihm schuldete, nicht der Maßstab des Verhaltens. Als Eleve war ich für ihn ein Gutsarbeiter wie alle anderen seines Imperiums, wie sein erster Inspektor Ernst S., der als Vorarbeiter begonnen hatte und wegen seines bedingungslosen Einsatzes für die ihm anvertrauten Arbeitsgruppen, für das Vieh und die Felder des Großgutes, allmählich zum Oberinspektor aufstieg, ohne je eine Landwirtschaftsschule besucht zu haben. Da war als zweiter Inspektor der tolpatschig gedrungene Kleinbauernsohn und Antreiber T. Auch S. stammte von einem kleinen Bauernhof bei Goldap. Aber er besaß Gespür für das Mögliche und das Notwendige, er war ein Agrarstratege.

T. war ein wild drauflosarbeitender Wühler, der auch bei Gewitter eine Arbeit nicht abbrechen ließ. Die Stellung mußte gehalten werden. Vielleicht verlor sich seine Spur später auch in der Armee irgendwo zwischen Kalatsch und Kursk. Ich fand nie Kontakt zu diesem Mann. Da waren der kränkelnde, mehr vegetierende als lebende Rentmeister Jaquet, der auf dem Land völlig fehl am Platz war, und seine eher linke als rechte Hand, die dreißigjährige Rentamtsgehilfin Zita W. Schließlich war da die Belegschaft des Musterbetriebes, die große ›Herde‹ der Gutsarbeiter. Als bevorzugter Außenseiter wirkte in diesem Team der Brennmeister H., den Wolfgang B. aus Stradaunen bei Lyck geholt hatte, indem er ihn dort abwarb und als Meister für seine Spiritusbrennerei mit vertraglich gesichertem Jahreskontingent von hundertfünfundzwanzigtausend Litern Sprit einsetzte. Um diese Menge zu gewinnen, befahl der Oole den Abbau von achthundert Morgen Kartoffeln, und zwar Sorten mit dem höchsten Stärkegehalt wie etwa die damals viel verwendete Parnassia. Das Mustergut Stradaunen — heute Straduny — grenzte an Rydzewen, das Dorf, in dem der Erzähler Herbert Reinoß 1935 geboren wurde, dessen Roman ›Wie in alten Liebesliedern‹ ein aussagestarkes Werk unserer Literatur der letzten Jahre ist.

Jeder Gespannführer hatte vier Pferde zu versorgen und mit ihnen zu ackern. Kein Gutsherr hätte einem ostpreußischen Pferdepfleger zumuten dürfen, etwa wie im Sorbenland oder in Mecklenburg, mit drei oder gar zwei Pferden zu arbeiten, zu pflügen oder zu eggen. Ein Gespann waren vier Pferde. Basta. Anderes wäre der pure Unsinn, eine Degradierung gewesen. Dabei blieb es bis zum bitteren Ende 1945, als sie jeder mit ihren vier Pferden dem rettenden Westen entgegenzogen und untergingen auf dem Eis des Haffs, unter dem Hagel der Bomben und Maschinengewehre, vielleicht auch im winterkalten Wasser der Ostsee durch die Torpedos der sowjetischen U-Boot-Flotte, die das Meer beherrschte. Andere Trecks wurden zwischen den Fronten zermahlen und zermalmt.

Einige kamen durch, auch Wolfgang B. und seine ganze Familie. Aber wo die üppige blonde Reiterin aus München geblieben ist, konnte ich nicht ermitteln.

Ein Pferd, das schäumend auf den Hof zurückkam, brachte dem Reiter oder Gespannführer unweigerlich eine schwere Rüge ein. Pferde waren in dieser Zeit vor den Traktoren die ›heiligen Kühe‹ der Herren des Landes.

Angela war keine Schinderin, sie liebte Pferde, aber sie ritt gern so scharf sie konnte und stets Galopp, selten im gemäßigten Trab. So hatte sie einst Sarotti über die Felder gejagt, und die empfindliche Zuchtstute war in Schweiß gebadet, sie dampfte. S. herrschte Angela an: »Sind Sie varrickt? Führen Sie Sarotti ja nicht dem Chef so abgehetzt vor, er darf sie nicht sehen. Verschwinden Sie und frottieren Sie die Stute, bis sie trocken und abgekühlt ist, sonst gibt es ein Donnerwetter, daß Sie glauben, der Himmel stürzt ein.« Angela tat, wie S. es geraten hatte. Sie war nicht nachtragend, sie war ein lebensstarker Mensch. Ihre grünlich schimmernden, stets wachen Augen mit den tiefen Ringen waren offen und ohne Hintergedanken dem Gesprächspartner zugewandt. Sie blickte ihm voll ins Gesicht, ein etwas ironisches spöttisches Flackern in ihrem aufmerksamen Blick.

Nein, Angela war keine Schinderin. Sie bewies es allen, als sich ein Fohlen zwischen den Findlingsblöcken, die der Sprengmeister Lau als Arbeitsmaterial verwendete — er hatte bereits bei einer Sprengung durch einen Steinsplitter ein Auge eingebüßt —, ein Bein brach. Nun sind bei Pferden gebrochene Beine unheilbar. Die Tiere können nicht in dauernde Ruhestellung gebracht werden, bis der Bruch geheilt ist. Aber Angela gab nicht auf, sie schiente das Bein. Sie behandelte das Fohlen, dessen fieberheiße Zunge über ihr Gesicht fuhr, an Kindes Statt. Sie brauchte keinen Tierarzt, der das Fohlen lediglich als schlachtreif freigegeben hätte. Sie blieb Tage und Nächte als Wache neben dem Tier im Stall und verhinderte jede Bewegung, die das Bein gefährdet und die Schiene unwirksam gemacht hätte. Es war ihr Krieg, den sie verbissen führte und den sie verlor, verlieren mußte. Denn Angelas Pflege war umsonst. Nach zehn Tagen mußte sie aufgeben. Der Bruch zeigte keine Heilungstendenz.

Wolfgang B. befahl trotz beschwörender Gegenargumente Angelas die Schlachtung des Fohlens. Dann gab es mehrere Tage hindurch Beefsteak vom Pferde für alle, auch für Angela, die in den Hungerstreik trat oder sich etwas anderes in ihrem ›Atelier‹ selbst zubereitete. Sie war ja unabhängig, nicht an die Familien- beziehungsweise Gutsgesellschaft gebunden. Daran hielt sie fest, und der Oole mußte sich damit abfinden. Aber Erich von Sperber, ein blasser Sohn aus dem Hause Sommerau, der hier nach dem Willen seiner Mutter, einer charmanten Offizierswitwe — der Vater war als Rittmeister der Insterburger Ulanen im Ersten Weltkrieg gefallen —, eine harte Lehre absolvieren sollte, sprang vom Mittagstisch auf und stürzte hinaus, um sich zu übergeben, allerdings erst, nachdem ihm das Beefsteak sehr geschmeckt hatte.

B. war ein kühner und tüchtiger Landwirt, der sein Metier verstand wie kein anderer im Umkreis von zwanzig Kilometern. Er hatte aus dem durch die verlorenen Prozesse seines Vaters verschuldeten Großgut nach Verlust der Vorwerke Karlsberg, neunhundert Morgen, und Wiesental, sechshundert Morgen, einen schuldenfreien Betrieb aufgebaut.

In Gumbinnen erklärte der Autohändler Braun, der unserem Chef ein neues Auto verkaufen wollte: »Warum fährt euer Herr eigentlich immer noch mit der alten Klapperkiste? Der kann sich doch einen neuen, modernen Wagen leisten. Der ist doch Millionär.« Ich befand mich zum erstenmal in meinem zwanzigjährigen Leben in der Gesellschaft eines Millionärs, und er war noch dazu mein Chef, ein erfahrener Landwirt.

Erich von Sperber, mit dem ich noch in den Jahren, als ich längst nicht mehr nach Ostpreußen zurückkehren konnte, Briefe wechselte, wurde als Oberleutnant der Panzerwaffe 1943 mit seinem ›Tiger‹ vor Orel abgeschossen und starb nach wochenlangem Todeskampf an seiner Bauchverletzung in dem großen Offizierslazarett ›Der weiße Hirsch‹ bei Dresden über der Elbe. Es war das ehemalige Sanatorium der Nobelschicht, der Begüterten, die dort ein lustiges Zauberbergleben geführt hatten. Erich folgte der Tradition vieler Adelsfamilien, deren Väter und Söhne im Ersten und Zweiten Weltkrieg fielen.

Ich selbst war nie in Sommerau zu Besuch gewesen, hatte aber meine Berliner Freundin, die braunäugige, blonde und liebenswerte Tochter Waltraud des Stadtarchitekten von Berlin-Lankwitz, auf dem Gut der Sperbers untergebracht. Sie sollte sich dort in der Landwirtschaft umsehen, sollte das Landleben kennen und lieben lernen wie ich. Aber Waltraud ekelte sich vor Hengsten und Bullen, wenn sie die Stuten und Kühe deckten und sie zusehen sollte. Das war von dem Administrator Welschkanis als Abhärtung für die Städterin gedacht.

Erichs junge Mutter starb wenige Monate nach ihrem Testbesuch in Przytullen. Sie wollte an Ort und Stelle feststellen, welche Fortschritte ihr Lieblingssohn, ihr Jüngster — Erichs älterer Bruder studierte Jura in Königsberg —, machte, und sie wollte seinen Lehrherrn kennenlernen. Sie starb sinnlos und verfrüht an einer Gehirngrippe, die damals noch unheilbar war.

Weitverzweigte Adelsfamilien waren typisch für die Besitzverhältnisse in Ostpreußen bis zum Jahre 1945. Denn wie die Grafen Lehndorff, die eine Etage höher im ›Gotha‹, im Adelskatalog, wohnten, besaßen die Sperbers, vor allem Erichs Onkel, ebenfalls mehrere Großgüter, so Gerskullen, stark verschuldet, und das gut geführte Gestüt Lenken, das noch heute von den Sowjets als Pferdezucht-Kollektivfarm betrieben wird. Die durch ihren letzten Besitzer des Stammschlosses Groß-Steinort in die Geschichte des Widerstandes gegen Hitler eingegangenen Lehndorffs besaßen außer dem Hauptgut und riesigen Wäldern noch die Güter Preil, Stawken und Pristanien. Stawken und Pristanien wurden damals an die ostpreußische Landgesellschaft verkauft und gesiedelt. Ich besuchte das bei Rosengarten gelegene Pristanien kurz vor seinem Untergang, der Parzellierung. Es lag weiß und behäbig in der Ebene hinter dem Mauersee an der Bahn Angerburg—Goldap im Duft der Rapsfelder. Aber die Furchen, die diesen großen Kuchen aus fetter Lehmerde aufteilten, waren schon gezogen. Ich wies meinen Begleiter Ernst S. auf diese mir unverständlichen Schneisen in den großen Schlägen hin.

»Hier wird gesiedelt.«

Pristanien — wieder ein exotischer Name — aufgeteilt war nicht mehr das Lehndorffsche Pristanien. In unseren Augen wurde es zum Niemandsland verurteilt. Ja, wir waren damals sehr konservativ. Wir waren eingeschworen auf große Flächen. Wir waren besessen von der Unkündbarkeit der gewachsenen Strukturen. Die Parzellen der Siedler waren nach unserem Ermessen Hungerklitschen. Denn sie waren einfach zu klein.

Die mittellosen Siedler, meist ehemalige Gutsarbeiter, nahmen Kredite auf, die sie dann nicht verzinsen konnten. Sie quälten sich auf ihrem Stück Land viel mehr ab als vorher als Gutsarbeiter, als Instleute, Deputatempfänger eines Herrn, der ihnen auch, wenn er human und gutgesonnen war, den Arbeitsplatz erhielt, solange er nicht pleite war. Dann allerdings folgte die Zwangsversteigerung, wenn er nicht vorher, um wenigstens noch etwas zu retten, seinen Besitz an eine Siedlungsgesellschaft verkaufte, wie eben die Lehndorffs Stawken und Pristanien aufgaben, um so ihr Stammschloß Groß-Steinort retten zu können.

Es ist einfach nicht wahr, daß die Gutsarbeiter hungerten, daß sie heruntergekommen, verlaust und der Willkür der Grafen und Barone oder auch bürgerlichen Gutsbesitzer ausgeliefert waren, wie es die ideologisch argumentierenden, die historische Wahrheit verfälschenden ›Ochsenkutscher‹-Romane aller Kaliber behaupten. Ich war erstaunt über die gute Verfassung der Gespannführer und auch der bei den Instleuten wohnenden unverheirateten Hofegänger, die alle Deputatempfänger waren. Und vor allem staunte ich über die fingerdick mit Schinken belegten Frühstücks- und Vesperbrote. Alle Familien besaßen eine Kuh, die mit der Gutsherde lebte und gemolken wurde. Sie holten sich jeweils abends nach dem Melken ihre Kanne Milch beim Melkermeister ab. Sie hatten im eigenen kleinen Stall mehrere Schweine, meist auch eine Sau und Ferkel dazu.

Sie erhielten als Jahresdeputat fünfunddreißig Zentner Roggen. Ein Zentner Roggen kostete seinerzeit etwa sieben Mark, je nach Qualität etwas mehr oder weniger. Sie hielten Hühner, Enten, oft auch Gänse, und ihre Mädchen waren rund, schön und gepflegt wie Martha Degwitz, die ich nicht lange und oft genug ansehen konnte, wenn sie an der Spitze der Frauenkolonne, die ich ›überwachen‹ sollte, zum Distelstechen im Hafer oder zum Rübenhacken aufs Feld hinauszog. Die Mädchen erzählten — und sie provozierten mich gern, um die Arbeit zu sabotieren, sie testeten den Eleven aus der Stadt, der vom Handwerk nichts verstand, ob er sich durchsetzen konnte — lachend: »Dem Eleven vom W. in Possessern haben die Schnittermädchen die Hose utjezojen.«

Ja, nun sollte ich reagieren, sollte etwas sagen, das ihnen Respekt vor mir verschaffte. Aber was, verdammt nochmal, konnte ich tun? Ich sagte immerhin: »Mit mir könnt ihr das nicht machen.«

»Ach Gottchen«, kicherte die Martha, und der ganze Schwarm wieherte vor Freude, Vorfreude vielleicht sogar, »wenn wir das machen wollen, machen wir das mit Ihnen auch.«

Ich erwiderte kraftlos: »Nun macht schon weiter!«

Das Haferfeld am Wege zum Hegewald, in dem sich ein großes, ganz aus braun gebeiztem Holz erbautes Restaurant befand, das einem ehemaligen Eleven des Oolen gehörte, war so voll nabelhoher Disteln, als ob sie gesät wären und nicht der Hafer. Wir kamen nur schrittweise voran. An einer Stange waren die Distelstecher befestigt, damit sich die jungen Frauen nicht bücken mußten, sie brauchten nur zuzustoßen. Aber auch dazu hatten sie keine Lust, sie wollten herumkalbern, mir die Hose ausziehen, weil ich mich als Herr, als ›Herrche‹ aufspielte und sie herumzukommandieren versuchte. Im Nacken saß mir die Faust des Chefs. Denn ich konnte mit dem Dutzend Marjells ja nicht wochenlang im Haferfeld herumstehen, und es ging nicht vorwärts. B. wollte wie jeder ›Oberbefehlshaber‹ in Kürze eine Erfolgsmeldung haben: »Haferschlag am Weg zum Hegewald ist distelfrei.«

Zum Glück wurde ich dann eines Tages abgelöst, und Hans K. mußte die Kolonne übernehmen. B. tauschte seine Eleven ständig bei den diversen Tätigkeiten aus, damit sie alles kennenlernten, was es auf den Feldern und Wiesen, in den Ställen und Scheunen zu tun gab. Die ansehenswerte Martha Degwitz heiratete dann den ersten Gespannführer Heinrich Warda, der acht Jahre später mit der vierzehnten Panzerdivision nach Stalingrad zog und dort unterging. Auch mein kumpelhafter

Gefährte der Elevenzeit, Hans Sauvant aus Wangnicken bei Königsberg, geriet zuerst als Hauptmann, dann als Major in die Todesmühlen an Don und Wolga. Am vierundzwanzigsten Oktober neunzehnhundertzweiundvierzig stürmte er mit dem Panzerregiment 36 die berüchtigte Brotfabrik neben dem hart umkämpften Werk ›Rote Barrikade‹. Am zwölften Dezember und die grauenhaften Tage danach sicherte er mit Teilen der vierzehnten Panzerdivision die linke Flanke der Entsatzoffensive des Generals Hoth auf den sowjetischen Ring um Stalingrad und die eingekesselte sechste Armee. Ein letzter großer Vorstoß, der nur fünfzig Kilometer vor der zum Ruinenfeld und Massengrab gewordenen Stadt bei Wassilewska an der Myschkowa steckenblieb. Hoth mußte einen sowjetischen Durchbruch am Tschir, eben an jener von Sauvant verteidigten Flanke, abwehren, da die rumänischen Divisionen bereits zerschlagen waren und die Russen in den Rücken der Heeresgruppe Don vorstießen und das Hauptquartier des Oberkommandierenden Generalfeldmarschall von Manstein bedrohten.

Aber ich schreibe nicht Kriegsgeschichte. Ich verwahre mich jedoch nachdrücklich gegen die gefälschten Darstellungen des Landlebens in der Zeit vor dem Hitlerfaschismus. Es gab kein Gutsarbeiterelend, jedenfalls nicht in Ostpreußen, außer wenn der Taglöhner seinen geringen Barlohn versoff oder gar sein Deputat in Alkohol eintauschte.

Reiten, reiten, reiten durch den Tag, durch die Nacht, durch den Tag: So oder ähnlich — es kommt nicht auf Nuancen, auch nicht auf sekundärliterarische Perfektion der Wiedergabe an — beginnt Rainer Maria Rilkes berühmte Jugendstilnovelle ›Der Cornet‹. Mit diesem Insel-Büchlein im Feldtornister starben seinerzeit im ›großen Krieg der weißen Männer‹ 1914 die deutschen Studenten bei Langemarck. Ich hatte dann im Weltkrieg

Nummer zwo Klabunds nicht ganz so berühmte, dafür aber verbotene ›Harfenjule‹ im Gepäck. In dieser heute fast vergessenen Sammlung wurde unter anderem auch der Sieger von Tannenberg — das bezog sich auf die Schlacht an den Masurischen Seen —, General Ludendorff, satirisch behandelt, die Eisenbahnattentäter von Leiferde wurden dagegen für ihr Verbrechen mit Verständnis bedacht. ›Der Wittelsbach fließt durch das Ludendorff‹ — wobei unter einem Luden ein Zuhälter zu verstehen war. Die Wittelsbacher waren bis zur Ausrufung der ersten sogenannten ›Weimarer Republik‹ das bayrische Königshaus. Von den beiden arbeitslosen Eisenbahnattentätern, die den D-Zug bei Leiferde unweit von Hannover zum Entgleisen brachten, was viele Todesopfer forderte, dichtete der Apothekersohn Klabund aus Crossen an der Oder: »Uns blühen nicht Ranunkeln/ und Mädchen glühn uns nicht./ Wir tappen stets im Dunkeln/ und sehen niemals Licht.«

Diese verzweifelten Attentäter — damals gab es noch nicht die alles und nichts treffende Sammelbezeichnung ›Terrorist‹ — wollten mit diesem spektakulären Gewaltakt auf sich und ihre Not aufmerksam machen. Es war die Zeit der Massenarbeitslosigkeit und der Nährboden für Hitlers Welterlösermission, die er sich anmaßte und die die hungernden Massen ihm bestätigten, indem sie für ihn in den Tod ›gen Ostland ritten‹, als er den schon vor Beginn verlorenen Krieg gegen die Sowjetunion im ›Unternehmen Barbarossa‹ begann.

Wolfgang B. betrachtete das Reiten nur als Pflichtübung. Er ritt nicht gern, trug keine brennende Fahne vor sich her in die Schlacht wie Rilkes selbstmörderischer Cornet. Zu einem Rittergut gehörten pauschal auch einige Reitpferde, wenn nicht für den Herrn, dann für Gäste oder als Alibi für die intakte Gutsherrschaft. Ich habe niemals Elsa oder Tochter Marianne oder gar Sohn Gerd auf einem Pferderücken gesehen. Der Chef ritt gelegentlich zu fernen Feldstücken, die anders kaum zu erreichen waren. Er war dann immer froh, wenn ihm Thus das Pferd, meist die Stute Sarotti, seltener den Hengst Wuppdich, wieder abnahm. Er ritt eher dilettantisch, wenn auch stets mit einer Jockeimütze auf dem Kahlkopf. Aber diese Mütze war das Statussymbol der Landjunker, sie gehörte zur Maskerade wie die Peitsche und die Reitstiefel aus feinstem biegsamen Leder. B. achtete dennoch sehr darauf, daß die beiden einzigen Reitpferde gepflegt und regelmäßig bewegt, das heißt geritten wurden.

Max, der alte Krippensetzer, gehörte nicht zu dieser ersten Garnitur. Er spielte die Rolle des ›dummen August‹ unter den Pferden. Max befand sich im biblischen Alter, biß und schlug, wenn er gekränkt, eben unsanft oder gar schlecht behandelt wurde. Außerdem war er ein Zwerg unter den achtundfünfzig Pferden des Hauptgutes. Er war nur als Einspänner zu gebrauchen und benahm sich auch in dieser Funktion störrisch wie ein Esel oder Maultier, deren Kleinwüchsigkeit er mit ihnen gemeinsam hatte. Es war für den Fahrer eine Strafe, einen Auftrag mit Max an der Leine auszuführen. Auch ich lernte ihn kennen und mußte mit seinen eigenwilligen Reaktionen fertigwerden. B.s Motto in Sachen Pferd war zugleich eine ernste Mahnung und Warnung für alle, denen er seine Pferde anvertraute: »Immer langsam mit die jungen Pferde!« Das galt auch für den zwanzigjährigen Max. Kein Hund, geschweige ein normales Pferd, wird so alt und muß noch seinem Herrn dienen.

Max, der Krippensetzer, stand meist allein im Stall, wenn die Gespanne zur Feldarbeit ausgerückt waren — im Sommer um sieben Uhr morgens —, und schlug sein Gebiß in den Stein der Futterkrippe, wenn sie leergefressen war. Aber er setzte seine noch intakten Zähne auch während des Hafer- und Heukauens auf, als wollte er die Krippe demolieren. Unterwegs mußte man sich ihm vorsichtig nähern, er biß unvermittelt zu. Und wer ihn von hinten anging, dem schlug er unversehens einen Huf in den Schenkel. Es war Glückssache, Max an die Deichsel zu bekommen, ohne von ihm attackiert zu werden. B. belustigten solche Zwischenfälle. Es war ratsam, Max nicht zu erwähnen. Max war im Gespräch mit dem Chef tabu, es konnte sonst passieren, daß der Oole dann sagte: »Ach ja, Deiwel nochmal, da können Sie den Max nehmen und in Popiollen eine Sendung vom Güterbahnhof abholen.«

Meist handelte es sich um ein Ersatzteil für einen Garbenbinder oder Grasmäher oder um Pflugschare, die irrtümlich statt nach Possessern nach Popiollen, einer einsamen Bahnstation bei einem ehemaligen, bereits aufgesiedelten Großgut, gelangt waren. Von dem Rittergut Popiollen ragte nur noch der backsteinrote Schornstein der geschlossenen Spiritusbrennerei aus den Kastanien auf.

Popiollen war rundum aus Backstein gebaut, auch die kleine Station, die wie in einem Roman Tolstois oder wie sein letzter Aufenthaltsort Astapowo an einer Sandpiste lag, still und verträumt wie das ganze weite Land Masuren. Es konnte auch sein, daß gerade der Holunder blühte. Dann wurde man ganz benommen, ›ramdösig‹ sagten die Leute dort, von dem intensiven Duft. Es konnte sein, daß die Hitze über dem Sand des einspurigen Fahrweges Wellen schlug auf der Fahrt mit Max nach Popiollen und zurück, die fast einen Tag dauerte.

Ich bekam schon bald den Auftrag, nach Popiollen zu fahren, dem verwunschenen Dorf, dessen Namen mir die Tränen der Scham wegen meines Versagens auch in dieser Mission in die Augen treibt, an das ich aber auch mit dankbarer Erinnerung denke, weil es in meinem Leben niemals wieder so still wurde wie damals 1933, als anderswo das Sieg-Heil-Gebrüll alles übertönte, was sich rührte, was lebte und weiterleben wollte und dann in den Tod gejagt wurde auf Grund dieses ›Sieg-Heils‹, das nicht mehr verstummte, bevor die Schreier stumm gemacht worden waren, also erst im Vorfrühling 1945. Doch da gab es das Land Masuren nur noch als Erinnerung an die Toten und für die Überlebenden, die westwärts gezogen waren und die doch niemals ›gen Westland reiten‹ wollten.

Von Reiten und Pferden ist die Rede. Wolfgang B. hatte kein Gespür für Pferde, er hatte keine leichte Hand, er liebte sie nicht, er hielt sich Sarotti und Wuppdich als Machtsymbole. Angela war der einzige Mensch, der im Imperium des Oolen Galopp reiten durfte, die anders gar nicht zur Befriedigung kommen konnte. Sie besaß in der Tat Pferdeverstand. Angela hatte ein erotisches, ein echtes Lustgefühl für Pferde, sie umarmte und küßte Pferde, deren kluge Schönheit sie bewunderte, die sie als den Menschen überlegene Wesen betrachtete. In Przytullen zählte für Angela nur Sarotti und, weil er für Nachwuchs, für langbeinige Trakehner Fohlen garantierte, der weit weniger elegante, aber immer potente Hengst Wuppdich.

Ich bin abgeschweift, bin ins Schwimmen, ins Meditieren geraten. Mein Leben vollzog sich damals in unauflösbaren Widersprüchen. Ich dachte, fühlte und litt — meist litt ich — sozusagen in Serpentinen. Die Gesetze der Logik waren in dieser spätpubertären Entwicklungsphase außer Kraft gesetzt worden. Nach meiner Flucht aus Berlin, von den ersten Tagen in diesem Land, das mich überwältigte, galt nur noch das Absurde. Ich betrachtete das Absurde als das Selbstverständliche.

Ich war noch nie mit Pferd und Wagen unterwegs gewesen. In Berlin und auch in meiner sorbischen Heimatstadt Grodk war von Pferden nie im guten Sinne die Rede. Die armen Leute sammelten Pferdeäppel von der Straße für ihre Schrebergärten und wurden deswegen verachtet. Im Haus eines Apothekers waren Pferde eher im Zusammenhang mit den apokalyptischen Reitern vorstellbar.

Denn der Fuhrmann, der noch dazu Künstler hieß, hatte zwei furchterregende Gäule vor seinem Bollerwagen, wenn er Kohle brachte, Briketts für den Betrieb. Er schimpfte mit ihnen, fluchte und schlug auf sie ein. Pferde beobachtete ich zu Hause außerdem nur noch vor dem gelben Postwagen, der die Pakete vom zwei Kilometer entfernt in der Kiefernheide gelegenen Bahnhof brachte, der sich in grotesker Übertreibung Hauptbahnhof nannte. Aber Pferde waren auch vor den Jauchewagen gespannt, geduldige alte Schindmähren, die den Knall der Explosion ohne Schreckreaktion ertrugen, wenn die aus den Plumpsklos gepumpte Jauche entzündet wurde und der eiserne Verschlußdeckel des Wagens mit einer blauen Stichflamme hochflog. Dann waren die Gase verbrannt, und der runde Kübelwagen fuhr mit seinem Jauchetank zum nächsten Haus. Damals wollte ich, wenn ich danach gefragt wurde, Jauchefahrer werden. Ich ahnte nicht, daß ich 1945, nach dem Zusammenbruch des auch die Pferde ausrottenden Reiches, tatsächlich ›Scheißefahrer‹ im Sulinger Moor wurde. Damals sprach dann niemand mehr von Jauche. Das Motto hieß: »Alles Scheiße, deine Elli!« Die Sprache war rüde geworden, war in Auflösung begriffen, hatte sich wie der Sprechende geändert, sie war in die totale Verrohung, als die der totale Krieg zu betrachten war, einbezogen worden, eine in mehrfachem Sinn gleichgeschaltete Sprache.

Das Fingerspitzengefühl für Pferde, vor allem für die feinnervige Stute Sarotti, fehlte dem Oolen.

Damals ritt er nur noch selten zu den Arbeitern auf die

Felder, höchstens zum vertrauten Kumpanen seiner Jugendraufereien, Z., nach Natalienhof. Aber er ritt, als käme er als Besiegter, als hätte er tatsächlich eine brennende Fahne vor sich hergetragen, sie aber unterwegs verloren und schäme sich nun. Sicher litt er unter hohem Blutdurck. Denn ich habe ihn nie anders als mit hochrotem Kopf gesehen, wenn er in Aktion war. Es gab ja unterwegs immer irgendeinen Ärger, eine Schlampigkeit, die ihn zu Beschimpfungen der angeblich Schuldigen veranlaßte. Da waren zum Beispiel am Wiesentaler Hang, der so sanft zum flachen, muldigen See abglitt, die Kartoffeln miserabel behäufelt worden. Ich hatte das Pferd geführt und der alte Degwitz den Häufelpflug, dessen beide Eisenblätter die Erde aufwarfen und so die Pflanzkartoffeln bedeckten, damit sie keimen und wachsen konnten wie der Spargel in seinen Beeten. Denn nichts wächst und gedeiht ohne Hilfe des Menschen. Nichts ist selbstverständlich auf unserer Erde, alles ist ›hohe Schule‹, ist Kunst, auch die Kartoffelwirtschaft mit einem Pflug und einem Pferd.

Ich war einmal auf dem Mühlenberg und pflügte mit zwei Pferden — selbstverständlich nicht den klügsten vom ersten Gespann, denn die gab der erste Gespannführer Heinrich Warda nicht aus der Hand — das Querbeet. Es war sandiger Boden, eine Kuppe aus Treibsand. Der Boden rutschte unter der Pflugschar weg, und hinter mir zerfiel die Spur sofort wieder, die ich mit den beiden alten Zossen zog.

Unter mir auf dem für die Kartoffeln bestimmten ebenen Feld an der Benkheimer Landstraße saß Erich von Sperber im Sattel eines Gespannes, also vierspännig, das Handpferd zur Linken am kurzen Zügel und die beiden Vorderpferde an der langen Leine. Das war ganz große Kunst. Nur, der adlige Eleve war noch nie in seinem behüteten Leben auf dem Großgut Sommerau bei

Ragnit unweit Tilsit am Memelstrom vierelang gefahren. Er hatte die Lochmaschine, die mit ihren Walzer Löcher in die Erde stanzte, in die die Kolonne dann die Pflanzkartoffeln werfen mußte — er hatte diese Maschine zu lenken. Das mußte wie mit dem Lineal gezogene, absolut gerade Linien ergeben, sonst entstanden Lücken zwischen den Reihen, und die Kartoffeln fielen neben die Löcher statt hinein. Der Pflanzkolonne war es schnurzegal, Hauptsache, der um die Schulter geschlungene Sack, in dem jeder seine Last Kartoffeln vor sich hertrug, wurde leer.

Erich von Sperber bemühte sich verzweifelt — er war außerdem kurzsichtig —, die vier Pferde des Gespanns auf der Linie zu halten. Aber er hatte die Vorderpferde nicht in der Gewalt. Sie trieben mal nach links, dann wieder nach rechts ab, sie ›drifteten‹, und die Maschine folgte in Schlangenlinien.

Ich bemerkte den Chef, der wie in einer Arena gegen einen Stier antrat. Die Teleskopaugen fixierten die Spur, die die schlingernde Maschine durch den Sand gezogen hatte. Dann sprengte er mit einigen Sätzen vor das Gespann, in dessen Sattel bleich und krumm der hilflose Eleve aus dem Hause Sperber-Sommerau saß und immer noch versuchte, die rebellischen Vorderpferde in den Griff zu bekommen. Die Maschine selbst steuerte der beste Instmann des Gutes Degwitz, dessen schöne, aber auch aggressive, niemals nachgiebige Tochter Martha den ersten Gespannführer Warda heiraten sollte.

B. postierte sich vor das Gespann und richtete einen seiner stets kommentarlosen Appelle an den hochgeschätzten Degwitz: »Zum Teufel, Degwitz, schmeiß das Schwein doch vom Pferde, wenn der Kerl nicht fahren kann!«

Sperber sagte kein Wort. Er hing schief im Sattel, richtete einen irren Blick auf den Chef, der sein Pferd — es war Sarotti — herumriß und davontrabte. Auch der Zorn verleitete ihn nicht zum Galopp. »Mein Gott« — würde ich heute sagen, wenn mir jemand zuhören würde, aber wo gibt es diese Menschen? —, »und dieser Eleve Erich von Sperber, der nicht einmal eine Kartoffellochmaschine lenken konnte, wurde dann acht Jahre später als Oberleutnant der Panzerwaffe in der großen Schacht im Kursker Bogen abgeschossen. Was hat der junge Mensch hinnehmen müssen, unter welchen Entbehrungen, Leiden und Vergeblichkeiten?«

Damals stolperte er kurzsichtig, seine Augen stets etwas zusammengekniffen, um überhaupt etwas sehen und erkennen zu können hinter den dicken Brillengläsern, über die Felder, und was er von sich gab, waren Platitüden der Verzweiflung: »Nee, nee. Können Kühe fliegen? Weißt du das?« Wer sollte das schon wissen? Sicher war es ein Kalauer wie fast alles, was wir in unserer Lehrzeit hervorbrachten. Das Denken war uns abhanden gekommen. Wir waren zu müde, zu abgeschlagen, um noch denken, überhaupt Gedanken formulieren zu können. Sperber lachte über seinen eigenen Blödsinn, wenn er die Antwort auf diese kindische Frage selbst gab: »Na, wenn schon! Kühe können eben fliegen. Denn wie kommt sonst Kuhscheiße aufs Dach?!« Ja, und nun lacht mal alle!

Das hätte der Oole auch sagen können. Solche primitiven Floskeln und Redensarten wiederholten sich täglich. »Das Denken überläßt den Pferden. Die haben größere Köpfe.« Auch dieser zum geflügelten Landsermotto gewordene Spruch war damals täglich zu hören. Mit solchen Parolen haben uns später die Ausbilder geschliffen und zum Schweigen gebracht. Es waren die Frontunteroffiziere, die ›Elite‹ des ›Führers‹, die den Verstand zum Einfrieren verurteilten. Es war dieses ›Menschenmaterial‹, mit dem wir den Osten erobern und beherrschen sollten. Das Denken war strafwürdig. Wer dachte, wurde zu Tode schikaniert oder lief in einer Strafkompanie auf eine Mine. Erich von Sperber wurde durch seinen Denkverzicht aus seinem Panzerturm katapultiert. Alle wurden im Stich gelassen, die dem Befehl des ›Führers‹ bis zum Birkenkreuz oder Massengrab folgten.

Aber wir sprechen von Pferden. Sarotti, Wuppdich, Max und die vierzehn Gespanne in Przytullen, die vier Gespanne in Natalienhof, die Fohlen auf der Findlingskoppel, wo Meister Lau sein Sonnendach aufgeschlagen hatte und Steine sprengte und klopfte. Ich hatte den Auftrag, mit Max an der Deichsel und an der Leine nach Popiollen zu fahren und einen nicht näher bezeichneten Gegenstand abzuholen. Himmel, Arsch und Wolkenbruch — acht Jahre später nennen fantasiereiche Landser die unter sowjetischem Feuer liegende Brücke im Kessel von Cholm ›Himmel-Arsch-und-Wolkenbruch-Brücke‹ —: Ich schwitzte schon vor der Abfahrt, wenn ich mir vorstellte, wie ich Max dorthin bringen sollte. Ein Kutscher schirrte Max auf und spannte ihn vor den kleinen Wagen, das Wägelchen, das für solche Zwecke zur Verfügung stand. Es ging nicht — wie in Bobrowskis berühmtem Gedicht — auf den Markt nach Mariampol, und ich kaufte auch nicht meiner Braut ein seidenes Halstuch. Ich hieß ja auch nicht Joneleit. Ich war ein Würstchen und hatte Angst. Denn ich wurde ins Wasser geworfen, ohne schwimmen zu können, ohne Rettungsring, allein mit Max unterwegs im Niemandsland. Zwanzig Kilometer Sandpiste. Kein Mensch in dieser himmlischen Stille. Ein Todeskommando in dieser Zeit des totalen Friedens. Denn bis Masuren waren die Vorausabteilungen des ›Führers‹ noch nicht vorgestoßen. Es gab auch noch kein ›Führerhauptquartier‹ im Wald bei Rastenburg, ganz in unserer Nähe, später dann, als es zu spät war und niemand den Mut aufgebracht hatte, den

Tyrannen zu beseitigen, ehe er zum letzten Gefecht rufen konnte . . .

Zeit, die vergangen ist. Zeit der Erinnerung. Lebendige Gegenwart. Nichts ist vergangen. Nichts kann jemals vergehen. Der Holunder nicht, der Sand unter den Hufen, die Mittagsglut auf den Wegen, die roten Backsteinmauern in der Stille des Lichtes von Popiollen. Nichts. Am Horizont bleibt, wenn ich heute auf die B 42 und die Hauptstrecke der Bundesbahn Dortmund—München—Athen blicke, die weiche blaue Zeichnung der Pillacker Berge, Konturen, die sich nie mehr verwischen, die keine Macht der Erde auszulöschen vermag. Nur wir selbst können unsere Erinnerung töten, können sie tilgen, indem wir uns vernichten . . .

Ich zockelte los, die staubige, gerade, ungepflegte Straße entlang — eigentlich eine breite ausgefahrene Sandpiste — durch das Gutsarbeiterdorf und am Hof des verfeindeten Wittke-Bauern vorbei. Max hielt den Kopf gesenkt und sah böse aus. Er hatte ein ausgesprochen böses Gesicht. Im Unterschied zu vielen Menschen, die Masken tragen, die ihr wahres Gesicht hinter einem zweiten Gesicht verbergen, zeigen Pferde immer ihr wirkliches Gesicht. Jeder Mensch mit Pferdeverstand, den ich leider nicht besaß — woher auch? —, sieht ihren Gesichtern an, was sie meinen, was sie im Schilde führen. Ich bemerkte nichts. Solange die Straße, richtiger: der Weg, fast geradeaus durch die Felder verlief und ich mich so von jeder Hilfe und sachkundigen Assistenz entfernte, ging alles gut. Max war allerdings nicht zum Trab zu bewegen, aber wir hatten Zeit. Wir würden nach Popiollen kommen, und wenn es dann auch schon Mittag sein würde. Und wir erreichten das Ziel auch ohne jeden Zwischenfall. Nur wollte Max auf keinen Druck der Leine reagieren. Er lief stur geradeaus, und wenn der

Weg über einen Heidehügel anstieg und sich dann in einer leichten Krümmung wieder in die alte Richtung zurückbog, wollte Max diese Schwenkung nicht mitvollziehen. Er akzeptierte keine Korrektur der einmal eingeschlagenen Richtung. Ich mußte vom Wagen — einem Karren, mit dem man in meiner fernen Heimat die Milchkannen zur Molkerei fuhr — herunter und Max auf den richtigen Weg bringen. Es war mühsam, aber schließlich lag vor uns die in blühenden Holunder gebettete Bahnstation, in der täglich einmal ein Personenzug mit einem Güterwaggon von Angerburg nach Goldap und zurück einlief. Ich hielt vor dem Güterschuppen. Zuerst kam lange niemand. Max war standfest, er lief niemals fort. Wenn er nicht arbeiten mußte, döste oder schlief er. Ich konnte ihn stehenlassen und mich nach einem diensthabenden Beamten umsehen. Ich fand, was ich suchte. Im Gepäckraum gab es nur ein Stück, das man auch hätte nach Przytullen tragen können. Die Anschrift war tatsächlich Wolfgang B., ›Rittergut Przytullen‹, aber die Bahnstation unleserlich. So war es nach Popiollen statt nach Possessern gelangt. Wie mir die Namen Lust bereiten! Wie ich ihre Exotik nachschmecke beim Wiedererinnern und Wiederlesen!

Zwei Männer betrachteten mein Wägelchen, sahen noch genauer Max ins Gesicht, das immer noch böse, aber jetzt eher verschlafen war, und sagten nichts, an das ich mich erinnern kann. Sie waren stumme Figuren im Hintergrund der Szene. Und Sprechen strengt an, besonders in der Juni-Mittagshitze, also blieben sie stumm.

Ich brachte Max wieder in die richtige Position, diesmal ›Richtung Heimat‹ — was dann später auch ein Motto für die zurückflutenden Divisionen der Winterschlacht vor Moskau werden sollte. Wir hatten acht Jahre nach diesem Vorsommertag in Popiollen nur zwei vergleichsweise strapazierte Redensarten, die eine hieß »Alles Scheiße, deine Elli«, die andere, diffamierende, »Kameraden sind Lumpen«.

Na, es ging weiter ganz gut mit Max. In den Wegbiegungen stieg ich ab, weil Max nicht die geringste Lust zeigte, nach Hause zu kommen, er gehorchte nicht. Das glaubte ich jedenfalls und fand mich damit ab. Es war ein folgenschwerer Irrtum. Denn auf halbem Weg nach Przytullen lag ein kleiner Katen, eine Art Einsiedlerhaus, und aus diesem von mir nicht beachteten Gebäude stürzte ein aufgeregter, fluchender Mann und beschimpfte mich: »Was machen Sie krummer Hund denn mit dem Pferdche? Dem kann doch so nicht loofe.«

Ja, was machte ich Kretin, als der ich mich fühlte und nun bestätigt wurde? Denn Max hatte das Halfter am Hals hängen, hatte die Kandare nicht angelegt, konnte also gar nicht auf die Leine reagieren. Er bemerkte gar nicht, wenn er »links schwenkt marsch« oder »rechts schwenkt marsch« kommandiert wurde.

»Was sind Sie denn für ein Idiot oder sind Sie besoope?« brüllte der Mann. Ich sehe diese Szene noch vor mir, wie der Fremde sich Max näherte und ihm das Halfter und die Kandare anlegen wollte. Ich sehe ihn vor mir, wie er mir schwitzend zu Hilfe eilte. An diesem Tag schwitzten alle, die ganze Erde Masurens schwitzte, nicht nur wir ›Furchenscheißer‹, wie wir Landleute spöttisch von den sich soviel klüger vorkommenden Stadtbewohnern genannt wurden. Es war eine Zeit der gegenseitigen Denunziation.

Aber Max verstand keinen Ernst. Er hielt seinen Ramskopf böse gesenkt. Bevor der Mann erkannte, mit wem er es zu tun hatte, packte ihn unser Krippensetzer an den Knöpfen seines Hemdes und riß ihm das leichte Sommerhemd auseinander. Er biß nicht zu, er zog den Helfer nur aus.

Jetzt stürzte sich der Fremde auf mich: »Was haben Sie

für einen Deiwel angespannt? Wo kommst du denn her, Jungche?«

Er war ohne Übergang vom distanzierenden ›Sie‹ zum vertraulichen, in meinem Fall geringschätzigen ›Du‹ übergewechselt. Aber er kochte vor Wut.

Ich sagte völlig verstört: »Ich komme aus Berlin.«

»Was, du willst mich wohl verscheißern?« brüllte der von Max so schändlich behandelte Mann, ein Rentner, wie ich vermutete, aber einer mit Pferdeverstand. Immerhin — und das ist nun ein Verhalten, das als masurische Eigenart, als Charakter ernst zu nehmen ist —, er nahm sich Max noch einmal vor, aber so, daß er nicht zubeißen konnte.

»Wenn du ein Berliner bist, dann hast du von nuscht nich ne Ahnung. Das is klar. Aber du kommst doch vielleicht vom B. aus Przytullen?«

Max trug ja an seinem Geschirr wie alle Pferde und Gespanne, wenn sie unterwegs waren, ein schwarzes Schild, auf dem mit weißen Buchstaben deutlich lesbar seine Herkunft stand ›Rittergut Przytullen‹. Also, der Mann wußte nun, wohin wir gehörten. Er änderte sein Verhalten überraschend und wurde freundlich. Das bewirkte der Name B. Ich sagte: »Ich bin dort Eleve.« »Schöner Eleve«, knurrte der Fremde und zäumte Max auf, so daß ich nun, ohne nochmals abzusteigen, nach Przytullen zurückfand. Er murmelte noch etwas von ›Berliner‹ und ›Blödkopp‹ und ging grußlos in sein Haus zurück. Ich schämte mich so, daß ich vergaß, ihm zu danken.

Es war eine Episode, an die ich auch heute nicht ohne Verlegenheit denke, obwohl alle Beteiligten längst nicht mehr befragt werden können. Max machte auf dem Rest der Fahrt ein freundliches Gesicht. Er hatte sich an dem fremden Mann für meine Dummheit gerächt, aber schuld an dem peinlichen Vorfall war zuerst der Kutscher, der mir diesen Streich gespielt und Max vor den Karren gespannt hatte, ohne ihm das Halfter anzulegen. Ich konnte nichts dagegen unternehmen. Meine Blamage wäre perfekt gewesen, wenn ich den Vorfall überhaupt erwähnt hätte, nicht einmal Elsa wagte ich davon zu berichten. Ich war ein Ignorant und sollte es bleiben . . .

Reiten, reiten, reiten, durch den Tag, durch die Nacht, durch den Tag, mal mit Sattel, mal ohne Sattel. Das ist hier die Frage. Damals wurde in Ostpreußen, wie gesagt — das gilt besonders für Masuren —, nicht viel geritten. Aber auch die Besucher, befreundete Agrarier, die gelegentlich nach Przytullen kamen, traten nie beritten auf, sie fuhren mit der Kutsche oder einem meist klapprigen Auto. So lernte ich sie kennen, die weithin berühmt-berüchtigten Namen: Bark-Sakautschen, Schwanke-Klimken, Uhse-Gansenstein, dessen Vater sich erschossen hatte, als der den Duce imitierende — wiederum von Chaplin hervorragend in seinem Film ›Der Diktator‹ imitierte — ›Führer‹ die Macht übernahm. Die alten Großgüter dämmerten indessen verschuldet dahin.

Der Rittmeister a.D. Schulz-Kahlau, Pächter der Domäne Leegen bei Lyck, fuhr mich und seinen Eleven Kossack aus Grodk in seiner alten Weltkriegsuniform mit Pickelhaube und umgehängtem Schleppsäbel im Auto über seine ausgedörrten Gerstenfelder. Sonntags trug er stets die Uniform eines kaiserlichen Rittmeisters. Aber er ritt niemals über sein Land.

Ich hatte meinen ehemaligen Schulfreund Kossack, Sohn unseres Hausarztes, einmal in Leegen besucht, wollte stolz mit meinem neuen, bei Braun in Gumbinnen gekauften Motorrad vorfahren. Aber ich kam völlig verdreckt, mit zerrissener Hose und blutig geschlagenen Knien dort an. Denn das Kopfsteinpflaster des Marktplatzes von Lyck hatte mich zu Fall gebracht. Ich war mit der Maschine gestürzt, die immerhin unbeschädigt blieb. Der Rittmeister, der auch zum Kirchgang die Pik- kelhaube aufsetzte und den Schleppsäbel trug, maß mich nicht ohne Schadenfreude von Kopf bis Fuß und schickte mich dann zu seinen Marjells in die Küche, wo ich von ›zarten Händen‹ — wie er spöttisch bemerkte — ›liebe- voll versorgt‹ werden würde. Es waren in der Tat fröhli- che und hilfsbereite Mädchen, die mich mitleidig, aber auch kichernd säuberten, meine Knie mit essigsaurer Tonerde reinigten und behandelten, das Blut abwuschen, sich niederknieten und meine durchgescheuerte, zerfetz- te Hose flickten. Der Charme dieser ihr Amt als Samari- terinnen übertreibenden Marjells wirkte so irritierend, daß ich kein Wort herausbrachte, nur ein gepreßtes — erpreßtes — »Danke schön«, aber kein Versprechen, mich auf andere Weise dankbar zu zeigen, keine Kompli- mente. Ich schlich halbwegs restauriert aus der Küche und ließ enttäuschte Gesichter zurück, verlegen bis zum Geht-nicht-Mehr. Die gnädige Frau des Ex-Rittmeisters hatte zum Essen geblasen. Hier kam es mir vor wie ein Totverblasen beim Streckelegen nach einer Treibjagd. Ich war in den Zustand meiner chronischen Verbohrtheit zurückgefallen und konnte keinen vernünftigen Gedan- ken fassen, kein Wort der Erklärung, das meine Ver- wirrtheit verständlich machen konnte. Ich löffelte die aufgetragene Ochsenschwanzsuppe — der Rittmeister des Kaisers und Domänenpächter hatte sogar Wein ein- schenken lassen, einen ›leichten Mosel‹ —, ohne den Tel- ler leeren zu können. Ich würgte dann an dem Braten- fleisch wie in einem Kinnbackenkrampf.

Wer dachte da noch an Reiten. Die Fahne des Cornets war längst verbrannt, spätestens beim Zusammenbruch der Monarchie. Das Stadtgut Angerburg, mehr als zwei- tausend Morgen bester Lehmboden, war rettungslos verschuldet. Unser steinalter Nachbar W. ließ sich in einem Landauer über die Felder fahren, steckte bis über die Ohren in Hypotheken, deren Zinsen ihn erdrückten. Ich sah fast niemals in diesen Jahren reitende Gutsherren. Sie saßen, in ihre Sorgen eingesponnen, hermetisch nach außen abgesichert, in ihren Gutshäusern und Schlössern wie der Bundesbürger in seinen menschenfeindlichen Betonburgen. Es gab wundersame, ja bestürzend schöne Ausnahmen.

In Chelchen, dessen Verwalter der Bruder meines Freundes und Inspektors S. aus Przytullen war, fegten die beiden Töchter des Besitzers Rittmeister a. D. J., die eine weizenblond, die andere carmenschwarz, mit wehendem Haar über die Stoppelfelder; und sie ritten Galopp wie in einem historischen polnischen Film, unerreichbar, unnahbar. Ich sah sie vorüberpreschen, aber aus großer Distanz, als ich auf dem Bahnhof Griesen Wilhelm D.s Zuckerrüben auf die Güterwaggons schaufelte, das heißt, ich stand meistens untätig herum und sah zu, wie sie verladen wurden. Denn die Arbeit besorgten die Instleute.

Eigentlich ritten nur die Gespannführer im Sattel ihrer Arbeitspferde. Rundum in Karlsberg, Wiesental, Charlottenhof gab es keine Reitpferde. Auch die erfolgreichen Gutsherren Fäser-Elisenhöhe und Haut-Gertrudenhof, die mit neuen Getreidezüchtungen experimentierten, waren keine Reiter. Natürlich wurde in den Gestüten geritten. Dort wurden Remonten aufgezogen und von ihren Zuchtmeistern dressiert. Auch die Administratoren großer zusammenhängender Gutskomplexe machten gelegentlich eine Inspektion zu Pferde. So war es bei den Sperbers, die in Lenken selbst ein Gestüt betrieben, aber schon die Söhne der Familie Sperber-Sommerau, Erich und Wendelin, konnten überhaupt nicht reiten.

Das Pferd war ausschließlich ein Gebrauchsobjekt für die Landwirtschaft. Es gab weder Turnier- noch Zirkuspferde. Nur Angela G. war im Begriff, aus Sarotti ein Zirkuspferd zu machen. Die berühmten alten Adelshäuser, sofern sie nicht bankrott waren, hielten sich aus Prestigegründen einige Reitpferde, wie die Grafen Kanitz-Podangen, die Grafen Dohna-Schlobitten, die Fürsten Eulenburg-Prassen. Und etwa fünfzig Kilometer von Przytullen entfernt ritt die damals vierundzwanzigjährige Gräfin Dönhoff-Dönhofstädt durch Masuren. Aber das waren die wenigen leidenschaftlichen Pferdenarren, die passionierten Reiterinnen wie sie, die die Welt auf dem Rücken der Pferde liebten und sie aus dieser Perspektive, aus diesem Höhenflug betrachteten und oft verwarfen. Die Gräfin Dönhoff-Dönhofstädt hat ihren letzten Ritt durch das Land der dreitausendfünfhundert Seen von ihrem Gut Quittanen aus sehr farbig und naturnah in ihrem Buch ›Namen, die keiner mehr nennt‹ geschildert. Sicher ritten auch die Freiherren von Alt-Stutternheim-Schnakenhof, der Graf von der Trenck-Schakaulack, der Graf von Finkenstein-Finkenstein in Pomesanien, der Graf von der Gröben-Langheim, die Herren von Saucken-Tarputschen-Tataren, von Sanden-Klein-Guja, der Freiherr und ehemalige Kapitänleutnant Freiherr von Paleske aus Sorquitten bei Sensburg manchmal aus und zeigten sich so als Herren ihrer mehr oder weniger befristeten Imperien. Denn auch Sorquitten war, wie mir S. erzählte, eine Pleitewirtschaft. Später streckten die Siedlungsgesellschaften ihre eiserne Hand nach diesen großen Besitzungen aus und zerschlugen sie in lebens- und leistungsunfähige Splitterbetriebe.

Immer, wenn ich mich an die Namen der alten sterbenden Großgüter aus dieser Zeit erinnere, ergreift mich der Namenrausch, eine Faszination, die von solchen exotisch klingenden Namen ausgeht und eine seltsame Form der Nostalgie auslöst. Ich bin dorthin gefahren, um mir diese geheimnisvollen Plätze, diese letzten Flucht-

burgen des Adels, wenigstens von außen einmal anzuse-
hen. Ich war jedesmal überwältigt von der Weiträumigkeit der Anlagen. Sorquitten, hell erleuchtet im Dunkel
der masurischen Nacht, als ich auf meinem Ostpreu-
ßentripp per Fahrrad sechshundert Kilometer kreuz und
quer durch das mich magisch anziehende Land daran
vorüberfuhr. Ich konnte mich nicht aufhalten, weil ich
noch die Jugendherberge in Sensburg vor der Nacht erreichen mußte, sonst wurde ich ausgesperrt. Es war kalt
und regnete leicht. Es war Herbst, das Land brannte im
Gold der Wälder. Ich hatte die Großgüter Sechserben bei
Gerdauen und Gaffken im Samland hoch im Norden gesehen. Ich kannte die Maße. Ich wußte, was sechstausend oder gar zehntausend Morgen in einem Stück be-
deuteten. Flächen, für die wir heute in unserer chronischen Beengtheit jedes Gefühl verloren haben.

Als ich einmal mit der Bahn von Wandlacken bei der
Stadt Gerdauen nach Königsberg zur Ostmesse, der großen Landwirtschaftsschau, der ›grünen Woche‹ des
Ostens, fuhr und der Zug, wie in jeder Station, auch in
Schnakenhof hielt — ein Name, der einen sensiblen, für
Sprache empfindlichen Menschen allein schon durch die
aus ihm abzuleitenden Assoziationen bezaubern kann
—, stieg ein junges Mädchen ein, von dem ich bis Königsberg kein Auge lassen konnte: Schmal, aber kräftig, blond, aber nicht auffallend, auch die Farbe des Haares gedämpft, maßvoll, eine Haltung, die — man verzei-
he mir diesen Rückgriff auf alte Ausdrucksformen — ein
hohes geistiges Niveau mit physischer Schönheit verband. Ich glaube heute noch, daß diese unauffällig stolze, aber keineswegs arrogante junge Dame eine Freiin
von Alt-Stutternheim war.

Die Namen der Orte, der Güter und Gutsdörfer wurden ja stets mit dem Familiennamen zusammen genannt.
So hieß auch Wolfgang B. — Wolfgang B.-Przytullen.

Und der aussichtslos verschuldete Diplomlandwirt Wilhelm D., der auch nicht reiten konnte und sich den Wochenlohn für seine Arbeiter von seinem Schmied leihen mußte, nannte sich eben D.-Duneyken.

Die zwei schönen Töchter des Rittmeisters a.D. J., dem wir einmal auf einem Ausritt begegneten, bei welcher Gelegenheit er seinen Inspektor Hermann S., mit der Reitgerte auf mich deutend, fragte: »Wer ist denn das?«, habe ich nie wieder gesehen. Sie hätten mich, wenn ich sie zufällig getroffen hätte, nicht wahrgenommen. Sie hatten nur Augen für Pferde und stets die Nase im Wind. Der Rittmeister neigte seinen Kopf zu mir herab und sagte, nachdem ihm S. Auskunft gegeben hatte, daß ich bei dem Diplomlandwirt D.-Duneyken als Eleve tätig sei: »Na, dann viel Glück. Aber, mein Lieber, bei dem können Sie auch nichts lernen.«

Er sprach mit märkischem Akzent. Vielleicht war er Offizier in der Mark Brandenburg gewesen und hatte die Erbin des Gutes geheiratet. Ich habe nach dem allen nicht gefragt. Die Eindrücke waren Grafiken, die mir in die Haut geritzt wurden. Ich sah das schöne Fräulein von Alt-Stutternheim — falls sie es war —, und ich vergaß dieses ebenmäßige Profil nicht. Ich vergesse nicht die wie aus einem Film geschnittene Figur dieses Mädchens. Damals wurden die Maßstabe für Schönheit gesetzt, die für mich noch heute gelten.

Einmal nahm mich Ernst S. mit zu J. Ich sollte seinen Bruder mit den glänzenden Pervitinaugen und dessen Frau, eine üppige Blondine, kennenlernen. Aber Hermann, Ernsts Bruder, war im Kuhstall und schoß dort Tauben für den Mittagstisch des Rittmeisters a.D. aus dem Dachgebälk. Der Weltkriegsoffizier hatte Appetit auf junge Täubchen, und die lebten im Gebälk des Kuhstalles. Im Schrothagel plumpsten sie ins Stroh zwischen die kauenden Kühe. Ernst stieg inzwischen mit mir auf den Kornboden, wo wir den Bezirksbauernführer M. antrafen. Er war damit beschäftigt, Getreidesäcke — Roggen, jeder Sack wog fünfundsiebzig Kilo — zuzubinden. Also, wir sollten, bis Hermann das Dutzend Tauben erlegt hatte, mithelfen. Das wollte mir jedoch nicht gelingen. Auch dazu war ich zu ungeschickt mit meinen zwei linken Händen. S. ermahnte mich: »So wie Sie das machen, gehen ja die Säcke beim Verladen alle wieder auf. Ich zeig es Ihnen.« Er zog das Band fest um das zusammengeraffte Sackende und schlang den Knoten leicht und ohne Mühe wie ein Magier. Der Doppelknoten war unauflösbar, jedenfalls bis die Ladung in der Mühle eingetroffen war. Dort wurde das Garn aufgeschnitten und der Sack entleert. So wurde jeder Handgriff zu einer Bewährungsprobe, mußte jede Tätigkeit erlernt werden. Meine ungeübten Hände lieferten immer nur Ausschuß, ganz gleich, was ich tat. M. sah gar nicht hin, so perfekt verstand er das Sackzubinden. Er arbeitete hier die Stunden ab, die ihm Hermann S. auf seinen Feldern mit den Gespannen aus Chelchen geholfen hatte, weil M. keine Zeit zum Pflügen fand.

Er hatte in den Gastwirtschaften, bei der Partei und der Kreisbauernschaft zu tun.

Endlich kam Hermann und rief von der Treppe zum Speicher: »Könnt runterkommen. Für heute ist's genug.« Unterwegs zu seinem Katen schimpfte er auf seinen Chef, der ihn zu diesem barbarischen Taubenschießen abkommandiert hatte.

»Als ob er nicht selbst für sein Fressen sorgen kann, der Herr Ex-Rittmeister. Nur die stärksten Rehböcke schießt er selbst. Da läßt er mich nicht ran. Ich darf ihm nur verraten, wo die Sechserböcke stehen. Na ja, meine Frau bekommt von der Gnädigen schon mal eine Rehkeule spendiert.«

Hermanns blanke Augen glänzten. Er war ebenso zuverlässig wie radikal. Ich verstand nicht, wie man mit diesem gespaltenen Bewußtsein leben und sogar zufrieden sein konnte. Die Antwort gab ihm wohl seine jederzeit zur Liebe bereite, lächelnde Frau mit dem Seidenschimmer im Haar. Der große Bahnknotenpunkt Korschen, mitten in Ostpreußen, war die Nahtstelle und der Schnittpunkt aller außergeschäftlichen, außerfamiliären Aktivitäten der Gutsherren und Bauern dieses Landes. Von hier führte eine Bahnlinie über die Städte Bartenstein und Preußisch-Eylau nach Königsberg, eine andere über Gerdauen nach Insterburg und von dort weiter an die Memel nach Tilsit, wo nach einer alten Volksmeinung die schönsten Mädchen in ganz Deutschland wohnten. In Korschen hielt der D-Zug von Prostken nach Berlin. Hier begann dann später auch mein ganz privates Melodram mit der Kunststudentin Waltraud B. aus Berlin-Lichterfelde-Ost. Ich hatte sie bei der Familie Sperber mit Erichs Fürsprache untergebracht, wo sie sich als spätere Gutsbesitzersfrau profilieren sollte, was allerdings ein totaler Mißerfolg wurde, da die blonde, braunäugige Waltraud keinerlei Interesse am Landleben zeigte, ihm keinen Reiz abgewinnen konnte, eher Widerwillen empfand. Für das übersensibilisierte Mädchen waren die ländlichen Sitten und Verhältnisse zu grob, zu brutal, sie brauchte Großstadtluft, das kunsthistorische Seminar des Professors Brinkmann. Und so verlor ich meine erste wirkliche Liebe nach Jahren eines von Beginn an aussichtslosen Werbens. Aber die eigentliche Niederlage, der irreparable Bruch, ereignete sich erst später, als sich mein masurisches Abenteuer dem Ende zuneigte, sich einfach totgelaufen hatte, und noch bevor ich in Lötzen Sigrid P. begegnete, bei der ich mich ausweinen konnte, ohne mich schämen zu müssen. Denn sie teilte ihre Tränen, die ganz andere Ursachen hatten, nämlich die Angst vor dem Abitur, mit meinen einsamen Verzweiflungsausbrüchen, die in diesem Alter nichts Lächerliches, eher Gefährliches bedeuten. Es sind diese Jahre um zwanzig, wo der Tod dem Leben näher ist als mit siebzig Jahren, falls man dann noch organisch gesund genug ist, um bewußt leben zu können.

Natürlich sah ich Reiter in Trakehnen, sah sie auf dem kaiserlichen Gut Cadinen am Frischen Haff — übrigens zusammen mit Waltraud — bei Tolkemit, dem Fischerdorf unweit von Elbing. Aber auch das nahm ich erst später wahr in der Endphase meiner Masurenjahre, deren zweite, schreckliche Variante ich dann 1943 im Krieg und zuerst im Lazarett in Allenstein erfuhr.

Nun entschied Wolfgang B., daß ich auch reiten lernen sollte, weil es zum Image eines Gutseleven und späteren Gutsherrn gehörte, sich mit und ohne Sattel auf einem Pferd behaupten zu können. Von hoher Kunst war dabei keine Rede. Es ging nur darum, daß ich lernte, mich auf einem Pferd zu bewegen, auf ihm zu halten, auch wenn es bockte und den Reiter abwerfen wollte. Sarotti hatte weniger Launen als Wuppdich, also bekam ich unter Aufsicht und Anleitung des ›Unteroffiziers vom Dienst‹ T. Reitunterricht, sonntags natürlich, wenn ich nicht auf den Feldern gebraucht wurde. Es war ein heilloses Vergnügen! Der erste Ausritt fand nicht statt. Es war eher eine mißlungene Vorübung. T. verlor schnell die Geduld mit mir. Denn ich hatte noch nie einem Reiter zugesehen, wie er auf ein Pferd stieg. Ich wollte absolut immer mit dem falschen Bein in die Steigbügel. Hatte ich es endlich verstanden, fehlte mir der Schwung, um mich auf Sarotti zu katapultieren. Denn mir kam die ganze Aktion vor, als sollte ich ins Niemandsland fliegen und dort den schrecklichsten Gefahren ausgesetzt werden. Ich war überzeugt, daß ich mich, nachdem mich T. fluchend »Sind Sie varrickt?« auf Sarottis Rücken geschoben hatte, keine Sekunde im Sattel halten würde. Aber dann paradierten wir — T. makellos mit durchgedrücktem Kreuz, er trug die damals übliche Bundeskanzlermütze von heute ebenso wie Thus, Z. und andere, aber T.s Mütze war sauber wie der ganze Kerl —, dann also paradierten wir vor der Kamera. Ich hatte S. meine Agfa-Billy anvertraut, damit er ein Foto vom reitenden Studenten aus Berlin schießen konnte. Das Foto gibt es immer noch. Ich hatte, um meine Unfähigkeit und Blamage zu überspielen, meine Schiebermütze schief und frech aufgesetzt wie Franz Biberkopf, mit dem ich nicht konkurrieren konnte, auch nichts gemeinsam hatte als großsprecherische Redensarten und kleine Schurkereien.

Das Foto zeigte außer uns erstarrten Reitern noch das Storchennest auf dem Dach der Gärtnerei. Denn dort hatten wir Aufstellung genommen. T., der noch nach Hause in sein Dorf Gassöwen wollte, kommandierte »Absitzen!«, was mir neuen Schrecken einflößte. Denn ich wußte nicht, wie ich vom hohen Roß heruntersteigen solle, ohne als ein Häuflein Knochen unten anzukommen. T., der mit Pferden aufgewachsen war und sich wie alle Landbewohner nicht vorstellen konnte, daß es Menschen wie mich gab, notorische Versager, sagte: »Nu klettern Sie man runter von dem Aussichtsturm!«

Ich versuchte, das rechte Bein, also das falsche, von Sarotti zu lösen und wollte dann mit dem linken aus dem Steigbügel rutschen. Aber dieser Versuch scheiterte bereits im Ansatz. Sarotti wurde außerdem unruhig. Denn so etwas hatte sie noch nie erlebt. T., der vor Ärger rot geworden war — ich schwitzte wie immer, wenn ich hilflos einer unkontrollierbaren Situation ausgeliefert war —, hob mich wie einen Sack Kartoffeln vom Sattel und knurrte etwas wie: »Aus Ihnen wird nie ein Landwirt werden.« Dann ritt er Wuppdich im Schritt neben mir her zum Stall. Er war nun aus seiner Winzigkeit zur überragenden Figur geworden und genoß es, daß ein

Klugscheißer wie ich, vor Scham krumm geworden, die Stute am Halfter neben ihm zurückführen mußte.

Anders, absolut konträr, verlief ein wirklicher Ausritt mit S. durch den Hegewald. Diesmal trug Sarotti keinen Sattel. Ich sollte zuerst einmal ein Gespür für den Pferderücken, für Nerven und Muskulatur des Tieres bekommen, ehe ich zum Herrenreiter wurde. Wieder schaffte ich nicht den Sprung auf Sarotti, der ja diesmal ohne Steigbügel tatsächlich keine Sache für Anfänger war. S. hob mich auf den breiten Rücken der geduldigen Stute. Ich empfand neben dem Freund Vertrauen, einem Freund, der meine Unkenntnis nicht als Minderwertigkeit betrachtete, sondern eher als natürliche Verhaltensweise eines Menschen, der sich besser in Kneipen und Hörsälen auskannte als auf einem masurischen Rittergut. Also, es ging ganz ohne Komplikationen. Wir trabten den kurzen Gutsweg entlang, überquerten die Straße und bogen in den Hegewald ein, von dem zweihundertfünfzig Morgen Mischwald, dicht und duftend nach Birkengrün und Kiefernadeln, noch zu B.s Imperium gehörten.

Das Waldgebiet hatte für uns heute nicht mehr vorstellbare Dimensionen. In drei Terrassen fiel es zu jeweils drei Seen ab, über die hinweg man die blaue Ferne sah und keine Grenze, die den Blick blockierte. Das Hegewald-Restaurant war irgendwo in dieser blaugrünen Flut versteckt.

Der Weg führte zuerst auf der rechten Seite an unseren Feldern und Koppeln vorbei. Links befand sich vom ersten Schritt an der dichte Forst. Ich bekam plötzlich ein mir ganz unbekanntes Gefühl von Freiheit, von Befreiung, von Entspannung. Meine Skrupel und Hemmungen fielen von mir ab.

Ich trieb Sarotti zum Galopp an. Ich hielt mich sicher in diesem schwingenden Rhythmus, der mich hoch- und davonriß. Ich spürte die Wärme des Tieres, das mich ohne Widerstreben trug, das mir gehorchte.

Wir ritten nun schon einige Kilometer im Galopp. S. blieb hinter mir zurück, holte mich dann ein und forderte mich mit warnender Stimme, fast drohend, auf, in Trab zu fallen. Er wußte, daß man ein Pferd nicht auf lange Strecken so strapazieren konnte. Ich war entfesselt, fühlte mich wie von der Erde gelöst, befreit von meinen vergeblichen Lieben, die mich durch den Tag, durch die Nacht, durch den Tag verfolgten, und dachte gar nicht daran, S.s Anweisung zu gehorchen. Da befahl er, den Ausritt abzubrechen und umzukehren. Dagegen fand ich kein Argument. Wir ritten nun nebeneinander. Aber ich behielt den Galopp bei; und dann erfand der kluge S. und gute Geist Przytullens, ohne den es auch der Chef nicht geschafft hätte, das Gut vorwärtszubringen, eine Strafe, die ich nicht vergessen sollte. Er wollte mir eine Lehre erteilen, die allerdings auch einen gefährlichen, ja tödlichen Ausgang nehmen konnte. Denn als wir die Gabelung erreichten, wo der Gutsweg rechts abbog und der Feldweg geradeaus zur Landstraße weiter verlief, riß S. den Hengst Wuppdich plötzlich herum in den Gutsweg hinein. Ich schoß in der Vorwärtsbewegung über den Hals der Stute hinaus. Denn Sarotti machte, dem Hengst folgend, die Schwenkung mit. Ich rollte auf den zum Glück sandigen Feldweg. Obwohl mir alle Glieder schmerzten, war mir nichts geschehen. Aber ich zitterte im Schock des unvermuteten Sturzes.

S. stoppte Wuppdich, fragte mit maliziösem Lächeln, aber auch strengen Worten, die erkennen ließen, daß er diese Probe, von der er ahnte, wie sie ausgehen würde, bewußt gewagt hatte: »Wie geht es Ihnen jetzt?« Dann half er mir erneut auf Sarottis dampfenden Rücken. Denn das abgehetzte Tier war nach dem langen Galopp in Schweiß geraten. Wenn der Chef seine Stute so angetroffen hätte, wäre ich, der sie so mißhandelt hatte, auf das Vorwerk Natalienhof verbannt worden.

»Lassen Sie bloß die Sarotti nicht dem B. unter die Augen kommen«, warnte S., nun schon wieder versöhnt und ganz freundschaftlich. Wir blieben noch eine Stunde im warmen Licht des dichten Gutswaldes, in dem ein kilometerbreiter Teppich von Maiglöckchen blühte, dicht und kunstvoll wie eine Stickerei, wie Brüsseler Spitze. Wir hatten das Waldgut Rogonnen und das Rittergut Groß-Lenkuk, unsere Ausflugsziele, nicht erreicht, weil meine Unbesonnenheit und mein Übermut S. zum Abbruch des Ausfluges und zu der Lektion bewegt hatten. Aber ich würde auch noch dorthin kommen eines Tages, wenn meine Zeit in Przytullen verstrichen war. Ich wollte das ganze Land Masuren, ganz Ostpreußen sehen, wollte mich mit diesem Zauberland identifizieren können eines nahen Tages. Das schwor ich mir.

Der Deckakt war der Auslöser, der es Waltraud, die für Bindings Superkitschnovelle ›Opfergang‹, aber auch für den hervorragenden Roman ›Niels Lyhne‹ des Dänen Jens Peter Jakobsen schwärmte, unmöglich machte, auf dem Land zu bleiben, er stieß sie ab. Es war für ihr Empfinden eine apokalyptische und schreckliche Vision, der beizuwohnen eine Folter bedeutete. Es war ihr nicht gegeben, das Tierische auch als das Natürliche wahrzunehmen. Sie konnte nicht verstehen, daß ein Räumbagger in Aktion, der mit seinen Greifern alles Gewachsene zerstört, mit seinen stählernen Zähnen alles Lebendige zermalmt, ein alarmierender Anblick ist, während die Prozedur des Deckaktes Leben schafft und trotz ihrer vermeintlichen Brutalität die tierische Existenz in ihrer Vollkommenheit zeigt.

Ich war in meiner sexuellen Verklemmtheit von diesem Vorgang gleichzeitig abgestoßen und fasziniert. Wuppdich war der einzige Deckhengst weit und breit, und so kamen oft Bauern mit ihren rossigen Stuten nach Przytullen — hier gab es noch einige kleinere Bauernhöfe —, um sie von Wuppdich besteigen und befruchten zu lassen.

Es war eine von B.s boshaften Launen, daß er ausgerechnet den sensiblen und ungeschickten Erich von Sperber aufforderte — und das war ein Befehl! —: »Herr von Sperber, wenn nachher der Weschkun mit seiner Stute kommt, dann leisten Sie dem Wuppdich Schützenhilfe!«

Diese Hilfestellung bestand darin, Wuppdichs fast meterlanges Glied anzuheben und in die Scheide der Stute einzuführen. Denn wenn sich der Hengst brüllend auf die wartende Stute stürzte, war er so erregt und ungezügelt in seiner Leidenschaft, daß er gleich mehrere Ergüsse ins Leere hatte, falls er sein Zeugungswerkzeug nicht in die Stute einführen konnte. Es war, wenn man die Kreatur nicht verstand, in der Tat ein diabolischer Akt, der sich mitten auf dem Gutshof abspielte, der so groß war wie der Marktplatz einer Mittelstadt in jenen Zeiten, nur daß er nicht wie in Treuburg von Schnapsbuden und Destillen, von Kneipen und Puffs umgeben war.

Franz Czipolowsky oder Heinrich Warda hielt den Hengst am Zaum, Thus, der ›Leibkutscher‹ des Chefs, beruhigte die wartende Stute. Wenn Wuppdich mehrere Ergüsse hintereinander bekam, ohne die Stute zu treffen, bestand die Gefahr der vorzeitigen Schwächung und Erschlaffung des Gliedes, das auf die Stute zielte und zum Platzen prall in den Farben einer von Haussner gemalten Weltuntergangsstimmung leuchtete.

Erich von Sperber, stets bleich und anämisch, mußte Wuppdichs Glied halten und in die Stute dirigieren. Wir standen dabei und machten säuische Witze. Mir fiel allerdings dazu nichts ein, aber die versammelten Gespannführer hatten immer Zoten bereit, die den Vorgang kommentierten. Frauen waren seinerzeit für mich — und das war mein Unglück — ein Symbol der Reinheit, der Sanftheit, der Menschlichkeit überhaupt. Die Landsersprache, die sich aus Zoten aller nur denkbaren Perversionen zusammensetzte, bedeutete für mich dann Jahre später eine schwer zu ertragende Zäsur. Ich war fast krank vor Scham, als mir in einem Erholungsheim hinter der Front vor Rschew im Sommer 1942 ein Landser die Zeichnung einer von ihm in wochenlanger Arbeit entworfenen ›Fickmaschine‹ zeigte.

Aber selbst auf dem Gesicht meines Vertrauten S. erschien bei dem Deckakt der Reflex sexueller Gier, eine obszöne Freude über das Geschehen. Er starrte gebannt auf das von Erich von Sperber aufgerichtete, gesteuerte, in allen Farben schillernde Glied des Hengstes, aus dem der Samen die Schenkel der Stute bespritzte, bevor es gelang, das Zeugungswerkzeug einzuführen. Wuppdichs infernalisches Gebrüll vermischte sich mit den wie in Todesangst ausgestoßenen Klagen der empfangenden Stute. Es war eine Kakophonie, die doch ein Naturereignis war und keine obszöne Veranstaltung in einem Bordell, wo es vergleichbare Vorgänge und extreme Akte gab, die von geilen Voyeuren honoriert wurden. Erich von Sperber hielt kalkweiß im Gesicht, aber dabei schweißgebadet, die Stellung, bis der Deckakt gelungen war. Dann rutschte der erschlaffte Hengst vom Rücken der Stute, die ihn nun loswerden wollte. Beide hatten die Grenze ihrer Leistungsfähigkeit erreicht.

Erich von Sperber hatte den Auftrag ausgeführt, wie es das ›Vaterland‹ beziehungsweise ›B.-Imperium‹ befohlen hatte. Er schwankte davon und erbrach sich hinter der großen Feldscheune, die den riesigen Hof an der Straßenseite flankierte.

Wolfgang B. war ein ›notorischer Weiterfahrer‹. Um

das zu verstehen, sind einige Erläuterungen unumgänglich. Im August, wenn es das Wetter erlaubte, zur Monatswende vom Juli zum August, begann in Masuren die Getreideernte. Zuerst wurde der Roggen mit den Garbenbindern — komplizierte Maschinen, von vier Pferden gezogen — gemäht. Dann folgten Gerste und Hafer. Zuletzt war der Weizen reif. Doch traten je nach Jahr und Witterung Verschiebungen ein. Es gab Jahre, da war alles Getreide gleichzeitig reif. Dann mußten auch Nachtschichten gefahren werden. Im September waren, anders als im übrigen Deutschland, die Felder bereits geräumt und die Stoppeln geschält. Das Stoppelschälen geht dem eigentlichen Pflügen, dem Tiefpflügen, voraus und hat den Zweck, das aufkeimende Unkraut, vor allem die Quecke, am Wachstum zu hindern, sonst verkommt das Feld zu einer Unkrautwiese. Wir hatten solche Mißwirtschaft auch bei D. im Wiesental vor Augen, das an einem der dreitausendfünfhundert masurischen Seen, dem Wiesentaler See, an unserer Grenze lag. Es gab aber auch erfahrene Landwirte wie Fäser-Elisenhöhe, die die Quecke wegen ihres hohen Eiweißgehaltes kultivierten und sie zu Heu verarbeiteten. Aber das waren Experimente, die nicht immer gelangen. Wir sahen den D. oft fluchend und rumorend auf seinen heruntergekommenen Feldern herumstampfen. Mich interessierten an Wiesental nur die zahllosen Störche, Reiher und Kraniche und die Gabelweihe hoch über dem Wasser, wenn sie auf Fische herabstieß. B. paßte auf, daß der Ernteprozeß reibungslos und zügig verlief. Denn der September war in diesem Land bereits ein Herbst- und nicht mehr ein Sommermonat. Dann begann die Hackfruchternte.

Ein strahlender Herbst mit oft noch warmen Tagen, aber auch frühen Frösten. Das Land — man konnte es spüren abends auf der Holzveranda — bereitete sich im kontinentalen Klima auf den langen Schlaf des Winters vor, der, wie in Rußland, oft ohne Übergang in den Frühling führte.

B. erschien dann, wenn die Binder hintereinander über die großen Roggenschläge klapperten, wenn sich die Spindel drehte, die die Ähren auf den Tisch warf, bis sie das Bindegarn aufgriff und zu Garben zusammenband, mit seinen Reiterbeinen, die so krumm waren wie die Türkensäbel auf dem riesigen, mehrere hundert Morgen großen Feld, und blieb dort, bis der letzte Streifen von den sechs Fuß breiten Messern erfaßt und die Halme von der Spindel auf den Tisch gelangt und von dem Greifer ausgestoßen worden waren. Ein immer wieder faszinierender Vorgang.

Auf einem Sitz, der mit einem alten Sack bedeckt war, damit man sich nicht den Hintern durch- und wundscheuerte, saß der Begleiter, der das Getreide vom Tisch schob, wenn es zu dicht und stark war, wenn das Gleittuch den Erntesegen nicht mehr allein zu transportieren vermochte. Auch hier war Schützenhilfe notwendig, aber eine kaum anstrengende und auch völlig unkomplizierte. Nur wenn der Faden riß und das gemähte Getreide dann im Schwatt, also lose, statt gebunden, von dem Greifer abgelegt wurde, mußte der Beifahrer — meist ein Eleve — von seinem Sitz klettern und das Garn erneut durch die vielen Ösen tüfteln, damit es wieder Knoten band und Garben ablegte, die dann von einer Kolonne Frauen zu Hocken — in anderen Gegenden nannte man sie Puppen — zusammengestellt wurden, meist fünf oder sechs Paare zusammen.

Erich von Sperber erntete einmal viel Spott und Gelächter, als er in Natalienhof die Garben mit den Ähren nach unten aufstellte. Er war so ahnungslos, als wäre er zum erstenmal auf einem Getreidefeld. Er hatte sich in Sommerau auf dem Familiengut der Sperbers niemals um die landwirtschaftliche Praxis gekümmert. So galt er hier als bescheuert und konnte sich auch in der von ihm angeführten Kolonne keinen Respekt verschaffen. Die jungen Weiber drohten auch ihm, wie schon zuvor mir, ›die Hose utzuzije‹. Er lachte mit, um nicht noch mehr Kredit zu verlieren.

Immer, wenn die Getreidebinder auf den großen Schlägen erschienen und ihre Runden drehten, folgten die Störche und sammelten alles auf, was auf den Stoppeln herumkroch: Frösche, Blindschleichen, Ringelnattern. Das war in feuchten Sommern eine üppige Nachlese. Als ich im ersten Sommer in Przytullen tätig war, war der ganze Mühlenberg mit Roggen bebaut. Dort lernte ich die ersten Handgriffe, die mühsamen und in der Hitze für mich unvorstellbar schwierigen Anfänge des Landlebens kennen. Ich wurde Beifahrer, konnte aber natürlich nicht mit dem Bindegarn umgehen. Dann mußte der Gespannführer vom Sattel seines Zugpferdes herunter — es wurde in ganz Ostpreußen stets vierelang gemäht — und das Garn erneut einfädeln. War der Schlag gemäht, waren die Hocken aufgesetzt, so blieben sie noch etwa eine Woche bei gutem Wetter stehen, bis sich das Roggenkorn mit dem Fingernagel brechen ließ, bis es fest und hart war und nicht mehr schimmeln oder faulen konnte, wenn es in die große Feldscheune in das sogenannte ›Fach‹ gefahren und dort bis zum Drusch gelagert wurde. Manchmal war das Korn aber bereits auf dem Feld so trocken, vor allem der Hafer, oder der Gutsherr brauchte dringend Geld, weil der Kunstdüngerwechsel fällig wurde, daß gleich vom Feld weg gedroschen wurde. Dann wurde Ernte und Drusch zu einem kombinierten Arbeitsgang. Heute erledigen die Mähdrescher alles in einem Prozeß. Das Getreide braucht nur noch ab- und zur nächsten Mühle gefahren zu werden. Es gibt keine Hocken oder Puppen mehr — nur noch im polnischen Masuren —, keine Kolonne, die mit schmerzendem Rücken die Garben aufnimmt und zu Paaren zusammensetzt.

Der ›notorische Weiterfahrer‹ B. ließ es sich nicht nehmen, die Zeit der Getreideernte mit uns auf dem Feld zu verbringen, während er bei der Kartoffel- und Rübenernte im Herbst kaum in Erscheinung trat. Denn die Hackfruchternte wurde in Akkord vergeben. Da brauchte er die Leute nicht anzutreiben und zu überwachen. Die meisten der im Akkord stehenden Arbeiter kamen von außerhalb, waren Polen, Zigeuner, Handwerker, Arbeitslose aus der Stadt. Es war sogar einmal ein Adliger aus Ungarn, ein Herr von Olszewski, darunter. Alle hatten das größte Interesse, daß die Arbeit tempo, tempo voranging. Denn das brachte ja bei der wöchentlichen Abrechnung im Rentamt einen höheren Akkordlohn.

Weiterfahren war für unseren Chef Ehrensache, war eine Art zur Leidenschaft gewordenes Hobby. Denn er war der einzige Gutsbesitzer im ganzen Kreis Angerburg, der selbst ein Gespann übernahm und den Gespannführer zum Aufstaken der Garben abkommandierte. So fuhr er — das konnte nur im Schritt und langsam gehen — von Hocke zu Hocke, bis der Erntewagen so hoch beladen war, daß der Wiesbaum festgezurrt werden konnte. Das war ein wie eine Fahnenstange langer, aber viel stärkerer Mast, der hochgehievt und über die Ladung gebunden wurde. Dann konnte die Fuhre auf dem unebenen Gelände nicht mehr verrutschen und der Wagen umkippen — was dennoch gelegentlich vorkam, aber niemals, wenn der Chef den Erntewagen lenkte. War die Ladung komplett, stieg unser Ooler ab und übergab Leine und Gespann dem Gespannführer, der dann unter den kritischen Augen des stets mißtrauischen Herrn behutsam über den bereits abgeernteten Teil des Schlages zur Feldscheune am Rande des Gutshofes fuhr.

Es war schon ein imponierendes Bild, wenn vierzehn Gespanne, also sechsundfünfzig Pferde, mit ihren Fahrern auf dem Riesenfeld leer angepAScht kamen und dann beladen zum Gut zurückfuhren. Es war eine Sinfonie, die ich mir heute aus der ungeheuren Distanz von fast fünfzig Jahren von Tönen Dvořáks untermalt vorstelle. Denn in dieser slawischen Musik, ebenso wie in Tschaikowskijs großartigem Klavierkonzert b-Moll, lebt etwas von der fernen Zeit der ungebrochenen Menschen und glühenden Sommer, Landschaften, die bis zum Horizont reichten, ohne daß sie ein Industriebauwerk, ein Fremdkörper zu verstümmeln oder einzuengen vermochte.

B. war ein perfekter Landwirt und hervorragender Zuchtmeister. Er sah alles, er ließ sich niemals täuschen. Er blickte nur sekundenkurz auf ein Pferd und wußte schon, ob dessen Pfleger etwas taugte, ob er Pferdeverstand besaß. Nach diesen Gesichtspunkten traf er seine Auslese der Gespannführer. Heinrich Warda war und blieb die Nummer I, und er war es wert, er war der ideale Pferdepfleger. Wer diesen Anforderungen nicht entsprach, wurde entlassen, wurde mit einem Donnerwetter in die Wüste geschickt.

Die Männer hatten Grund zu zittern, wenn sie aufgefordert wurden, zum Chef zu kommen. Grundlos entließ er niemanden aus seiner Mannschaft. Er war auch weitblickend und sah die Ereignisse kommen, die zur Eile antrieben. Wenn ein Gewitter aufzog, was selten geschah, wurde die ganze Armada von vierzehn Gespannen so rechtzeitig unter Dach und Fach dirigiert, daß kein Halm und keine Ähre naß wurde.

Einmal saßen wir an einem Sonntag in seinem Arbeitszimmer wie allabendlich und hörten uns seine oft giftigen Monologe an, als aus der Ferne über dem Hegewald ein dumpfes Grollen zu hören war. B. reagierte sofort: »Meine Herren, an die Gewehre! Alles raus und die auf dem Hof stehenden Fuhren mit Zeltplanen abdekken! Es gibt ein Gewitter. Wenn es aus dieser Richtung aufzieht, kriegen wir die Mütze voll.«

Es war so, daß abends die letzten Wagen nicht mehr abgeladen wurden, sondern auf dem Hof stehenblieben, damit am nächsten Morgen gleich mit dem Drusch begonnen werden konnte. Der invalide Buchholz mit dem Bauchschuß heizte bereits um fünf Uhr die Lokomobile an. Um sieben Uhr war der Dampfdruck hoch genug, um die Dreschmaschine anlaufen zu lassen. Dann legte Buchholz den Transmissionsriemen auf das Schwungrad und warf die Maschine an.

Wir stürmten in dieser Gewitternacht ins Freie. Das Wetter zog schnell herauf. Aber wir schafften es, alle Wagen mit Planen abzudecken, ehe der erste Tropfen fiel. Dann brach das Unwetter los und riß vergeblich an den Stricken. Der Chef saß bereits wieder in seinem Arbeitszimmer, den miefenden und stinkenden Jagdhundrüden Prinz zu seinen Füßen. B. war auch einer der wenigen großen Herren, die 1945 alle Menschen unter ihrer Regie samt dem Vieh und Inventar vor den alles vernichtenden Sowjets in Sicherheit zu bringen vermochten.

Die damaligen Erntewagen — es gibt sie auch heute noch in Masuren — waren Leiterwagen. Wer sich eine Vorstellung von diesem praktischen und einfachen Transportmittel machen will, muß von den heutigen roboterhaften monströsen Erntemaschinen, den Mähdreschern, Kartoffellege- und Rodemaschinen, Rüben- und Maiserntemaschinen, von allen modernen Verladetechniken wegdenken. Das Leben war seinerzeit unkomplizierter, aber alles funktionierte besser und schneller, wie auch der Eisenbahnverkehr von Berlin nach Ostpreußen, der völlig unproblematisch ohne Paß- und Zollkontrolle geregelt war. Der D-Zug Berlin—Prostken über Frankfurt an der Oder, Neu-Bentschen, Poznań, Gniezno, Inowroclaw, Torun, Deutsch-Eylau, Osterode, Rothfließ, Korschen, Rastenburg, Lötzen, Lyck brauchte für die fast tausend Kilometer nur knapp zehn Stunden. Es ist heute undenkbar, in dieser kurzen Zeit die masurisch-polnische Grenze hinter Lyck zu erreichen. Eine Reise nach Lötzen und Lyck, ebenso wie nach Angerburg oder Treuburg, mit dem Zug ist eine Expedition ins Ungewisse. Sie läßt sich nur über Warschau durchführen. Die Züge von Warschau über Ciechanow-Mlawa und das ehemalige Soldau nach Deutsch-Eylau und auf der anderen Linie von Warschau über Bialystok—Osowiec—Grajewo nach Lyck verkehren selten und fahren langsamer als der legendär gewordene D-Zug Berlin—Masuren im Jahr 1933 und in den folgenden Jahren meiner masurischen Odyssee. Die Leiterwagen also, bequemer als alles, was heute von einer überperfektionierten, sich selbst ad absurdum führenden Technik auf die Felder gefahren wird, wurden aus den Kastenwagen entwickelt. Eine Methode, die jeder schnell begriff, sogar ich ungeschickter Stadtbewohner. Die hölzernen Achsen des Kastenwagens, auf dem zuvor Kartoffeln und Rüben transportiert wurden — ich hatte ja schmerzhaft mit diesem Allzweckfahrzeug Bekanntschaft gemacht, als ich meinen Unfall hatte —, wurden auf eine Länge gebracht, die das Einhängen der Ernteleitern ermöglichte. Dann wurden bereits zurechtgeschnittene Bretter auf die Achsen gelegt, so daß eine Plattform entstand, auf der die Laderinnen, zwei Frauen, stehen konnten, die die Garben in Empfang nahmen und so mit den Stoppeln nach außen kunstfertig aufschichteten. Zu jedem Wagen gehörten zwei Aufstaker, Männer, die die Garben an langen Gabeln, Forken genannt, zu den Laderinnen hochreichten.

Heute ist hierzulande niemand mehr in der Lage, eine

Getreidefuhre zu laden. Mit dieser Fertigkeit verlor sich auch das Verständnis für diese Tätigkeit, das Gefühl für die Würde und Schönheit der Landarbeit.

Auf jedem Erntegespann saß ein Halbwüchsiger oder alter Mann als Weiterfahrer. Auch die Eleven waren da auf ihrem Platz, da sie als Aufstaker zu langsam waren und es ihnen zuletzt nicht mehr gelang, die Garben auf der Gabelspitze in die schwindelnde Höhe zu den Laderinnen hochzureichen. Dann setzte es Beschimpfungen und Ärger, die mich auch trafen, wenn ich nicht rechtzeitig und dicht genug an eine Hocke heranfuhr. Die Instleute machten sich eine Gaudi daraus, das ›Herrche‹ zu verspotten und anzuraunzen. Ich befand mich in einem ständigen Zustand chronischen Versagens und Nichtskönnens, der meine Ausweglosigkeit, die mich innerlich zerfraß, noch mehr steigerte.

Ich konnte nicht weinen über mein Unvermögen, aber ich war tränenlos diesem Zustand noch mehr ausgeliefert, und das um so mehr, als ich manche Frau auf dem Erntewagen ebenso schön fand wie die Martha Degwitz, so zum Beispiel die schwarzhaarige Anna Buchholz oder die kaum sechzehnjährige Grete Warda, von der Elsa B. immer sagte: »Was für ein feingeschnittenes Gesicht dieses Mädchen hat, was für ein Profil, es muß von einem Adligen abstammen. Wer weiß, was da für eine Geschichte dahintersteckt.« Oder sagte sie gar ›Tragödie‹? Legenden entstanden in diesem Klima der Abgeschiedenheit, in dieser friedlichen Stille immer schnell. Vieles war Klatsch wie heute in der sogenannten liberalen Gesellschaft, die dem schlimmsten Konsumzwang unterworfen ist und Freiheit nur als Schlagwort der Politiker vor Wahlen kennt.

Ich bestehe auf meiner zwölfjährigen Erfahrung als Eleve, Landarbeiter und Bauer, daß die Instleute, die Deputatempfänger, die Hofegänger, die Marjells und Mamsells in den Großküchen der Gutshöfe ein im Grunde zufriedenes Leben führten.

Wir wollen nicht behaupten, daß sie glücklich waren. Die Frage »Was ist Glück?« muß für immer unbeantwortet bleiben. Aber sie lebten in einer Geborgenheit unter dem Schutzschirm des Herrn, der ein guter oder schlechter war, je nach persönlichem Zuschnitt, der sich um seine Leute kümmerte oder sie verkümmern ließ.

Unsere Instleute wohnten wie die Bauern aus Przytullen, nicht anders, allerdings ohne jeden fragwürdigen und überflüssigen Komfort. Aber sie waren Menschen und fühlten sich als Menschen bestätigt, unabkömmlich für das Gut, das Land, die Erde und die Ernte. Sie waren Masuren. Sie lebten in diesem Jahresrhythmus, sie waren ein Teil des ganzen Geschehens zwischen Himmel und Erde, auch wenn es ihnen nicht immer bewußt wurde. Da war keiner, der das Land verflucht oder geschmäht hätte. Niemand, auch kein Mädchen, wäre freiwillig mit nach Berlin gekommen. Niemand wäre desertiert aus dieser Gemeinschaft. Sie kannten sich gegenseitig, respektierten einander. Sie waren genügsam und zufrieden. Es gab keine Exzesse, außer gelegentlichen Sauftouren, und auch die hielten sich in den Grenzen einer natürlichen Menschlichkeit. Niemand hätte, auf sich bezogen, von dem ›Land meiner Verkommenheit‹ gesprochen. Es war gewiß kein Idyll im romantischen Sinn, keine Landschaft und kein Menschenbild, wie sie der masurische Dichter Ernst Wiechert aus Kleinort bei Sensburg — das ich später auf meiner Odyssee sechshundert Kilometer quer durch Ostpreußen besuchte — in seiner Fiktion eines ›einfachen Lebens‹ entworfen hatte. Es existierte auch in Przytullen keine ›Magd des Jürgen Doskocil‹. Das wäre lächerlich und illusorisch gewesen. Es war der tägliche harte, aber nicht vergebliche Kampf um das Überleben, der jeden Mann und jede

Frau, oft schon die Kinder — wenn die Eltern erkrankten — forderte und ihren ganzen Einsatz verlangte. Das Ziel war fixiert: dem Land die Ernten abzugewinnen, abzuzwingen.

Da gab es kein Ausweichen in Träume und Elfenbeintürme, wie sie Ernst Wiechert ersann, der Förstersohn aus den tiefen Wäldern zwsichen Niedersee und Mukkersee, zwischen dem zur Legende gewordenen Ort Rudczanny und Kruttinnen.

Die Nazis haben auch den wunderbaren Namen Rudczanny zu entpolonisieren und einzudeutschen versucht, sie nannten ihn wie den See einfach Niedersee. So gibt es auch in den Nachkriegsatlanten das Wort Rudczanny nicht mehr. Ich werde ihn so oft erwähnen, daß er sich dem Leser einprägt. Vielleicht geht etwas von dem Zauber Rudczannys auf ihn über und lebt nicht nur in meiner Gegenwart gewordenen Erinnerung weiter. Vielleicht füllt sich dieser Name noch einmal mit dem vollen Klang der Schönheit, die Worte, vor allem Ortsnamen, ausstrahlen können, wenn sie erneut Leben gewinnen und Leben bewahren wie Tolstois Astapowo oder Jasnaja Poljana.

Das Bild der goldgelben Erntewagen, der montierten Leiterwagen, die gleich nach der Getreideernte wieder abgebaut und zu Kastenwagen zusammengeschoben wurden, verläßt mich nicht. Ich verbrachte viele Monate im Sattel des Weiterfahrers, und um mich herum vollzog sich das Ritual der Ernte. Hunderte waren auf den großen Roggenschlägen und jeder an seinem Platz. Manchmal mußte ich mit der Hungerharke — einem einfachen eisernen Rechen auf hohen schmalen Rädern mit einem Hebel zum Ausklinken — die liegengebliebenen losen Halme, die beim Mähen vom Bindegarn nicht erfaßt wurden, vom Tisch oder aus der gebündelten Garbe rutschten — zusammenharken und dann neben der nächsten Hocke ablegen. Meist wurde der widerspenstige Max vor die Hungerharke gespannt. Er war für solche Nebenarbeiten gerade gut genug. Oft fuhr aber der jüngere F.-Sohn das lose Getreide an die Hocken. Denn er konnte es besser als ich. Ich klinkte oft zu früh oder zu spät aus, hatte kein Augenmaß für die richtige Entfernung. Dann fluchten die Aufstaker, die den losen Haufen bis zum Erntewagen herantragen mußten. Kein Korn durfte verlorengehen.

War das Feld dann endlich geräumt, kamen oft die alten Frauen der Instleute, die Großmütter samt Enkel, und sammelten die zu kurzen, von den Messern des Garbenbinders nicht erfaßten Ähren. Die wurden dann zu Hause ausgekernt und ergaben eine Gratisration zu dem garantierten Deputat von zweiunddreißig Zentnern Roggen pro Familie. Davon konnte das Jahr über Brot gebacken, konnten die Schweine gefüttert oder auch einige Zentner verkauft werden. Niemand litt Not in diesem Land, das keiner mehr kennt und von dem sich auch die Auto- oder Reisebustouristen kaum eine genaue Vorstellung machen können. Denn sie fahren vorwiegend an die Seen mit ihren freien weiten Badestränden. Aber Campingplätze können nicht das Bild dieser verschwiegenen Landschaft wiedergeben. Masurenreisende fahren in ein Niemandsland der Geschichte. Sie werden niemals etwas von Przytullen, Possessern, Popiollen, Polommen, Popelken, Pobethen, Pillauken, Plibischken, Pillkallen, Prkunowen erfahren, auch nicht von Gembalken, Kraupischken, Ogonken, Daniellen, Czychen, Duneyken, Dagutschen, Dubeningken, Groß-Lenkuk oder Adlig-Bialla, dem Gut des Erzählers Skowronnek. Denn diese Zaubernamen — es sind Hunderte — sind untergegangen in der gewaltsamen Korrektur der Geschichte nach 1945 und schon vorher im Inferno der Gleichschaltung, der Zerstörung, die sich ›Eindeutschung‹ nannte, wie sie der wahnhafte Eroberer befohlen hatte.

Wolfgang B. hatte gern Besuch, aber nicht jeder kam gern, und manche Eingeladene kamen überhaupt nicht, mieden die Gesellschaft dieses unbequemen Gastgebers. Denn er empfand eine Genugtuung an der Provokation seiner Zuhörer, die sich meist, wie wir, ihm ausgeliefert sahen, die sich ihm nicht zu entziehen vermochten. Er eröffnete die Mahlzeit und hob auch die Tafel auf, nicht die Hausfrau.

B. hatte seinen Spaß, wenn er Menschen irritierte, obwohl auch seine Monologe oft werbenden Charakter hatten. Denn ohne Zuhörer waren seine Ausfälle, seine Witze und Kalauer ja sinnlos. In seiner Leistung, in der Führung seines Großbetriebes war er ein Phänomen, bewundernswert. Sein Name — und Namen entstehen nicht willkürlich, sie sind sinnbezogen, sie sagen über ihren Träger etwas aus, wovon er selbst nichts weiß oder ahnt — bürgt für Qualität. Wer ihm in seinen Lagebesprechungen über die Felder folgte, der konnte enorm viel gewinnen oder konnte lernen, wie man einen so vielseitigen und schwierigen Gutsbetrieb führen mußte, wenn man finanziell und existentiell überleben wollte.

Eines Tages meldete sich Erich von Sperbers Mutter, die Herrin auf Sommerau, bei unserem Chef zu einem Sonntagsbesuch an.

Ich erinnere mich an dieses ›Gruppenbild mit Dame‹ mit aller Deutlichkeit. Was man in jenem Alter erlebt, vergißt man nicht. Wolfgang B. hatte die stolze Frau nicht neben sich plaziert, wie es einem Gast zukommt, sondern sich gegenüber. Er wollte ihr wohl voll ins Gesicht schauen. Dann trug Liesbeth, die Mamsell und Küchenchefin, selbst die Suppe auf. Es war eine große, weiße Terrine mit einem Jugendstilmuster, in dem eine mächtige Kelle zum Austeilen der Suppe steckte, einer

Brühe aus Hammelfleisch. Wir aßen vorwiegend Hammelfleisch, weil die tausend Kopf umfassende Herde immer wieder dezimiert und auf ihrem Sollstand gehalten werden mußte.

Liesbeth, von der Erich immer ganz unbegründet behauptete, »Liesbeth stinkt«, stellte die Terrine in die Tischmitte und nahm sich zum Austeilen der Suppe zuerst den Teller des Gastes, eben Erichs gepflegter und jung ausschauender Mutter. Wir alle konnten nicht ahnen, daß es ihr letzter Ausflug aus Sommerau war, daß sie wenige Monate später an einer Gehirngrippe sterben sollte.

Da dröhnte in den Frieden, der jedem Tischgespräch vorausgeht, B.s polternde Stimme: »Nimm den Daumen aus der Suppe, Liesbeth!«

Liesbeth, die sich in der Großküche durchsetzen mußte, auch wenn die Hofegänger, die ja von der Herrschaft Mittagessen bekamen, auf ihren Bänken an den rohen Holztischen randalierten und manchmal auch die Mädchen begrabbelten, war schlagfertig. Ich weiß nicht, ob sie tatsächlich ihren Daumen in der für Erichs Mutter bestimmten Suppe hatte, sie servierte sonst nicht. Gertrud, eine Kleinbauerntochter aus Possessern, die ich gern ansah, deren gut geformtes, unschuldiges Mädchengesicht ich nicht vergessen habe, galt als ›Serviererin vom Dienst‹. Jedenfalls erwiderte Liesbeth in aller Seelenruhe und Gelassenheit: »Is nich heeß, Herr B.«, und ging, ohne sich aufhalten zu lassen, ihrer Tätigkeit weiter nach.

Der Chef, der Schlagfertigkeit hoch schätzte, weil er ebenbürtige Partner, auch Gegner, stets ernst nahm, lachte. Er hatte eine Schlappe einstecken müssen. Nun mußte er sein Image wiederherstellen. Mit dem Blick auf Frau von Sperber, die er, was Erich und sie selbst als Stillosigkeit betrachteten, nie mit ›gnädige Frau‹ anredete, sondern schlicht als Frau von Sperber, erzählte er zu seiner größten Freude eine Episode aus dem Alltag von Przytullen: »Ja, und was ich noch sagen wollte, da komme ich neulich doch in die Feldscheune und sehe auf der Tenne die Frieda J. in der Hocke stehen, die Röcke hoch und die Beine breit, und wen sehe ich noch? Den Franz, der von der anderen Seite in die offene Scheune auf die Frieda zusteuert. Ich bleibe stehen und warte und denke mir mein Teil. Denn was konnte der Franz schon von der Frieda wollen, wenn nicht das eine und alles, was so ein Kreet von einem Weibsbild will, das sich ihm so präsentiert. Ja, aber auf einmal blickt der Franz um sich und sieht mich auf der anderen Seite stehen, und mein Franz war nischt wie weg. Aber da fing die Frieda zu jammern an: ›Franz was machst du denn? Warum läufst du denn weg? Ich nehm dir ja an. Ich nehm dir ja an.‹ Und bleibt so in der Hocke, bis sie endlich merkt, daß da etwas nicht stimmt. Als sie sich aufrichtet, sieht sie nicht den Franz, sondern mich. Was glauben Sie, Frau von Sperber, wie schnell die Frieda zum anderen Scheunentor heraus war. Mannche, konnte die laufen. So habe ich die beiden noch nie rennen sehen.«

B. war in bester Geber- beziehungsweise Erzählerlaune. Er kommentierte seine ›wahre Geschichte‹ — wie er sie nannte — mit einem dröhnenden Salut. Und er steigerte sich in seiner Freude über die gelungene Nacherzählung um so mehr, als Erichs Mutter mit versteinertem Gesicht, den blaßblauen Blick auf den Teller gerichtet, ihre Suppe löffelte, während Erich sich ebenfalls verlegen der Hammelbrühe hingab und immer nur murmelte: »Nee, nee, so was auch.«

Eine stereotype Floskel, die wir schon kannten. Immer, wenn er ratlos war, bediente er sich dieser nichtssagenden Worte. Dann schwenkte Wolfgang B. in den Fachbereich ein. Er erkundigte sich nach dem Stand der Ernte in

Sommerau, das seit dem Soldatentod des Gutsherrn der Administrator Welschkanis bewirtschaftete. Frau von Sperber repräsentierte nur. Die Auskünfte, die Erichs Mutter gab, waren spärlich. Sie wußte nichts über die Details, konnte keine Zahlen nennen. Aus ihren Worten war der Widerwillen herauszuhören, B.s präzise gestellte Fragen überhaupt zu beantworten. B. war jetzt ganz der Chef, sachlich und genau. Er berichtete von seiner erfolgreichen Agrarstrategie, dem ersten Versuch, Mais anzubauen, nannte viele Zahlen, die ein Bild vermitteln sollten, wie ein hervorragend geleiteter Betrieb funktionierte. S. mußte diese Angaben bestätigen. Wir jungen Hunde hatten nichts zu sagen. Wir wurden nicht gefragt. Wir gehörten zum Kleinvieh, das auch Mist macht. Elsa verweilte als stumme Zeugin an der Tafel, während Liesbeth nun die Hammelkeule servierte und zerlegte. Wolfgang B. hatte daran nichts mehr auszusetzen. Er fixierte die Dame aus altem Adel — er benahm sich jedem Adligen gegenüber bewußt als Bauer — und war mit sich und der Welt zufrieden. Angela, die wieder unter uns war, kannte die Episode mit Franz und Frieda schon und hatte ihren eigenen Spaß an diesem Dakapo. Aber es kam kein Gespräch zwischen Gastgeber und Gast mehr auf. Nach dem Essen verabschiedete sich Erichs Mutter kurz und ohne Dank von unserem Chef. Sie gab vor, daß dringende Aufgaben sie noch vor Anbruch der Dunkelheit nach Sommerau zurückriefen. Es waren immerhin etwa hundert Kilometer bis in den Kreis Tilsit-Ragnit, wo Sommerau lag.

Kurz nach dieser für sie wohl nur schwer zu ertragenden Begegnung mit Erichs Zuchtmeister meldete sich der junge, absolut nicht zum Soldaten prädestinierte Mensch freiwillig zur neu aufgestellten Wehrmacht. Mit dem Traditionsregiment seines im Ersten Weltkrieg gefallenen Vaters, den auf Panzer umgerüsteten Insterburger Reitern, zog er dann 1941 im ›Unternehmen Barbarossa‹ nach Rußland in seinen Tod. In Sommerau blieb nur der Administrator, der das Gut für den als Rechtsanwalt in Königsberg tätigen Wendelin, Erichs älteren Bruder, und für die in einer Nervenklinik untergebrachte, ebenfalls ältere Schwester Renate verwaltete.

So welkten die alten Adelsfamilien dahin, bereits vor dem großen Massaker, das sie in doppeltem Sinn traf, im Krieg, wo die Väter mit den Söhnen im Offizierskorps fielen, und dann 1944, als sie unter dem Fallbeil des Henkers, am Galgen, am Fleischerhaken und vor den Erschießungskommandos starben, weil sie sich für den Grafen Stauffenberg und seine Mannschaft entschieden hatten. Dann kam der Exodus und traf den übriggebliebenen Rest. Nur wenige — so der Arzt und Autor Hans Graf von Lehndorff und die ebenfalls im Kulturleben integrierte Marion Gräfin Dönhoff-Dönhofstädt — überlebten die tausendjährige Barbarei, die ihnen und uns allen der imperiale Wahnsinn eines geschichtslosen Gefreiten, der sich ›Führer‹ nannte und als Halbgott verehren ließ, bescherte. Der Untergang dieses ›Zauberreichs der Liebe‹ begann schon 1914. Er wurde fortgesetzt und zum grausigen Finale, als Hitler 1935 und in den folgenden Jahren alle masurischen Ortsnamen ›eindeutschte‹ und aus Pillkallen Schloßberg, aus Possessern Großgarten, aus Ogonken Schwenten, aus Rudczanny Niedersee werden ließ und ganz Ostpreußen in eine Provinz des Gauleiters Koch, eine private Pfründe seines blutigsten Statthalters, verwandelte.

Thus

Elsa hob ihre stumpfe Nase in den Wind der Zeit, der hier selten wehte. Denn Masuren war nicht nur ein stilles Land, es war auch ein windstilles Land wie die Ebene vor Moskau, die eisengespickten Wälder von Klin, Wjasma, Moschaisk und Rschew. Überhaupt glich landschaftlich die Kriegsodyssee acht Jahre später meinem freiwilligen Exil in dem Land der dreitausendfünfhundert Seen. Auch der betäubende Duft von Wasser und Wald, vorwiegend Nadelwald mit Birken und Ebereschen als weiße und rotbraune Farbtupfer dazwischen, fand dort seine Entsprechung. Reines Wasser — Wasser, das es hierzulande nicht mehr gibt —, Fischwasser, brunnenklar wie aus einer Legende oder einer Erzählung Gottfried Kellers. Eine große Naturbühne noch vor der Uraufführung. Elsa witterte, was mir fehlte, was ich suchte, was ich brauchte: das Abenteuer der unverdorbenen Natur. Sie sagte damals, als ich noch als möglicher Freier für Marianne favorisiert wurde, als die Meute der Eleven noch nicht in diese heile Welt eingebrochen war und für mich die Reise nach Przytullen noch ein Ausflug ohne Folgen zu sein schien — weil in Berlin Waltraud noch mit meiner schnellen Rückkehr rechnete —, sie sagte damals und ›nahm sich meiner an‹, indem sie mir einen Vorschlag machte, auf den ich sofort einging: »Sie müssen ganz Ostpreußen kennenlernen. Sie können nicht nach Berlin, in das dunkle, schmutzige Berlin zurückkehren, ohne unser Land gesehen zu haben. Przytullen ist nicht Ostpreußen, es ist nur ein wunder Punkt auf unserer Landkarte.«

Elsa meinte auf *ihrer* Landkarte, den Ort, wo sie mit Horoskopen und schwarz verhängtem Totenkopf ihren ganz privaten Spuk trieb.

»Sie können sich nicht vorstellen, was hier wirklich los ist. Fahren Sie doch am Sonntag von Lötzen mit der ›Ostmark‹, dem Dampferchen, das dort abfährt, nach Rudczanny, Hin- und Rückreise an einem Tag durch viele Seen, Kanäle und immer wieder bunte Wälder, die jetzt nach der Ernte zu leuchten beginnen. Sie werden staunen, und auf dem Schiff machen Sie bestimmt eine nette Bekanntschaft.«

Davor fürchtete ich mich, weil ich wußte, daß ich eben keine oder nur eine sehr böse Bekanntschaft machen würde, eine Begegnung, die mir die in der Ernte gewonnene Ruhe wieder nehmen würde. Ich war so müde und erschöpft im guten Sinn, einfach von Arbeit und Hitze ermattet, daß ich keinerlei Einbruch in meine krampfhafte Einsamkeit, meine notorische Vereinsamung, ertragen konnte. Elsa tippte falsch, wenn sie mir das empfahl. Aber die Reise mit dem Dampferchen ›Ostmark‹: die lockte mich schon.

»Und dann, wenn Sie Lust haben auf das große Abenteuer, wird Ihnen Thus sein Fahrrad leihen, und Sie fahren, solange Sie wollen und können, durch das ganze herbstliche Land. Der Frühherbst ist hierzulande schön und klar. Er ist eine Sinfonie in Farben, Musik für die sommermüden Augen.«

So romantisch war Elsa, so werbend ihr Vorschlag. »Sie sollten bis hinauf zum Kurischen Haff, zu den Elchen der Niederung, den Sumpfwäldern, dann hinüber auf die Nehrung, die riesige Sanddüne, die immer auf Wanderschaft ist und die kleinen Kiefern unter sich begräbt, zur Segelfliegerschule Rossitten, dann durch das fruchtbare Samland, an der Bernsteinküste entlang nach Palmnicken — da gibt es ein Bernsteinmuseum —, die steilen Klippen hinabblicken auf das bewegte Meer auf der einen Seite und das spiegelglatte Haff auf der anderen Seite. Ein Erlebnis, Meer und Haff gleichzeitig zu sehen von der hohen Düne bei Kahlberg. Dann lassen Sie sich übersetzen nach Frauenburg, besichtigen dort den Dom, in dem der Astronom Kopernikus von 1510—1543 als Domherr gewirkt hat. Da sind Sie schon im katholischen Ermland.

Fahren Sie weiter, wenn Sie noch Lust und Kraft haben, Eindrücke zu sammeln, und Ihnen nicht irgendwo irgendein Marjellchen den Kopf verdreht hat, daß Sie gleich dort bleiben und gar nichts mehr sehen wollen außer Ihrer Herzdame. Aber fahren Sie weiter nach Mehlsack mit der mächtigen neugotischen Pfarrkirche, nach Wormditt und Heilsberg, dem Bischofsschloß, dem schönsten, mächtigsten Bauwerk des Ritterordens mitten in der kleinen Stadt. Es gibt noch andere Wege, die zum Glück nicht nach Rom, sondern hoffentlich zu uns zurück führen. Sie können eine andere Route wählen über die Marienburg und Marienwerder durch Pomesanien, weiter durch das Hockerland nach Osterode, unser kleines Venedig zwischen Drewenz- und Schillingsee, und schließlich nach Allenstein am Okullsee, der größten Stadt in diesem Land.

Ja, und da streiten sich die Geographen und Historiker immer noch, ob diese Ordensburgstadt, die im Abendlicht aufglüht wie ein kostbarer Stein, noch zum Ermland gehört oder schon zu Masuren. Die Burg ist wie alle Ordensburgen aus rotem Backstein errichtet und beherrscht das Stadtbild. Sie ist ein Denkmal für die oft schlimmen Taten des Ordens, der dann besiegt wurde, und 1914 kamen die Truppen des letzten Zaren Nikolaus und nahmen Allenstein ein. Aber sie mußten wieder heraus, weil der Hindenburg und seine Gegenoffensive sie dazu zwangen. Am Omulefsee, wenn Sie den sehen wollen, nahm sich der Armeeführer des Zaren, General Samssonow, das Leben, erschoß sich, als seine Armee in den Sümpfen und Seen untergegangen war.

Aber auch Insterburg, Gumbinnen, Goldap, die Rominter Heide, die Seesker Höhe und natürlich Trakehnen mit seinen Pferdeherden dürfen Sie nicht auslassen. Tausend und mehr Pferde, alle mit Trakehner Brand, dem Gütezeichen, eingebrannt auf dem Schenkel, stehen dort auf den kilometerweiten Koppeln. Natürlich stehen sie nicht herum, sondern sind in ständiger Bewegung, eine Pferdewolke, die zerstiebt, wenn ein Unwetter aufzieht und die Herden unter den Jahrhundertbäumen Schutz suchen, ruhig und gelassen abwartend.

Ja, überlegen Sie das mal. Ich geb' Ihnen dann Proviant und eine Landkarte mit, ein Meßtischblatt, wie es das Militär benutzt. Da ist alles verzeichnet: jede Försterei, jeder Bach, jede Waldschneise, jede Windmühle, jedes Gehöft. Da wissen Sie immer, wo Sie sind, wo Sie Hilfe und Rat finden. Denn in unserem Land bleibt niemand ohne Rat, wenn er ihn braucht.«

Elsa sah mich durchdringend an. Ihre immer etwas Unbestimmtes, aber Erwartetes suchenden braunen Augen, die verborgenen Humor ahnen ließen, flackerten unternehmungslustig.

Ich war Elsa nicht gewachsen. Sie war auf eine erdrückende Art mir überlegen. Sie hatte sicher auch meine ohnmächtige Leidenschaft erkannt, die nicht ihr galt, sondern ganz anderen ›Zielobjekten‹, eben ihrer Tochter Marianne mit dem kindlichen Gesicht und der reinen hohen Stirn, den geduldigen, aber neugierigen braunen Augen, die nur in der Farbe denen Elsas glichen, aber von einer großen Ruhe erfüllt waren, einem Phlegma, Augen, die sich bereits auf Abwarten eingestellt hatten und auch Resignation ausdrückten, einen leichten Schleier der Tarnung über ihre Neugier ziehend, Augen, in denen der Eros noch nicht erwacht war, höchstens eine Ahnung davon, eine vorweggenommene Enttäuschung.

Auch Marianne überlebte den Exodus und war später als Sekretärin im Institut Salem in der Nähe des Bodensees tätig. Aber ich habe sie nie mehr gesehen nach unserem Fiasko im Jahr nach diesem längsten Gespräch, das Elsa mit mir führte — mit der Überzeugungskraft einer Werbeagentin. Ein Jahr später verzichtete sie auf jedes Wort. Ich war gescheitert. Marianne war nicht mehr für mich bestimmt, was allein an meinem notorischen Versagen, an meiner Unreife und Haltlosigkeit lag. Es war die Zeit, als ich mit den Eleven und Z. zu saufen und zu randalieren begann und zu einer Ausgeburt verzweifelten Übermutes wurde, als ich mein Scheitern zu ertränken versuchte. Aber gerade das gelingt keinem Menschen. Da muß er untergehen, wenn ihn niemand am Schopf aus dem Sumpf zieht. S. unternahm es dann in Duneyken, aber auch ohne Erfolg. Aber das alles geschah nach meiner Nonstop-Vagabundage durch Ostpreußen, zu der mich Elsa an dem Wochenende inspirierte, als wir das letzte Getreide, die letzte Garbe vom Mühlenberg in die Feldscheune gefahren hatten.

Ich entschloß mich, allein die Fahrt mit dem Dampferchen über die Seen bis zur Endstation Rudczanny und zurück zu machen. Diese Fahrt mit der ›Ostmark‹ war einer der Höhepunkte meines Landschaftserlebnisses in den fast siebzig Jahren, die ich hinter mich gebracht habe. Eine Überlebensschule im härtesten Sinn, wie man sie sich nur vorstellen kann: das Todesurteil vor dem Kriegsgericht, dem ich durch einen Zufall, durch ein nicht mehr zu erhoffendes Ereignis entgehen konnte, inbegriffen. Wer damals zweiundzwanzig Jahre jung war und heute noch lebt, muß durch Zäsuren gegangen sein, die kaum noch verständlich zu machen, nicht mehr rekonstruierbar sind. Er kann in den Verdacht geraten, ein schlechter Münchhausen-Imitator oder einfach ein Schwindler zu sein.

Denn wer überlebt hat, wer Treblinka erfahren hat und dort den Tod eines lieben Menschen, wer im Winter 1941/1942 bei fünfzig Grad unter Null in den Wäldern vor Moskau gelegen hat und dennoch zurückgekehrt ist, wer in einer Irrenanstalt der Wehrmacht der Euthanasie entkommen ist, weil er als Simulant wußte, wie er sich verhalten mußte, um nicht ›aufzufallen‹, wer diese Feuerproben bestand, der darf sich zu den wenigen Überlebenden zählen, die ein Mitspracherecht besitzen, wenn es um Wertungen geht.

Masuren, so resümiere ich — und das in der Erinnerung an die Fahrt mit der ›Ostmark‹ nach Rudczanny zum Niedersee —, wurde für mich zum intensivsten Naturerlebnis meines Lebens, einer Natur, in der der Wind der Freiheit wehte, der auch den Geist beflügelt, der weht, wann und wohin er will. Die Richtung ist markiert. Sie weist auf das zur Liebe fähige, von der Liebe bewegte und erfüllte Herz des Liebenden, des zur Liebe Bereiten. Und ich war zur Liebe bereit damals, zur absoluten, unbefristeten Liebe, die unerwidert bleiben muß, weil das Absolute dem Menschen nicht erreichbar ist, nur im Wahn der Selbsttäuschung. »Denn Lieben heißt, das werden, was man liebt.« Aber diesem Wahnsinn wollte ich nicht erliegen, auch später nicht, als ich durch das ganze ungeheure Land zwischen Masuren und Nehrung streifte.

Elsa hatte mir das Tor zur Freiheit aufgestoßen, aber das Land, zu dem es führt, blieb mir verschlossen: das Land der Freiheit ohne Kompromiß und Verzicht. Nach Ostpreußen warf mich acht Jahre später der ›Führerbefehl‹, für den ich sterben sollte und gegen den ich mich mit allen Mitteln wehrte mit dem Erfolg des Überlebens.

So wanderte ich an einem schönen, strahlenden, noch wärmenden Vorherbstsonntagmorgen zu unserer Bahnstation Possessern und wartete dort auf den Zug, der von Angerburg über Ogonken, Kruglanken — dem Großbauerndorf, aus dem in Arno Surminskis berühmtem Auswandererroman ›Kudenow oder An fremden Wassern weinen‹ die Flüchtlingsfamilie Marenke stammt —, weiter über Willuden nach Lötzen fuhr. Miniatureisenbahnen, Nebenstrecken, aber keine Kleinbahnen. Denn sie besaßen die gleiche Spurbreite wie die Hauptlinien, wie die Nervenstränge, die Ostpreußen mit der ehemaligen Republik, dem sogenannten ›Reich‹, verbanden, also Prostken—Berlin, oder die große Strecke, die am Pregel entlang von Königsberg über Insterburg, Gumbinnen, Stallupönen an die polnische Grenze nach Eydtkuhnen führte. Die Nazis hatten, wie schon erwähnt, damals damit begonnen, die alten Städtenamen, natürlich auch die Dorfnamen, zu verstümmeln. Stallupönen wurde Ebenrode. Eydtkuhnen hieß dann Eydtkau. Eine Art geographischer Kastrationsprozeß, ein ethnisches Euthanasieverfahren.

Aber die liebenswerten Miniatureisenbahnen, die wie Spielzeuge durch das Land dampften — alte ausgediente Personenzugloks, rußig und Qualmwolken über die Felder, Wälder und Seen legend, Höchstgeschwindigkeit vierzig Stundenkilometer —, waren mehr als nur eine Reise wert. Immer fand man, wenn man nicht so stur und vernagelt, verkrampft und gehemmt war wie ich, Gesellschaft auf den Bahnsteigen der kleinen Stationshäuser.

Damals war die Eisenbahnfahrt noch nicht so steril, noch nicht so roboterhaft heruntergekommen, noch kein totes Unternehmen. Denn diese Nebenstrecken, die wie ein Gitternetz ganz Ostpreußen überzogen, lebten. An den Haltestellen der Dörfer zwischen den Landstädten

113

standen oft zwanzig oder dreißig Reisende, die eben wie ich unterwegs nach Lötzen waren. Heute trifft man hierzulande in unserer ›totalen Autogesellschaft‹ an kleinen Bahnhöfen höchstens noch zwei oder drei Figuren an, vielleicht einen ländlichen Fußballverein, einen Eifelverein oder schlicht eine Saufclique. Denn auch Vereine fahren lieber mit dem Kleinbus. Es soll ja schnell gehen. Wir haben keine Zeit mehr zu verlieren. Die Zeit hat uns eingeholt. Fetisch Auto bestimmt das Tempo. Es gibt keine Gelegenheit mehr, Zufallsbekanntschaften zu machen, die oft Schicksalsbekanntschaften wurden wie damals, als die Marenkes noch in Kruglanken wohnten und ich zum Dampferchen ›Ostmark‹ unterwegs war.

Auf unseren Atlanten sind viele dieser Strecken, die eben die ländlichen Zentren miteinander verbanden und keineswegs Schmalspurbahnen waren, sondern richtige Anschlußgeleise zu den Hauptstrecken hatten, gar nicht mehr verzeichnet. Der Nachkrieg hat auch sie gelöscht, auch sie gehören zu den ›Namen, die keiner mehr nennt‹.

So lernte ich dieses Land auch aus der Perspektive seiner Nebenstrecken kennen. Lötzen war mit Angerburg und Treuburg verbunden, Angerburg mit Nordenburg und Gerdauen und von dort weiter mit Königsberg, der Landeshauptstadt und Gastgeber der alljährlichen Ostmesse, Lyck mit Treuburg und Sensburg — eine besonders reizvolle Linie, die über Arys und den bekannten Truppenübungsplatz am größten See, dem Spirdingsee, nach Nikolaiken am Locknainer See vorbei und weiter nach Sensburg führte. Aber eine andere dieser pittoresken Strecken führte auch von Lyck nach Johannisburg, in das Herz der Johannisburger Heide, das größte Waldgebiet des Landes, umfangreicher als die Lüneburger Heide. Von Sensburg gab es eine Verbindung über Sorquitten am Gehlandsee nach Rothfließ. Somit war diese kleine Seenstadt am Junosee mit der Hauptbahn Prostken—Berlin verbunden. Denn in Rothfließ — einem Ort in der Nähe des Daddaisees ohne jede bemerkenswerte Eigenschaft, außer daß 1914 hier Samssonows Vorhuten gegen Hindenburgs Vorhuten kämpften, nachdem sie Masuren gründlich geplündert hatten — hielt der legendär gewordene D-Zug, täglich einmal von und nach Berlin. Und von Korschen gelangte man über Bartenstein, Preußisch-Eylau, über Tharau, wo Simon Dachs unsterbliches Ännchen herstammte, nach Königsberg. ›Ännchen von Tharau, sie war mein Leben, mein Gut und mein Geld‹: so muß man heute dieses sentimentale Volkslied in samländischer Mundart variieren. Tharau ist seit 1945 russisch und heißt nun Vladimirow. ›Das Ännchen von Vladimirow‹: Das wäre allerdings eine perverse Variante dieses Themas, in dem ein ungelöstes und zur Zeit auch unlösbares Problem steckt.

Apropos Bartenstein! Es gibt keine Stadt in Ostpreußen, die so ohne Rest, ohne eine Spur von Leben zu hinterlassen, untergegangen ist wie diese verschlafene Kleinstadt auf dem Weg von Korschen zu dem vergessenen Ännchen. Mein Vorauswissen simulierte mir diesen Akt der Vernichtung zwei Jahre bevor er geschah (als ich als Soldat von Allenstein nach Bartenstein unterwegs war, acht Jahre nach der Elevenzeit): der Horizont mit Blut übergossen, der Vordergrund schwarz, menschenleer, baumlos, die Erdkruste erstarrt in einem Augenblick der Zeitlosigkeit. So habe ich mir damals die Apokalypse vorgestellt. Es *war* die Apokalypse, und sie hat selbst in den Werken der großen Maler, die dieses Thema zu *ihrem* Thema machten — Bosch, Brueghel, Haussner, Fuchs, Grundig —, keine Entsprechung gefunden. Ich erlebte das Wüten der apokalyptischen Reiter bereits im Winter 1943 als Vision im unbeleuchteten Zug von Korschen nach Bartenstein, als noch niemand damit rechnen konnte, daß sie eintreten würde. Denn die Front stand damals noch tief in Rußland am Dnjepr.

Ich weiß nicht mehr, welcher Auftrag uns von Allenstein nach Bartenstein abkommandierte. Es waren ein Unteroffizier und zehn Mann. Eine mir unverständlich gebliebene Aktion machte diese Reise notwendig. Bis Korschen, der Drehscheibe des ganzen Eisenbahnnetzes Mittelostpreußens, verlief die Fahrt, ohne daß ich etwas Außergewöhnliches bemerkte, erinnerungslos. Die Soldaten saßen zwischen den Zivilisten auf Holzbänken, die im Viereck an den Wänden des Waggons aufgestellt waren. Ein erkalteter Kanonenofen spendete keine Wärme. Kein Funken Glut belebte die froststarren Glieder. Dann wurde es Abend. Die Sonne sank über die Winterfelder. Der Himmel flammte blutigrot auf. Die Glutwelle überzog den ganzen Raum zwischen Korschen und Bartenstein, und das waren immerhin dreißig Kilometer. Das ferne fremde Feuer erlosch erst in der Nacht, als wir Bartenstein und den großen Kasernenkomplex am Stadtrand erreichten.

Ich habe nie erfahren, was dort mit uns geschah, welchen Auftrag unser Abteilungsführer, der Unteroffizier, den ich ebenfalls nicht kannte und nie zuvor gesehen hatte, erfüllte. Er blieb anonym. Wir mußten immer wieder antreten. Er rief unsere Namen auf. Wir hatten zu antworten »hier« und waren vergattert, das heißt, wir durften das Gelände nicht verlassen. Ich weiß auch nicht, welche Einheit dort lag, ob es Infanteristen, Artilleristen, Pioniere oder aber Nachrichtentruppen waren.

Meine Erinnerung ist überflutet von dem alles erfassenden Feuer über der gestorbenen Landschaft. Irgendwo hier mußte der Fürst zu Eulenburg-Prassen residieren. Wir verließen Bartenstein am nächsten Tag und kehrten in unsere Garnison nach Allenstein zurück. Keinen der an diesem Unternehmen Beteiligten habe ich jemals wiedergesehen oder von ihm etwas erfahren.

Damals in dem langsam die kalte Glut durchquerenden Zug zwischen den mir unbekannten, schweigenden, schlafenden, furzenden Landsern gab die Apokalypse mir ein Zeichen, nahm sie den Untergang der Stadt voraus, die dann im Winter 1945 tatsächlich an allen vier Ekken brannte und in der Asche des Infernos verlohte, als die sowjetische Offensive sie erreichte. Ich habe die Zeichen damals wahrgenommen, aber nicht verstanden. Denn alles war Schlaf und Vergangenheit, Traum und Wahnsinn.

Aber ich muß auch die anderen mir unvergeßlichen Strecken erwähnen, die für mich symbolhafte Bedeutung hatten: so die von Rastenburg — ebenfalls D-Zug-Station und wichtiges Landwirtschaftszentrum — über Angerburg an den Seesker Höhen entlang nach Goldap, wo 1944 die Sowjetarmeen durchbrachen und ihr Massaker in Nemmersdorf bei Gumbinnen anrichteten, bevor sie wieder zurückgeworfen werden konnten, eine kurze, ungenutzt verstrichene Atempause lang. Denn sie kamen wieder, stärker und blutiger als zuvor, nachdem sie der Sowjetschriftsteller und Brandstifter Ilja Ehrenburg aufgefordert hatte: »Tötet! Tötet!«

Zehn Jahre vor dem Untergang dieser Region stand ich mit vielen Sonntagsreisenden mit meinem Freund S. auf dem Bahnsteig in Rosengarten und wartete auf den verspäteten Zug aus Rastenburg nach Goldap. Wir hatten ein kleines heruntergewirtschaftetes Gut in Schülzen besichtigt, das ich um ein Haar gekauft hätte, wenn ich nicht die abgrundhäßliche Tochter des Besitzers, eines Säufers, der an diesem Sonntag seinen Wochenendrausch ausschlief und nicht aufstand, um uns seine Klitsche zu zeigen — wenn ich nicht diese Tochter hätte mitkaufen, also heiraten müssen.

Das war die Bedingung der ausgemergelten, verhärteten Frau, die mir ein Foto ihrer Tochter zeigte, die mit großen Augen aus der Wäsche einer Küchenmamsell in die Kamera des Fotografen aus der Stadt starrte.

»Die hat Glupschaugen«, sagte S., mich in einem zeugenfreien Augenblick zur Seite nehmend. Das Gut hatte ertragsfähigen Lehmboden, aber die siebenhundertundsiebzig Morgen waren unkultiviert, verunkrautet, die Gebäude, vor allem der Kuhstall, in einem jämmerlichen Zustand.

Die Linie Rastenburg—Angerburg—Goldap — etwa neunzig Kilometer —, die auch über Graf Lehndorffs ehemaliges Pristanien und Benkheim führte, war mir eine der liebsten, prall mit Erinnerungsbildern ausgestattet. Wir waren im Abteil dritter Klasse eine große schwadronierende Familie. Wir palaverten miteinander, jedenfalls S., der masurisch sprach. Ich fühlte mich als Fremdling doch dazugehörig, da ich mich, wenn die Tochter des Besitzers von Schülzen nicht gewesen wäre, die bei Schwanke auf dem Großgut Klimken bei Gerdauen diente, um ein Haar dort niedergelassen hätte und dann später wohl auch im Stich gelassen worden wäre, als nichts mehr funktionierte in diesem verratenen Land.

Die wenigen Instleute in Schülzen waren, das behauptete die verstörte Frau, nachdem wir ihre Tochter nicht akzeptiert hatten, ›eine aufsässige Meute, die schon die große Scheune in Brand gesteckt hatte vor einem Jahr‹. In der Tat stand da eine neue imponierende, noch nicht mit Karbolineum gegen die Witterung gestrichene Scheune mit einem wie von einem Sonntagsmaler entworfenen roten Ziegeldach. Die Versicherung hatte der Saufkopp also noch nicht vertrunken. Aber eine schöne neue Scheune ist noch keine Garantie für eine blühende Wirtschaft.

Rosengarten, ein lieblicher Name; weiß im Hintergrund das ebenfalls verkommene Gut Rosenhof. Keine Rosen weit und breit, aber schöne, kräftige und gebräunte Mädchen, die sonntags auch unterwegs waren von Dorf zu Dorf oder nach Goldap, der ländlichen Metropole hinter den Seesker Bergen, hinter dem Tannenkopf und nördlich der Rominter Heide, von der sogar in unserem fernen Sorbenland die Rede war und ein Schimmer ihrer Schönheit widerschien, weil dort der Reichsjägermeister Hermann Göring im ehemals kaiserlichen Jagdhaus sein Hauptquartier aufgeschlagen hatte, als er noch nicht ein so blutbesudelter Henker war wie in dem Vernichtungskrieg gegen die Juden und Polen, den er zustimmend mitmachte. Auch er war ein Verantwortlicher der ›Endlösung‹, der Liquidierungsaktionen, der Gettos und Konzentrationslager. Damals war er noch nicht aufgeblasen vom Erfolg und Cäsarenwahn, den er mit Morphium dämpfte, noch nicht vom sterbenden ›Führer‹ verstoßen, noch nicht angeklagt und zum Tode verurteilt, noch nicht als spektakulärer Selbstmörder und feiger Leugner in die Unheilsgeschichte eingegangen. Eine Geschichte, die alles, was ich damals in mich aufnahm, auch Rosengarten, Goldap, Lötzen und den Löwentinsee, das Dampferchen ›Ostmark‹ und meine eigene Jugend, mit ins Unglück riß. Vergessen breitet sich über das Niemandsland dieser Erinnerungen, zurück bleibt ein unheilbares Trauma.

Aber die kleinen Nebenstrecken: Sie waren so reizvoll, daß man sich in jedem Jahr einige als Sonntagsziele vornehmen konnte, einen Erlebnisvorrat für viele Jahre. Die Lok bog qualmend um eine Waldbiegung, um ein flaches Seeufer und pufite langsam in die Station, und dahinter schimmerte der Goldapgarsee, der Mauersee, der Dobensee, der Strengeler See, der Dargeinsee, der Rehsauer See. Fast immer bestand der Zug nur aus zwei Personenwagen dritter Klasse. Ein Abteil war für die zweite Klasse vorbehalten, falls ein Gutsherr oder Kaufmann, ein Pfarrer oder Notar einen Ausflug ausgerechnet mit der Bahn machen wollte — oder einfach einer, der hoch hinaus und sich absondern wollte von der palavernden Dorfgesellschaft. An die zwei Personenwagen war wochentags ein Güterwagen für die Milchkannen zur nächsten Molkerei angehängt und manchmal noch ein Wagen mit Landmaschinen, mit Pflügen oder Düngerstreuern oder gar einem Garbenbinder, einer Dreschmaschine Firma Lanz oder Mac Cormick. Sonntags war dieser Appendix nicht vorgesehen. Dann rollten nur die zwei Personenwagen in die Station.

So fuhr ich durch Surminskis Kruglanken nach Lötzen und lief dann schnell zum Bootshafen, wo das Dampferchen dümpelte und bereitlag. Die Reise war eine Fahrt ins Blaue, in ein von mir in dieser Intensität nicht erwartetes Wald- und Wasserparadies, mit dem verglichen der Bodensee eine ärmliche Pfütze und der reizvollere Müritzsee in Mecklenburg eine schwache Kopie darstellten. Fünf Stunden Wald und Wasser, von einem See in den nächsten durch schmale Kanäle. Die Namen der Seen sind gleich im Dutzend zu nennen, die Dörfer selten. Das Land schien kaum bewohnt.

Vom Löwentinsee, der touristisch immerhin schon am Lötzener Ufer erschlossen war, gelangten wir in den Jagodner See, der bereits zur grünen Wildnis gehörte, durch einen Verbindungskanal in das Talter Gewässer, zur linken Hand das Dörfchen Talten auf einem Hügel. Nur die Dächer hoben sich ab vom blauen Hintergrund. Es war mild, die Luft duftete süß nach Heide. Der Wind schlief in den Erlen und Birken am Rand der unbewegten Flut. Dann kam der Locknainer See und endlich ein Ort, der sich mit einem ›Speisehaus‹ ans Wasser drängte: das idyllische Nikolaiken, Mikolajki, wie es heute polnisch heißt. Ein Fischereizentrum, verschlafen und ohne den Lärm der Autos, der heute die Bodenseeufer so unerträglich macht. Da schwamm keine Plastiktüte, keine Wohlstandsleiche durch die klare, leichte Strömung, die uns weiter in den Beldahnsee, einen Nebensee des gewaltigen Spirdingssees, zog.

Leider waren die Störche hier schon fortgezogen. Sie sammelten sich auf der Kurischen Nehrung, auf den hohen Sanddünen, von denen sie Haff und Meer überblicken konnten, standen auf den Dächern der Vogelwarte Rossitten, bis die Stunde des Abflugs gekommen war. Solange konnten sie noch im seichten Haffwasser fischen.

Ich habe ein Jahr später im Sommer, als ich mit Hans K. auf dem Soziussitz mit meiner bei der Firma Braun in Gumbinnen erworbenen NSU-D 250 Kubikzentimeter auf einsamen Landstraßen zum Niedersee fuhr, auf den Seewiesen mehr als vierzig Störche gezählt, einige Graureiher und Wildschwäne dazu. Aber jetzt im September tummelten sich nur noch die Krickenten und Bläßhühner auf den fischreichen Seen, tauchten unter und an ganz anderer Stelle, als ich vermutete, wieder auf. Sie gründelten im seichten Gewässer, dessen verschilfte Ufer oft den Blick auf den See verwehrten. Aber ich hörte die Stimmen der Wasservögel im Schilf und kannte ihre Rufe noch aus der Zeit der Wandervogeljahre, die nun hinter mir lagen, verblaßt wie Schule und Elternhaus. Nur die Wochen in der Lüneburger Heide, als Undeloh und Schneverdingen, Wilsede und Haverbeck noch in der Endlosigkeit der Heide verlorene, vom Tourismus unentdeckte Orte waren, haben in meiner Erinnerung einen vergleichbaren Stellenwert.

Ich war an Deck unter vielen Menschen allein, fand keinen Ansatzpunkt, ein Gespräch zu beginnen. Ich war stumm. Diese chronische Stummheit war damals meine Krankheit. Das Reden, die Gegenrede, den Widerspruch habe ich erst gelernt, als ich mich wehren mußte, als es um mein Überleben in der blutigen Zäsur der Kriegsjahre ging. Und später konnte ich den Redefluß gar nicht mehr abstellen. Ich war ein besessen Redender geworden, einer, der mit Besessenheit seine Argumente vorträgt, wann immer er herausgefordert wird. Aber jetzt, da meine Erinnerung zur Gegenwart wird, da sie die eigentliche Wirklichkeit wird, eingebrannt wie der Stempel auf einer Trakehner Remonte — jetzt neigt sich meine Reaktion auf die Herausforderung durch die Außenwelt wieder dem Schweigen zu.

Wir trieben den langen, schmalen Beldahnsee weiter nach Rudczanny zum Niedersee mitten in der Johannisburger Heide. Das Kurhaus von Rudcanny: Ich habe es später oft besucht. Ein Freund aus der sorbischen Heimat hatte einen Sommer lang seine Eltern, ein Arztehepaar, dort untergebracht. Es gab Käse mit Maden, die große Dame bekam hektische Flecken im Gesicht vor Ärger und rief: »Ober, sehen Sie sich mal diesen Käse an! Wir zahlen!«

Hastiger Aufbruch. Verstimmung. Der letzte Urlaub des Arztes. Er hat nicht einmal gemerkt, daß er ihn im Paradies verbracht hat. Er hatte andere Vorstellungen von ›Komfort‹. Er fiel kurz darauf in meiner Heimatstadt Grodk auf der Straße tot um.

Aber dann die Fahrt mit dem Motorrad Jahre danach mit dem spröden Hans K. aus Lötzen. Damals sprangen wir hinein in den kalt im Waldschatten ruhenden Niedersee. Das war auch noch, bevor die Nazis das Zauberwort Rudczanny in Niedersee geändert hatten: die Verstümmler und Selbstverstümmler, die alles begrapschten und verhunzten, alles entweihten und pervertierten, bevor Ilja Ehrenburgs Mordkommandos über das Volk Masurens herfielen und die Frauen zerfetzten, mißbrauchten, hundertmal und mehr, und ihnen dann die

Bäuche aufschlitzten mit den langen spitzen Bajonetten auf ihren Karabinern. Besonders ekelhafte Tötungswerkzeuge. Besonders widerliche Tötungsspezialisten, archaisch, von Racheinstinkten geleitet, die von Intellektuellen genährt und zum Amoklauf gesteigert wurden.

Das stille Rudczanny. Ich habe nicht mehr von dieser Reise aufbewahrt, die am Nachmittag zurück nach Lötzen ging, wo wir im Dunkel ankamen, als ein langes Erzählgedicht, das ich ein Menschenalter später niederschrieb und immer wieder korrigierte, bis es seine endgültige unwandelbare Form erhalten hatte. Nun ist es in vielen großen Lyrik-Anthologien ein Stück deutscher Dichtung — wenn ich diese anspruchsvolle Wertung in eigener Sache vornehmen darf, etwas beklommen, etwas in Trauer, weil das Objekt, der euphorische Gegenstand, die Poesie auflöst, so fern und verloren, so vergangen, so private Geschichte geworden ist. Dennoch, es gehört zu dieser Episode, es ist ein Beitrag zu Heinz Pionteks ›Deutsche Gedichte seit 1960‹. Das Erlebte von 1933 mildert meine Scham über meine mühsamen Worte, über den Versuch, Unaussprechbares mitzuteilen.

Schönheit heute

War er nicht schön
mit dem Wind unter Sternen:
der friedliche Wahnsinn der Jugend?
Mit der Erinnerung an das Waldgut Rogonnen,
an die Domäne Klein-Schwalg,
an Wessolowen und Grindashof,
an die singende Stille der Namen,
an das Glas, das zuviel war
in der Schenke zwischen Benkheim und Buddern,
an den Meschkinnes, an Kolpak, den Wirt?
Was nennt ihr nun Schönheit?

123

Das klägliche Wortspiel der Traditionen
— und Neues beginnt doch nie! —,
die Vaterfaust im Rücken der Hoffnung,
die teuflische Treue den längst erkalteten
Sitten und Bräuchen, den Tafeln,
bedrängt von blutleeren Masken?
Mein Freund ohne Hut,
dessen Haar sich kräuselt
unterm jüdischen Mond, ergraut,
gekreuzte Klingen der Blick,
die Wetterkiefern am anderen Ufer des Sees,
fern bei Rudczanny:
Schönheit, hier find ich dich wieder.

Elsa B. war eine echte Komplizin. Sie glich durch ihr Interesse für andere, vorwiegend junge Menschen aus,
was sie im Leben versäumt hatte. Unsere besten Gefährten, selbstlos und treu, sind die Erniedrigten und Beleidigten. Elsa war eine Frau, wie sie Dostojewskij erfunden und wohl auch gekannt hatte. Sie war eine Nastass-
ja. Wolfgang B. hatte sie in diese Rolle gedrängt. Wer seine Hände sah, erkannte ihn. Es waren Hände, die immer
etwas bewegten, hin- und herschoben, hin- und herzerr-
ten, die auch nicht den Telefonhörer ruhig halten konnten im Gespräch, sondern die Schnur herumwirbelten,
Hände, die während des Sprechens Gegenstände auf
dem Schreibtisch bewegten, umordneten. Hände, die
Unruhe stifteten.

Aber merkwürdig, es waren keine Jägerhände, obwohl
Wolfgang B. stets seinen Jagdhund neben sich wissen
mußte. Er war kein Jäger. Er ließ das Wild in seinen
zweihundertundfünfzig Morgen Hegewald leben und
sich vermehren, wie es diesem gefiel. Er griff nicht ein,
regelte nicht durch Hege und Jagd den Wildbestand. Er
war ihm gleichgültig. Es zählten nur die Doppelzentner

Roggen, Gerste, Weizen, Hafer, die einhundertfünfundzwanzigtausend Liter Spiritus, die seine Brennerei kontingentiert liefern mußte. Er stand da unter Vertrag. Und um diese Menge aufzubringen, mußte er etwa achthundert Morgen Kartoffeln anbauen, mindestens also achtzigtausend Zentner ernten. Denn er rechnete mit einem Durchschnittsertrag von hundert Zentnern pro Morgen. Das schaffte er durch intensive Stall- und Kunstdüngung: Pferde-, Kuh- und Schweinemist plus Ammoniaksuperphosphat. Das war sein Rezept. Er rechnete mit einem Milchertrag von durchschnittlich zwanzig Litern pro Kuh in einer Herde von rund zweihundert Tieren. Er hielt fünfhundert bis achthundert Schweine, legte die schnellwüchsigen Läufer auf Mast, verkaufte kein Schwein unter drei Zentner Gewicht. Das war damals die Norm, so fett wie möglich. Speck war gefragt, nicht leichte Schweine wie heute.

Die Schafherde war nur ein Unkrautzerstörer. Sie hielt die Weiden sauber. Hammelfleisch war für die Küche bestimmt, war unsere Alltagsmahlzeit, war das Futter für die Hofegänger, für die Marjells. Er selbst aß nichts anderes als seine Leute. Er war kein Feinschmecker, kein Gourmet.

Elsa, die Komplizin, deren Bedeutung für mein Leben ich damals noch nicht erkennen konnte — ich war einfach zu jung —, hielt Wort. Noch vor der Kartoffelernte beziehungsweise Hackfruchternte — unter Hackfrüchten versteht man Kartoffeln, Rüben und Wruken (Wruken sind im ostpreußischen Sprachgebrauch Kohlrüben) — sagte sie zu mir: »Nun müssen Sie sich aber in Ostpreußen umsehen. Thus gibt Ihnen sein Fahrrad.« Noch einmal bekam ich in einem Schnellkurs meine Reiseziele empfohlen: »Vergessen Sie, wenn Sie im katholischen Ermland sind, nicht die schönste Barockkirche ganz Norddeutschlands, Heiligelinde, die imponierendste

Wallfahrtskirche. So etwas gibt es sonst nur in Bayern. Vielleicht erleben Sie eine Wallfahrt mit, nahebei das Bischofsschloß Heilsberg, dann Wormditt und Mehlsack mit ihren mächtigen Backsteinkirchen.«

Wenn man weiß, daß damals ein Fahrrad den gleichen Schätzwert besaß wie später ein Gewehr und heute ein Auto — ein Landserspruch hieß: »Sein Gewehr und seine Braut verleiht man nicht«, die Braut stand an zweiter Stelle —, dann kann man ermessen, was es für Thus bedeutete, sich von seinem klapprigen Drahtesel zu trennen. Ersatz gab es nicht. Er war dann nur noch beweglich, wenn er unseren Chef ausfahren durfte in dem alten grünen Auto, über das alle Experten den Kopf schüttelten. Aber B. sagte: »Es fährt ja noch, und ein Pferd schlägst du auch nicht tot, wenn es noch traben kann. Es muß ja nicht immer Galopp gefahren werden!«

So kam es, daß ich meine Nonstop-Reise durch Ostpreußen antrat, zuerst Richtung Norden, fast zweihundert Kilometer zum Kurischen Haff, zur Elchniederung. Ich wollte endlich die Elche, die sagenhaften vorzeitlichen Tiere mit den großen Geweihschaufeln, sehen, die es in Deutschland nur hier gab. Es war ein heller Septembermorgen, nur wenige Tage nach meiner Reise mit dem Dampferchen, als ich aufbrach. Wolfgang B. hätte mich gern bei der Kartoffelernte im Akkord als Markenausgeber dabeigehabt. Damals wurden bei ihm aus Prinzip noch keine Kartoffelerntemaschinen eingesetzt. »Die machen nur Pfuschkram, und es bleiben zuviele Früchte in der Erde, werden mit Sand zugedeckt. Dann machen es sich die Sammler bequem und greifen nur die Kartoffeln auf, die oben liegen, sie graben nicht nach, sie lassen soviel liegen, daß hinterher das ganze Feld noch einmal mit Eggen tief durchgearbeitet werden muß, damit die Kartoffeln nicht in der Erde bleiben.«

Daran war etwas Wahres. Die Kartoffelernte im Akkord mit der Handhacke war in der Tat solider, der Verlust geringer. Das alles wurde mir für später vorbehalten, als ich beim zweiten Aufenthalt unter B.s Befehlsgewalt geriet. Jetzt respektierte er mich noch als Studenten aus Berlin. Er hatte nie ernsthaft geglaubt, daß ich zurückkehren würde. Und der immer entgegenkommende Thus riskierte den Verlust seines Fahrrades. Aber Elsa besaß Macht über ihn, er konnte ihr den Wunsch nicht abschlagen, ihrem Studenten seine Reise ohne festes Ziel zu ermöglichen. Vielleicht versprach auch sie sich eine Entkrampfung meiner total verklemmten Psyche. Ich fuhr an diesem hellen Masurenherbstmorgen jedenfalls in dieser Hoffnung los, mit der Landkarte versehen und dem Proviant, den mir Elsa samt einem Zehnmarkschein mitgab. Ich fuhr zuerst die mir schon bekannte Chaussee am Karlsberg vorbei durch Possessern nach Angerburg, ließ das Gut Charlottenhof links auf der Höhe liegen, erreichte hinter Ogonken, wo es das einzige Bordell gab, das ich in Masuren gesehen und einmal mit S. betreten hatte, die Höhe 116, von der man unten die Stadt mit dem bekannten Viehmarkt, vor allem Pferdemarkt, und links den Schwenzaitsee, im Hintergrund das Rittergut Numeite überblicken konnte.

Rechts breitete sich der Groß-Strengelner See aus. Wieder ein masurisches Panorama, wie man es hundertfach variiert erleben kann, wenn man das Land durchfährt. Hinter Angerburg begann Neuland für mich, unbekannte blaue Fernen in diesem Hügelland, das sich hierzulande in der Vorstellung der Menschen unserer Zeit, die alle Perspektiven verschiebt, als große Ebene präsentiert. Aber Masuren ist ein Hügelland. Hinter jedem mit Kiefern und Birken bewachsenen Hügel bot sich ein anderes und neues Bild. Nur die Elchniederung, das weite schwarze Moorland hinter Insterburg und Gumbinnen bis zur Memel, ist ein wirkliches Niederungsgebiet, ist flach und fruchtbar. Dort weideten und tummelten sich die berühmten Trakehner. Das war mein erstes Nahziel. Siebzig Kilometer Fahrt, zuerst an der idyllischen Angerapp entlang, dem Flüßchen, das sich vor Insterburg mit der Rominte vereinigt und in den Pregel mündet, den Fluß, der die Markierungslinie zwischen dem südlichen Hügel- und Seenland und dem Nachbarland Litauen, dem Memelland, bildet. Zwischen Pregel und Memel lagen die großen Weiden und Wiesen, das Gestüt des Freiherrn von Zitzewitz-Weedern. Da lagen die Großgüter der Familien von Sperber-Sommerau, Lenken — ebenfalls Gestüt — und Gerskullen. Dort lebten die Grafen von der Trenck-Schakaulack, die Romangeschichte gemacht hatten als Panduren wie eben der ›Pandur Trenck‹.

Ich wollte Trakehnen in einem großen Bogen erreichen. Die Rominter Heide, das ehemals kaiserliche Jagdhaus, der Marinowosee, ein kleiner Waldsee, dunkel von den ihn überragenden Tannen, bot sich als Alternative für die direkte Linie Trakehnen—Gumbinnen an.

Ich weiß nicht mehr, wo ich die erste Nacht, wo ich die vielen folgenden Nächte verbrachte. Ich weiß aber sehr genau, mit der Präzision, mit der die Erinnerung arbeitet, präziser, je länger die Episoden zurückliegen, die die Vergangenheit erhellen oder auch belasten, daß ich bei Dubeningken — einem großen Dorf nur drei Kilometer von der ehemals polnischen Grenze — das Heideland erreichte. Es war ein Bilderbuchmorgen. Nachts hatte ich mich in eine der vielen Strohmieten, Roggenstroh, die auf den Feldern der Großgüter überall anzutreffen waren, verkrochen. Ich war durch die Fixierung meines Zieles aktiviert worden, hatte angesichts der immer reizvoller werdenden Landschaft meine Trostlosigkeit für Stunden vergessen, hatte sie natürlich nicht überwunden, nur verdrängt. Denn eine aus sexuellen Gründen gestörte Psyche kann man nicht durch eine Flucht nach vorn, durch ein Reiseabenteuer heilen.

Ich muß dicht an der polnischen Grenze entlanggefahren sein. Denn ich erinnere mich an ein Bauerndorf Plöwken, das einen armseligen Eindruck auf mich machte. Strohgedeckte Häuser und Scheunen bestätigten ihn. Ich war dann später sehr erstaunt, als mein Freund S., der aus diesem Grenzgebiet stammte, aus dem Dorf Gurnen bei Goldap, ganz entrüstet sagte, als ich ihm erzählte, daß ich Plöwken so unansehnlich in Erinnerung hatte: »Sag das bloß nicht laut! Wenn das ein Mensch aus Plöwken hört, der dreht dir den Hals um. Plöwken ist ein reiches Großbauerndorf.« Ich konnte nicht ermitteln, woher meine Täuschung kam. Unsere Erinnerung, vor allem die kurzfristige, die nahe — das Gestrige möchte ich fast sagen —, produziert ungenaue Bilder. Erst nach Jahrzehnten entsteht ein zutreffendes Erlebnisbild, wird das Geschehen von allen irritierenden Nebensächlichkeiten und Details gereinigt und entsteht das, was wir Wahrheit nennen, die Wirklichkeit unserer verlorenen Zeit.

Damals glaubten die Nazis, wenn sie aus Dubeningken das ›K‹ eliminierten, hätten sie ein neues deutsches Dorf geschaffen. Diese Eingriffe ins Gewachsene illustrieren nur ihre Unfähigkeit zum geschichtlichen Denken, ihr gestörtes Verhältnis zur Wirklichkeit, ihr Lügengespinst.

Ich preschte in der Morgenfrische an dem aus braungebeiztem Holz erbauten Forsthaus Rominten, Hermann Görings Jagdsitz, und den dazugehörigen, im gleichen wilhelminischen Stil errichteten Verwaltungsgebäuden vorbei und gelangte im Sonnenlicht zum Marinowosee, einem dunklen, kalten Gewässer, klein wie ein Zyklopenauge im riesigen Forst, den ich durchfahren hatte, über die dort noch junge Rominte hinweg, einen klaren, über blanke Steine sprudelnden Bach. Ein Forellengewässer. Nur damals dachte ich nicht an Forellen, wußte nicht, daß es sie überhaupt hier gab. Es war nur ein Name aus dem Zoologieunterricht. Ich hatte nie eine Forelle gesehen, weder lebend im Wasser noch blau oder gebraten auf dem Tisch. Forellen waren etwas für anspruchsvolle Esser, für Genießer, nicht für Bürger. Auch Wolfgang B. kannte mit Sicherheit Forellen nur vom Hörensagen. Elsa mag sie vielleicht zu Hause in ihrem verlorenen Familienbesitz auf der Mittagstafel gesehen und auch gegessen haben.

Ich war allein am Marinowosee, einem Auge Gottes, wie es mir heute erinnerlich ist. Aber ich war nicht lange allein. Denn schon kurz, nachdem ich mein Rad — nein, das Rad des gütigen Thus — an den Badeschuppen gelehnt hatte und ans Ufer trat, erschien aus der Richtung des Dorfes Warnen, dem einzigen Zugang zum See, ein nackter Mann. Ich empfinde noch heute mein Erschrekken, meine Sprachlosigkeit. Mitten in Ostpreußen ein völlig nackter Mann in einer Zeit der Heuchelei und Prüderie. Er war kräftig gebaut und im Begriff, in den eisigen Waldsee zu springen, als er bemerkte, daß er nicht allein war. Er kam mit zornrotem Gesicht und geballten Fäusten auf mich zu. So, fuhr es mir mit Grauen durch den Kopf, sieht nur ein Totschläger, ein Mörder aus. Vielleicht war es ein Homosexueller, vielleicht auch ein Wahnsinniger, der im Begriff war, mich als peinlichen Zeugen seiner Nacktheit zu beseitigen.

Er brüllte — und im Wald flogen ratschend die Eichelhäher auf: »Was hast du verdammtes Schwein hier zu suchen, du elender Lump, du Saukerl?«

Ich war einen Augenblick wie gelähmt, verharrte in einer Erstarrung, die tödliche Folgen haben konnte. Denn der Mann kam näher, ich sah seinen fauchenden Atem. Aber ich befand mich zum Glück noch näher bei meinem

Fahrrad. Jetzt mußte Thus mich retten. Ich lief atemlos und unfähig, mich nochmal umzudrehen, als ginge hinter mir Sodom und Gomorrha unter, zum Badeschuppen und sprang auf mein Fahrrad. Mit klopfendem Herzen und jagendem Puls strampelte ich, so schnell mich das Rad tragen konnte, nach Warnen.

Später trugen mich die Füße aus jeder Gefahr, damals im Sommer 1942, im Blutsommer, als wir unsere Stellungen vor Rschew nach dem sowjetischen Trommelfeuer räumen mußten und die T 34 kamen.

Marinowosee. Das Auge Gottes? Oder wollte mich der Teufel holen? Von diesem Augenblick an war meine Sorglosigkeit vergangen. Ich war vorgewarnt worden. Ich beobachtete jeden Menschen — ich traf ja nicht viel auf dieser Kreuz- und Querfahrt — und versuchte zu ermitteln, was er mit mir im Sinn hatte. So erholte ich mich auf den wenigen Kilometern bis Trakehnen.

Es war noch tags zuvor im Gebiet der Seesker Berge, als mir ein Fuhrwerk entgegenkam, ein Bauer, der mich fragte, was ich hier in diesem verlassenen Land suchte. Ich behauptete: »Ich suche Arbeit, ich bin auf einem Gut bei Angerburg beschäftigt gewesen, der Besitzer ist ein Leuteschinder.« »Arbeit gibt es hier genug. Die jungen Männer wollen nicht mehr zu Hause bleiben, sie wandern alle in die Stadt und denken, dort können sie mehr verdienen, und Mädchen und Kino gibt es dort auch . . . Dort oben« — er zeigte auf ein düsteres Gehöft auf der Seesker Höhe, das ganz kahl und ohne Baumschatten auf den Feldern lag — »der Bauer sucht einen Knecht. Die anderen sind ihm immer wieder weggelaufen. Da kannst du Arbeit finden. Sag ihm, der Broschkat hat dich geschickt.« Er tippte seinen alten Gaul mit dem Peitschenstiel an und zockelte durch den knöcheltiefen Sand bergan nach Nirgendwo.

Ich fuhr in entgegengesetzter Richtung durch ein

zauberhaft grünes Tal bergab in Richtung Rominter Heide. Diese Waldstraße war eine der schönsten, über die ich in meinem Leben gefahren bin. Ich glitt dahin. Ich schwebte durch leuchtende Laubreflexe. Ich flog. Ich war für eine kurze Zeit von mir selbst befreit. Ich war in diesem Augenblick glücklich. Hier hätte ich Heimat finden können, aber hier kannte mich niemand, erwartete mich niemand, nahm mich niemand auf. Ich fuhr durch bis Dubeningken. Ein Vierergespann des Rittergutes Barranowen mit einem wüsten, zerzausten Gespannführer begegnete mir, der mich fremd musterte. Er dachte wohl: ›Dieses Gesicht gehört nicht hierher.‹

Ich war ein Fremder unter Fremden, und ich blieb es auch in Trakehnen, das ich am Nachmittag erreichte, noch früh genug, um mit meiner kleinen Agfa-Billy Pferdebilder schießen zu können. Ich fragte einen Inspektor, oder was er sonst sein mochte, ob ich auf die Koppel gehen dürfte und dort Aufnahmen machen könnte. Er erlaubte es. Aber er fügte hinzu: »Gehen Sie nicht zu dicht und unvermittelt an die Pferde heran, sie sollen hier weiden und dürfen nicht gestört werden, sie brauchen Ruhe.«

So entstanden die Fotos, die heute noch in meinem Fotoalbum in Karl-Marx-Stadt kleben, wenn es nicht inzwischen verlorengegangen ist nach meiner überstürzten Flucht in meiner Stunde Null aus Ulbrichts Privatimperium, dem Regenten von Stalins Gnaden, der 1958 dort herrschte, als ich gehen mußte, nachdem die Herren vom Staatssicherheitsdienst einen Antrittsbesuch bei mir gemacht und einen zweiten Besuch angekündigt hatten.

Aber damals: Trakehnen und die Unendlichkeit, die Grenzen überschreitende Weite des Tieflandes. Das Schloß in der Herbstsonne. Die glänzenden Leiber der grasenden Pferde, unzählbar, unübersehbar ihre hundertfache Präsenz, und die Freundlichkeit des Mannes, der mich gewähren ließ, diese Bilder in mich aufzunehmen. Ich war dankbar. Ich war wieder eine Stunde zufrieden, fühlte mein Leben reich geworden durch die Vielfalt des Erlebten. Der kindische Schläger vom Marinowosee war weit, nicht vergessen, aber ungefährlich geworden. Zwanzig Kilometer hatte ich noch bis zur Regierungsbezirkshauptstadt Gumbinnen zu fahren. Dort gab es eine Jugendherberge. Dort wollte ich die Nacht verbringen vor meinem großen Sprung über Insterburg, Popelken, Mehlauken, Lauknen — alles Namen, die keiner mehr kennt — zum großen Moosbruch in die Elchniederung.

Aber dann reizte mich die Chance, einen Blick über die nur dreißig Kilometer entfernte litauische Grenze zu tun. Ich fuhr an den abgeernteten und schon geschälten Getreidefeldern, an herb duftenden welken Kartoffel- und Rübenäckern vorbei bis zum Wyschtyer See, der sich zehn Kilometer an der Grenze entlang erstreckte, flach wie eine Silberplatte. Das litauische Vistytis jenseits der Wassergrenze. Kein Zöllner. Keine Wache. Kein Schlagbaum. Der See selbst war der Trennungsstrich, eine Friedenslinie damals, bevor auch dort die Gier des Usurpators nach dem wehrlosen Land griff und es an sich riß.

Ich stand und schaute wie Jahrzehnte später am Etang de Vaccarès in der südfranzösischen Camargue. Es war ein gegensätzliches Bild. Denn hier flog nicht die rosarot aufleuchtende Flamingowolke aus dem seichten See, hier stelzten Graureiher durch das Wasser, das ein schwacher Wind wie Lippen kräuselte, bevor sie sich öffnen. Aber das Geheimnis der Schönheit, der Unbeschreibbarkeit des Geschauten, die Stummheit einer von keiner Gewalt bedrängten Landschaft waren gleich. Sie schufen Identität, sie trafen mich mit der Zauberkraft des Unwiederholbaren.

Ich stand und lauschte in die glucksende Wasserweite. Da war keine Fremdheit, kein Graben und schon gar kein Abgrund zwischen hier und dort. So blieb ich am Ufer des Sees von Vistytis, bis ich mein Rad wendete und in den Abend hinein nach Gumbinnen fuhr, schneller nun und getrieben von der Notwendigkeit, noch vor dem ›Zapfenstreich‹ den Herbergsvater der Jugendherberge um Aufnahme zu bitten. Denn die Nacht kommt schnell im östlichen Herbst. Auch die Episode veranlaßte mich, in den sechziger Jahren ein Gedicht zu schreiben, das dann in meiner Sammlung ›Die gewendete Haut‹ abgedruckt wurde und vielleicht etwas von dem Zauber vermittelt, dem ich damals erlag.

Wyschtyter See

Damals konnte der Bär
seinen Schatten sehen.
Unter diesem Himmel
lebten wir dort,
an dem niemals geschändeten Ufer:
Der alte Jäger mit dem Gebiß eines Gottes,
der junge, der ihm folgte, mit der Narbe
rechts unter der sechsten Rippe.

Der Mond fuhr,
ein funkelndes Lichtschwert,
glanzab dem See übern Binsenschopf.
Sie schnitten das Schilf in Wyschtyten.

Benommen standen wir so,
dem Herbst an die nächtliche Schulter gelehnt,
noch immer in froher Erwartung,
standen und lauschten
der dunkel-dröhnenden Kranichwolke.

Die zog mit den Schwänen
von Osten her, von Baranowicze herauf.

Dort erreichte sie uns.
Ein glühender Mond
erschlug uns im Tor.
Schattenlos stürzte der Bär.

Ich freute mich, lachte mir ins Fäustchen, daß ich mit
Hilfe der mir zugetanen Elsa dem Chef eine Birne gemacht hatte, daß sein Tagesbefehl »Rin in die Kartoffeln,
raus aus die Kartoffeln!« in meinem Fall unwirksam war
und nicht befolgt zu werden brauchte. Ich war nun achtzig Kilometer von den achthundert Morgen Kartoffeln
auf dem großen Schlag links von der Straße nach Possessern entfernt und brauchte auch nicht im Frühnebel her-
umzustehen und Marken aus der Trommel zu ziehen
und sie an die Akkordbuddler auszugeben, die mit ihren
Sechzig-Pfund-Körben auf der Schulter an die großen
Kartoffelmieten traten, die der alte Lala präparierte, mit
Stroh und Erde gegen Nachtfröste abdeckte und dann
winterdicht machte. Das blieb mir für das nächste Jahr
vorbehalten. Jetzt war ich B.s Befehlsgewalt entzogen,
unerreichbar für seine agrarstrategischen Überlegungen
und Aktionen. Przytullen war nur noch ein Alptraum,
und ich wußte nicht, ob ich jemals wieder dorthin zurückkehren würde.

Vielleicht begegnete mir das Glück auf meinem Weg
nordwärts zu den Elchen der Niederung. Aber nun saß
ich allein und von einem unwirschen Ober mehr rausgeworfen als bedient in einem Gasthaus der öden Regie-
rungs- und Beamtenstadt Gumbinnen. Ich habe nie erfahren, warum in Gumbinnen, ausgerechnet in dieser
tristen Stadt, die Mädels ›so temperamentvoll wie die
Spanierinnen‹ sein sollten, wie ein dummer Spruch be-

hauptete, der im Lande umging wie ein Gerücht, das Blasen zieht. Ich fand die Mädchen von Tharau, woher das berühmte Ännchen im Lied stammte, viel reizvoller und weniger blasiert und blöd als diese Regierungsbeamtentöchter.

Ich bekam auch hier keinen Kontakt, besaß keine Antenne für diese flanierenden Gänschen, die später fast alle von Ehrenburgs Todeskommando überrollt und von Panzern in den Schnee gewalzt wurden.

So fuhr ich weiter nach Insterburg, einer ganz anderen, eher süddeutsch betriebsam heiteren Stadt voll Leben und Treiben auf allen Straßen, in allen Caféhäusern und Kneipen. Das war, als lägen nicht dreißig, sondern dreißig mal dreißig Kilometer zwischen diesen beiden großen Städten der Angerapp- und Pregellandschaft. Durch Gumbinnen schlängelt sich noch die kleine Rominte, aber kurz vor Insterburg entstand durch ihre Vereinigung mit der Angerapp ein richtiger Fluß, der Pregel, der dann bei Königsberg ins Frische Haff mündete.

Ich blieb nicht länger in Gumbinnen, als der Tag dauerte. Die folgende Nacht nochmals in der Jugendherberge zählte nicht. Ich lag schlaflos und empfand meine Isolierung auch hier schmerzlich. In Insterburg hielt ich mich nicht auf, begab mich gleich auf die große Chaussee nach Norden zum großen Moosbruch, dem Sumpfgebiet der Elchniederung. Über mein Ziel war ich mir nicht klar. Ich wußte nur, daß ich zum Haff und zu den Fischern von Gilge, Tawe, Loye, Nemonien wollte. Von einem dieser winzigen Orte ganz aus Holz, von denen Elsa B. gesprochen hatte, hoffte ich dann über das Haff zur Nehrung übersetzen zu können. In Inse sollte es eine Jugendherberge geben, die damals oft nur Schuppen oder Scheunen waren, ohne jenen Reisekomfort, der den Waldläufern und Wanderern ohne festes Ziel ein Greuel ist. Die breite Landstraße über Jodlauken, Popelken —

dem saubersten und reichsten Großbauerndorf, das ich auf dieser Fahrt in den Norden passierte — fiel bis Mehlauken, einer Bahnstation an der Nebenstrecke Königsberg—Tilsit, leicht ab, da das Tiefland sich dem Meer und der Memel zu wie eine Schale öffnete.

Ich glitt, fast ohne in die Pedale zu treten, auf der gut ausgebauten Straße dahin. In Gumbinnen und Insterburg hatte ich einige Stinkmobile beziehungsweise Autos gesehen. Hier begegnete mir auf den fünfzig Kilometern bis ins Moosbruch kein Wagen, außer einigen Bauernwagen, die Getreide geladen hatten und zur Mühle nach Insterburg oder in die Gegenrichtung nach Mehlauken unterwegs waren. Ich weiß nicht, ob es diese Orte heute im sowjetischen Machtbereich noch gibt. Ich weiß nur, daß auch sie von den Nazis eingedeutscht, ihre slawischen Namen verstümmelt wurden. Da hießen sie denn Liebenfelde, Kreuzingen, Aulenbach, Buchhof, und so sind sie untergegangen, in der Topographie der Landschaft für immer gelöscht.

Mehlauken war ein häßlicher Ort, ein Marktflecken, weder Dorf noch Stadt. Einige große Häuser, städtisch verwahrlost, standen unproportioniert in der flachen Landschaft, die Tristesse verbreitete. Ein Zug, der erste, den ich auf meiner Reise in Ostpreußens wildem Norden sah, donnerte vorbei. Die Straße war breit, aber ich fuhr nicht in den Ort hinein. Er war mir unheimlich. Ich hatte die Grenze der Zivilisation erreicht. Von nun an würde ich nur noch Torfstecher, Arbeitskolonnen, ›Moorsoldaten‹ sehen. Denn das große Moosbruch sollte trockengelegt und landwirtschaftlich erschlossen werden. Ich überquerte die Bahnlinie, eingleisig wie alle Eisenbahnstrecken in Ostpreußen außer den Hauptverbindungen Prostken—Berlin und Königsberg—Eydtkuhnen, und folgte dem Timber. Der Name dieses Flüßchens war so exotisch wie die ganze Landschaft, die Wildnis, das Land der Elche. Ich hatte Heimweh nach Popelken, dem letzten Fluchtpunkt meiner Erinnerung. Von hier ab gab es keine Straßen mehr, nur noch Pisten durch den Sumpf, der schwarz und zäh wie Öl den Weg umgab, der einen fauligen Geruch ausströmte, der nach Verwesung stank. So kam ich in das Moorarbeiterdorf Lauknen, eine Siedlung, die aus der Pionierzeit der Vereinigten Staaten zu stammen schien. Lauknen war eine Westernkulisse. Aber es gab, merkwürdig genug, eine Jugendherberge, jedenfalls etwas, das sich dafür ausgab, einen Schuppen, in dem ein Raum mit Pritschen und Strohsäcken Zuflucht bot.

Meine beschissene Verlorenheit hatte wieder einen Grad erreicht, der mich zum Psychopathen werden ließ. Ich hatte Fluchtgedanken. Ich wollte zurück zu Elsa. Vielleicht begriff ich dort zum erstenmal, was sie mir bedeutete, was sie mir bedeuten konnte, wenn ich mich ihr hätte zuwenden können. Aber gerade das vermag ein Egozentriker nicht. Er kann sich nicht auf einen Partner einstellen, er versteht nur sich selbst, nein, nicht einmal das, er versteht gar nichts. Er leidet, und er weiß nicht, warum er leidet, woher seine Verzweiflung kommt, aus welchen trüben Quellen sich seine verwirrten Gedanken nähren.

Wieder war ich allein. Hier gab es keine fröhlichen Wandervögel mit Klampfe und Gesängen, keine Heide, auf der ein kleines Blümelein blühte, das Erika hieß. Hier war niemand unterwegs. Ich stellte mein Fahrrad unter, das erstaunlich stabil und zuverlässig war, immer noch keinen Platten hatte. Ich verstand ja nicht einmal einen Schlauch zu flicken, besaß auch nicht das Material dazu. Wenn Thus mich im Stich ließ — ich verlieh hier dem Rad den Namen seines Besitzers und Verleihers —, mußte ich durch Ostpreußen laufen, und so, wie ich es mir vorgenommen hatte, waren es noch vierhundert Kilometer. Ich ging durch die Ansiedlung, die nun nicht einmal mehr ein Dorf war. Mehlauken war damit verglichen geradezu eine Großstadt mit seinen verfallenen städtischen Häusern. Popelken lag auf einem anderen Stern, der weit entfernt im Weltraum kreiste.

Wenige Stunden danach sollte ich in totaler Betrunkenheit, in einer Sauferei, wie ich sie vor meinem Abenteuer beim Kolpak in der Kneipe bei Duneyken und bei den Orgien, die wir später mit Z. in Natalienhof und im Brennerhäuschen feierten, noch nicht erlebt hatte, ebenfalls durch das All fliegen. Denn ich geriet bei meiner ›Inspektion‹, bei der ich mich darüber informieren wollte, wohin ich am nächsten Tag weiterfahren könnte, wo es einen Weg durch den Sumpf, in dem die Birkhähne aufflogen, an das Haff gab, ins Abseits. Das Haff war das Ziel, auf das ich alle Hoffnungen setzte. Am Haff würde alles besser werden. Eine gute Fee würde mir begegnen. Ich würde eine reine Liebe erleben. Sie sollte ein Fischermädchen und treu wie im Märchen sein. Ich wollte es mit meiner Überlegenheit, meiner Herkunft, für mich erobern. Denn ich war überzeugt, daß ich trotz meiner Minderwertigkeit und Impotenz ein junger Mann war, für den sich Frauen interessieren konnten.

Przytullen lag in einem anderen fernen Land, noch hinter Popelken und den hundertfünfzig Kilometern, die ich gefahren war. Ich fand die einzige winzige Kneipe, den einzigen Ort, wo sich die ›Moorsoldaten‹ abends treffen konnten, eine Spelunke, in der sie ihren Wochenlohn versoffen, bis sie von den Bänken rutschten. Ich ging hinein. Manche hoben ihre Köpfe vom Schnapsglas. Auf den rohgezimmerten Tischen breiteten sich Schnapslachen aus. Hier herrschte eine echte Anarchie. Die meisten Männer waren schon in Selbstgespräche versunken, einige grölten, andere fluchten und klagten über das beschissene Leben im Moor. Sie waren stumpf.

Nur wenige nahmen Notiz von mir, aber auch die fragten nicht, was ich hier wollte und woher ich kam.

Es war eine Szene wie aus der amerikanischen Pionierzeit, wie in einer Goldgräberstadt, nur daß diese Männer hier keine Nuggets in der Tasche hatten, sondern ein paar Mark, mit denen sie sich den Rausch der Selbsttäuschung erkaufen wollten. Aber der Mann, der das Gesöff ausschenkte, den Schnaps, den man in ganz Ostpreußen den ›Witten‹, den Weißen also, nannte, war ein durchtriebener Bursche. Er witterte sofort, daß ich nicht zu der Mannschaft gehörte, die hier Radau machte.

Ich verlangte ebenfalls ›Witten‹. Er goß sich sofort ein Glas mit ein. Ich achtete nicht darauf. Ich besaß noch Elsas Reisegeld, die zehn Mark für den Fall der Fälle. Dieser Fall war nun eingetreten. Ich wollte ein ›Moorsoldat‹ werden, randalieren wie diese Männer ohne Frauen. Auch ich war frauenlos und hatte Heimweh nach dem Ewig-Weiblichen, das uns allein erlösen kann. Ich war schon nach einer halben Stunde so betrunken, daß mir hundeelend war. Denn ich war kein Jack London, den der Schnaps erst zum Leben erweckte, auch wenn er schließlich daran krepierte.

Ich hatte immer noch nicht bemerkt, daß der Kerl, der hier als ›Ober‹ oder ›Wirt‹ fungierte und eine ausgepichte Säuferkehle haben mußte, immer mittrank. Als ich soweit war, daß ich nur noch ins Freie taumeln konnte und der Lärm zu einem wüsten Bacchanal geworden war, in dem es zu Handgreiflichkeiten kam und Gläser durch die Luft flogen, die die schon bespritzten Wände erneut besudelten — sie waren einfach mit Kalk bestrichen, es gab weder eine Tapete noch ein Muster an diesen grauen Wänden —, sagte ich mit der letzten Kraft, Worte hervorzubringen: »Ich möchte zahlen, Herr . . .«, das Wort, die Bezeichnung ›Ober‹ brachte ich nicht mehr heraus, es wurde von einem Würgen in meiner Kehle zurückgehalten. Ich merkte dennoch, daß der Kerl mich hereingelegt hatte. Denn ich hatte für zwei getrunken in der Rechnung, die er mir präsentierte. Das heißt, er schrieb gar keine Rechnung aus, er sagte einfach so etwas Wahnsinniges, daß ich längst umgefallen und gestorben wäre, wenn ich diese Menge tatsächlich allein geschluckt hätte, ungewohnt und untrainiert, wie ich im Trinken war. Ich hörte eine Summe, die nur ein Irrtum sein konnte. Es waren viel mehr als zehn Mark, die ich bezahlen sollte.

Ich stammelte, ich muß den Mann um Hilfe angefleht haben mit meiner Stimme und meinem angst- und schweißverklebten Gesicht: »Soviel Geld habe ich nicht. Soviel habe ich nicht getrunken.« Den zweiten Satz nahm er mir übel. Er schrie mich an, daß die Schnapsspechte die Köpfe hoben aus ihrem Suff und eine kleine Abwechslung in der Monotonie des Rituals der Besäufnis witterten.

»Zahlen, oder ich schlag dir in die Fresse!«

Aber ich wollte ja zahlen, ich konnte nicht, und das glaubte mir der Mann nicht. Denn ich hatte mich als Klugscheißer produziert, hatte was erzählt, was hier nicht gefragt und auch nicht ratsam war preiszugeben. Ich hatte von Berlin erzählt und daß ich dort Student gewesen war. Berlin lag auf einem schöneren Stern, und Studenten waren Angeber, feine Pinkels, Söhne von reichen Eltern. Die hatten einfach Geld genug zu haben, um eine Zeche gleich zweimal zu bezahlen: eben das Getrunkene und Nichtgetrunkene und vielleicht sogar noch das Ausgespieene. Ich merkte, daß ich jetzt keine Minute mehr zu verlieren hatte. Ich mußte raus und mich übergeben.

Ich hielt dem Mann, der mich überlistet hatte und nun ausplündern wollte, den Zehn-Mark-Schein vor die Nase und wiederholte: »Mehr habe ich nicht.« Er gab mir eine fürchterliche Ohrfeige, nahm den Schein, packte mich am Kragen und stieß mich aus der Tür. Mir war es recht. Endlich konnte ich kotzen, solange und soviel mein Magen hergab. Ich taumelte noch einige Schritte ins Grüne. Die Kneipe lag zum Glück isoliert, wie alle Gehöfte hier planlos auf das wenige trockene Land gesetzt. Ich brauchte in der Dunkelheit nicht erst in Deckung zu gehen. Als ich den ›Witten‹ ausgebrochen hatte, wurde ich freier, spürte zwar einen hämmernden Kopfschmerz, konnte aber sogar den Weg zur Herberge zurückfinden. Dort war inzwischen ganz unerwartet noch ein richtiger Wandervogel, ein ausgesprochener ›Zupfhanslgeiger‹ mit Klampfe und Lederhosen, ein Abstinenzler natürlich, eingetroffen. Ich lallte etwas Unverständliches und warf mich auf meine Pritsche. Der neue Gast betrachtete mich angeekelt, sagte etwas, was sich etwa so anhörte — ich kann es nicht wörtlich wiederholen, denn noch kreiste ich durch das All —: »Das Schwein ist ja total besoffen, und so etwas pennt in einer Jugendherberge.«

Mir war es egal, was der Mensch von mir dachte. Ich mußte meine schrecklichen Kopfschmerzen loswerden. Ich mußte schlafen und dabei den ganzen blamablen Vorgang vergessen. Als ich am nächsten Tag erwachte, war der Wandervogel schon weitergeflogen. Meine Kopfschmerzen hielten unvermindert an. Ich schleppte mich mit dem Fahrrad, das ich vor mir herschob, aus Lauknen heraus bis an den kleinen Fluß Laukne, den ein hoher Damm wie einen Kanal von dem Hinterland trennte. Denn das tiefgelegene Niederungsland mußte gegen Überschwemmungen abgeschirmt werden. Auf diesem Damm warf ich mich in die milde Spätherbstsonne und beruhigte mich mit einer Art unbewußtem autogenen Training: »Sei ganz still, es geht bald vorbei, es wird gleich besser.«

Es war eine wunderbare, gläsern klare Luft. Die Nähe

des Haffs und des Meeres brachte einen leichten Salzgeschmack mit. Ich habe so intensiv nur nochmal acht Jahre später in den Wäldern vor Rschew gelebt, wo die Gefahr, die reine Schneeluft, das harzige Holz der eingefrorenen Tannen einen ungeheuren Willen zum Überleben, eine unfaßbare Widerstandskraft hervorriefen, eine Euphorie, die man niemandem mitteilen kann, auch nicht mit den Mitteln der Sprache, eine Situation, die unteilbar ist, mit der man ganz allein fertig werden muß.

Und hier auf dem Damm an der Laukne empfand ich mein Leben als Geschenk, das nur mir gehörte, das ich aufs Spiel gesetzt hatte wie einen letzten Einsatz vor dem Gnadenschuß von eigener Hand. Ich jubelte, weil sich die Klarheit dieses Morgens auf mich übertrug und sich vor mir das ganze weite Land öffnete, das nur mir gehörte. Ich fuhr auf dem Damm entlang nach Inse, dem Haff entgegen.

Ich erreichte auf einer schmalen Piste quer durch den Sumpfwald das Moor. Wer hier betrunken vom Rad fiel, war ein toter Mann. Er versank sofort in dem metertiefen blasig-zähen Schlamm. Ein Rudel Elche — oder sagt man in diesem Fall: eine Herde? — zog dicht vor mir von links über die Piste, die schmaler war als eine Waldschneise. Plötzlich stand ein SS-Mann, völlig deplaziert und absurd, mitten auf dem Weg und machte ein Haltezeichen. Ich mußte vom Rad absteigen. Er kramte in meinem Beutel auf dem Gepäcksattel, fand meine harmlose kleine Kamera, sagte: »Die muß ich mitnehmen. Du bekommst sie wieder. Was hast du überhaupt hier zu suchen?«

Ich stammelte etwas Unglaubwürdiges. Aber der Mann erklärte mir mit einer gewissen Freundlichkeit, die für diese Typen absolut nicht selbstverständlich war: »Gleich kommt der Herr Reichsjägermeister Göring hier vorbei. Er wird einen Elch schießen, einen kapitalen natürlich. Also deswegen muß ich dir die Kamera wegnehmen. Denn der Herr Reichsjägermeister will nicht fotografiert werden.«

Der friedliche SS-Wächter — es standen in einiger Entfernung noch mehr Totenkopfträger an der Piste — untersuchte die Agfa-Billy genau. Er glaubte wohl, daß es eine geschickt getarnte Pistole oder sonst ein Mordwerkzeug war. Wir standen ziemlich wortkarg am Rand und schlugen vereint nach den Mücken, die in Schwärmen um uns herumtanzten. Endlich schob sich der schwere Mercedes auf dem Weg, der nicht breiter war als der Wagen des Reichsjägermeisters, im Schrittempo an uns vorbei. Der SS-Mann machte eine sogenannte Ehrenbezeugung. Er erhob den rechten Arm zum Hitlergruß. Ich stand sprachlos daneben und rührte mich nicht. Göring, der eine ausgebrannte Zigarre im Mund stecken hatte, winkte müde. Er sah erschöpft aus, so als erledige er hier gegen seinen Willen eine Pflichtübung, bei der er einen Superelch schießen mußte.

Nach einer weiteren Wartezeit von vielleicht einer halben Stunde knallte es mehrmals im Moor vor uns. Dann kam der schwere Mercedes zurück. Göring lehnte schwitzend, aber erleichtert im Fond an dem gleichen Platz. Wieder blickte ich irritiert in sein nichtssagendes, gelangweiltes Gesicht. Auf dem Gepäckträger des Wagens waren die abgesägten, massigen Schaufeln des erlegten Elches montiert. Der Kapitale war tot.

Der SS-Mann gab mir meine Kamera zurück. Auch er war froh, daß sein Auftrag, den hohen Gast abzuschirmen, ohne Zwischenfall verlaufen war. Die anderen Wachen kamen nun von vorn auf der Piste auf uns zu. Sie fragten ebenfalls, was ich hier in dieser menschenleeren Einöde zu suchen hätte. Der SS-Mann erklärte ihnen, daß ich ein Student aus Berlin sei, der hier Elche aufspüren und dann zum Haff und hinüber zur Nehrung wollte. Sie betrachteten mich mitleidig, einige ungläubig. Alle aber hielten mich für einen Spinner. Denn wer begibt sich schon freiwillig in dieses gottverlassene Land, wo nur Elche und Mücken ihr Revier haben? Aber da ich nicht mehr interessiert war und auch nicht auf den Herrn Reichsjägermeister geschossen hatte beziehungsweise schießen wollte, ließen sie mich endlich weiterfahren. Die Dämmerung verbarg bereits den Sumpfwald. Ich hatte Mühe, die schmale Piste bis zu dem Fischerdorf Inse zu erkennen. Aber dann fand ich das alte strohgedeckte Bauernhaus, die Jugendherberge, in der ich als einziger Wanderer die Nacht verbrachte. Am Morgen wollte ich mir die bunten, breiten Kähne der Haffischer ansehen mit den kunstvoll geschnitzten Wetterhähnen auf der Mastspitze. Jeder Fischerort hatte ein anderes Wappen, es war ein Privileg. So erkannte man schon von weitem, welches Boot nach Tawe, welches nach Inse, nach Gilge, Loye oder Nemonien gehörte. Inse war der idyllischste der kleinen Fischerhäfen an der Küste der Niederung, von denen keiner mehr als hundert Einwohner hatte. Inse war der seltsamste Ort, kaum ein Dorf, nur eine Ansammlung von Fischerhäusern, Holzhäusern wie auf einem Gemälde Chagalls, wie in Witebsk zu Zeiten des großen jüdischen Malers.

Es gab — was mich erleichterte — keine Torfstecherkneipe, keine saufenden und randalierenden ›Moorsoldaten‹. Es gab überhaupt keine Kneipe, keine Kirche, keine Straße. Die nächste Stadt war fünfzig Kilometer entfernt, war litauisch, damals noch, bevor sie unser ›herrlicher Führer befreite‹, und hieß Memel. Hier vollzog sich dann vor dem Ende der Hitlerherrschaft die große Katastrophe der dort zusammengedrängten Zivilbevölkerung, als Ehrenburgs Rächer die Stadt eroberten.

»Memel war das Grab meines Lebens«, schrieb der elsässische, in der deutschen Wehrmacht mitkämpfende

Soldat Guy Sajer in seinem erschütternden Kriegsbericht ›Der vergessene Soldat‹ mit dem in der deutschen Übersetzung etwas melodramatischen Titel ›Denn ihrer Tage Qual war groß‹. Es ist nach dem Roman aus dem Ersten Weltkrieg ›Im Westen nichts Neues‹ das aufwühlendste Buch eines einen Krieg Miterlebenden und Miterleidenden, diesmal des zweiten Weltkriegmassakers.

Aber damals konnte mein Fischermädchen von Inse von diesem bevorstehenden schrecklichen Schicksal nichts ahnen. Inse lag am Haff und schlief. Nur für das Fischermädchen mit dem krausen braunen Haar und den Sommersprossen im Gesicht, das aber nicht unschön war, wenn man den Ausdruck auf diesem Gesicht zu lesen verstand — und ich las in ihm —, das nicht hierher gehörte, das irgendwie ausgeschlossen war aus dieser Fischergesellschaft, schien noch auf etwas zu warten. Ich weiß nicht, wie das Mädchen hieß. Ich weiß nur, daß ich es kennenlernte, als ich mich beim Herbergsvater anmelden wollte. Und dieser Mann war, wie alle Männer hier, ein Haffischer, hatte sein Boot draußen am flachen, sandigen Ufer liegen und außer seinem Boot noch diese Tochter. Er war nicht anwesend, war beim Boot, bei den Netzen, als ich den Raum des Hauses — er war so niedrig, daß ich mich kaum aufrichten konnte — aus braunem Holz betrat. Am Fenster saß das Mädchen, absolut keine Sirene, sondern, wie sich bald herausstellte, ein für Inse und die Landschaft hier außergewöhnliches Wesen. Denn die junge Frau, sicher älter als ich, machte einen etwas ruinierten Eindruck, ihr Gesicht war welk, verbraucht. So sieht kein Mensch aus, der in dieser Menschenferne, fünfzig Kilometer von einer unerreichbaren, weil fremdländischen Stadt aufgewachsen ist. Hier mußte etwas anderes vorgefallen sein und seine Wegmarken, seine Brandmale, hinterlassen haben.

Sie trug Schwarz, ein schwarzes, ziemlich zerdrücktes

Tüllkleid. Sie wirkte ungepflegt, erzählte schnell mit einer — vom Rauchen, vom Trinken? — rauhen Stimme, daß ihre Mutter vor einigen Wochen gestorben sei, daß ihr Vater kaum noch im Haus wäre seitdem, sondern stundenlang draußen am Haff stünde und hinüberblicke zu der hier dreißig Kilometer entfernten Nehrung. Auch ich sah hinüber, sah den Mann unten am Wasser stehen, unbeweglich und abwesend, schaute in die gleiche Richtung zu den eher geahnten als erkannten Dünen der Kurischen Nehrung.

Die junge Frau blieb am Fenster sitzen, fragte aber schon nach wenigen Minuten: »Haste Hunger?« Natürlich war ich völlig ausgehungert. Ich hatte ja seit der Sauforgie und ihren Folgen nichts mehr gegessen. Ich gab zu, Hunger zu haben. »Warte, ich mache dir eine Pfanne voll Bratkartoffeln. Willste denn auch Fisch?«

Nein, Fisch wollte ich nicht. Ich mochte Fisch nicht. Aber ein Teller voll Bratkartoffeln: Das wäre das Richtige. Ich reagierte hastig. Sie versuchte zu lachen. Es gelang ihr aber nur ein verzweifeltes Grinsen. Es sah wie aufgesetzt aus, wie das künstliche Lachen eines Straßenmädchens. Während sie mir die Bratkartoffeln zubereitete, beobachtete ich weiter ihren Vater, der, wie ein Denkmal in den Sand gerammt, über das wie eingefroren stille Wasser des Haffs blickte, auf dem mehrere Fischerboote kreuzten. Nein, sie standen ebenfalls unbewegt in der Windstille, der Flaute, und näherten sich nicht, entfernten sich auch nicht.

Dann setzte sich die junge Frau, die eben keine mädchenhaften Eigenschaften mehr besaß — wie ich später, als ich allein auf meiner Pritsche lag, erkannte —, zu mir, während ich gierig die mit viel Fett zubereiteten Bratkartoffeln aß. Und dann begann sie mit ihrer Geschichte, einer heillosen Geschichte, die ich damals in ihrem ganzen tragischen Ablauf und Ausmaß gar nicht verstehen konnte. Aber nicht die Phantasie, sondern die präzise registrierende Erinnerung liefert die Fakten für dieses Außenseiterschicksal, von dem sie berichtete und betroffen wurde. Lebhaft, leidenschaftlich und einfallsreich, wie sie war, konnte Inse oder eines der benachbarten stadtfernen Fischerdörfer nicht Endstation ihres Lebens werden. Sie vermochte dieses Leben nicht zu akzeptieren, das nur durch Gottergebenheit und Frömmigkeit erträglich geworden wäre. Sie war keine Fatalistin, besaß eher die Veranlagung zu einer ›femme fatale‹.

Eines Tages lief sie, gerade aus der einklassigen Dorfschule entlassen, davon und gleich bis Berlin. Natürlich ging das nur auf ›verschlungenen Pfaden‹. Der Preis war ihr Körper, den sie anbot. Sie war schon eine Hure, als sie in der Stadt ihrer kindlichen Träume ankam. Immerhin fand sie eine Anstellung als Verkäuferin im großen Kaufhaus Wertheim. Ein Fischermädchen vom Kurischen Haff als Bedienerin oft zudringlicher Kunden in einem Berliner Kaufhaus! Schon das ist absurd genug. Sie verkaufte sich in der Freizeit an beliebige Freier, die sie als Zusatzware behandelten. So kam sie herunter, die einzige Tochter des Fischers aus Inse, der keinen Sohn, nur eine kranke, gelähmte Frau besaß, der nur noch mit dem Haff und seinem Boot lebte. Als die Mutter starb, erreichte er, daß die Tochter widerwillig aus Berlin zurückkehrte. Wer sollte sonst für ihn sorgen? Und so saß sie hier und langweilte sich, feierte und verfluchte abwechselnd Biberkopfs Stadt, die damals das Babylon der untergehenden Republik war. Berlin, aus dem *ich* geflohen war, um hier in diesem Land *gesund* zu werden, einem Land, das die junge Frau als unerträglich empfand, als Käfig, in dem sie wie eine Gefangene vegetierte, gefangen in einem Fischerkaten, für immer verdammt und verloren.

Sie wartete auf eine Wende, die nie eintreten konnte,

die dann doch zehn Jahre später auf die grausamste und gewaltsamste Art eintrat. Ihr Leben war vertan. Sie hatte alles drangegeben. Sie hatte bezahlt für die Freiheit, die keine wirkliche Befreiung war, nur eine Betäubung, ein verderblicher Rausch. So war ihr Gesicht streng und abweisend geworden. Ihre Augen waren ohne Liebe, leer und stechend. Ihre Stimme, rauh und heiser, glich einem zerrissenen Instrument.

Und dann erzählte sie die Geschichte mit dem Elch, einem brünstigen Elch. Sie wollte Milch holen aus der im Sumpfwald gelegenen Försterei — damals gehörten zu jeder Försterei auch einige Kühe —, und als sie auf dem Weg dorthin war, folgte ihr ein Elchbulle, ein starker Schaufler, und näherte sich ihr immer mehr. Sie lief so schnell sie konnte, aber der Elch witterte die Frau und war schneller. Kurz vor der durch einen hohen Zaun gesicherten Försterei holte das brünstige Tier sie ein. Sie versuchte zu entkommen. Der Elch wollte sie offensichtlich besteigen. Sie stürzte auf den drei Meter hohen Zaun zu. Denn das Tor war auf der anderen Seite. Sie hätte es nicht mehr erreicht. Da schlug der Elch mit dem Vorderhuf nach ihr, traf sie am Oberarm. Ihr Arm war entblößt, das Kleid zerfetzt, die Haut von der Schulter bis zum Handgelenk aufgerissen. In ihrer Todesangst gelang es ihr, den palisadenartigen Zaun zu überwinden. Sie stemmte und zog sich hoch. Der Elch blieb schnaubend stehen, entfernte sich nicht, bis der Förster ihn mit Schüssen in die Luft vertrieb. Es war keine Zeit für die Elchjagd. Es war Schonzeit.

Dann brach die Verfolgte zusammen und wurde von dem sachkundigen Förster verbunden und einige Tage danach in ihr Elternhaus, das nun nur noch ihr Vaterhaus war, zurückgefahren.

Sie streifte ihr billiges Tüllkleid, vielleicht die letzte Erinnerung an Wertheim, über die eingefallenen Schultern und zeigte mir die Narbe, die von der Schulter bis zur Hand herunterlief wie eine Naht, wie ins Fleisch des Armes gesteppt.

Ich konnte zu all dem nichts sagen. Aber ich hatte das Gefühl, daß es der jungen Frau viel bedeutete, mir das zu erzählen. Ich war für sie ein Botschafter aus Berlin, aus einem anderen, schöneren, aber auch verfluchten Leben.

Dann kam endlich der Herbergsvater zur Tür herein, bemerkte seine Tochter nicht, sah nur mich kurz an, als sie ihm erklärte, daß ich ein Herbergsgast sei, daß sie mir etwas zu essen gegeben hatte. Der Mann nickte kurz, sagte kein Wort, drehte sich um und ging wieder zum Wasser hinunter.

Ich war nun derart gefordert und mit Sensationen gefüttert, die ich hier in der Abgeschiedenheit für unfaßbar gehalten hätte, daß ich nichts mehr aufnehmen konnte. Denn diese Geschichte vertrug kein Dacapo und auch keinen Kommentar.

Ich sagte — und das war die Wahrheit —: »Ich bin müde. Ich muß jetzt schlafen. Ich möchte morgen früh über das Haff zur Nehrung, wenn ein Fischer mich mitnimmt.«

»Ja, da fahren immer welche hinüber zum Einkaufen nach Pillkoppen. Da brauchst du nur am Strand zu fragen. Die nehmen dich alle mit. Die sind froh, wenn sie für ein paar Stunden nicht allein sind«, sagte die Alleingelassene, für die ich nichts tun konnte, deren zerstörtes Gesicht und verkommene Stimme auch kein Begehren, keine Zuneigung, nicht einmal Interesse in mir weckten. Wäre ich damals nicht ein so junger hilfloser und unerfahrener Mensch gewesen, vielleicht hätte ich ihr etwas bedeuten können, hätte ihr Zuspruch gewährt, ihr besser, beteiligter zugehört. Aber damals war ich nicht in der Lage, einen Menschen in seiner eigenen Qual und

Verzweiflung zu erkennen. Es gab nur *meine* Ratlosigkeit. Verwirrung war die einzige Reaktion, die das Berlin- und Elchabenteuer der jungen Fischerstochter in mir hervorrief. Und dann war ich viel zu müde, um über diesen Punkt hinaus denken zu können.

Ich ging in die Herberge zurück und fiel in einen traumlosen Schlaf. Es war der schöne Schlaf der Erschöpfung, nach dem wir den nächsten Tag wie den ersten Tag erleben. So fand ich am Strand den Fischer Lüttkus; ein kräftiger, noch lebensstarker, aber ein ebenso einsamer und versponnener Mann wie der Herbergsvater, auch er ein Witwer, ein Mann ohne Frau, für den es keine Frauen mehr gab, die ihn interessierten. Er setzte mich über, nahm mich mit nach Pillkoppen, dem letzten deutschen Dorf zehn Kilometer vor dem litauischen Nidden, das damals schon ein kleines Seebad und Touristenziel war, unbekannt allerdings im Deutschland der Republik. Denn diese Landschaft existierte nur in Geographiebüchern, auf Atlanten und als Wanderziel einiger Außenseiter.

Ein Gespräch war auch mit dem Fischer Lüttkus nicht möglich. Denn er meditierte in einem einsamen Monolog über Gott und die Welt. Die Welt kam dabei schlecht weg, sie besaß in seinem eigenwilligen Kosmos keinen Stellenwert, er ließ sie draußen und beschäftigte sich ausschließlich mit seinem Glauben.

Nur Gott, Christus und die Worte der Heiligen Schrift — ›die richtige Auslegung‹, wie er sagte — galten für ihn. Gott war sein Zeuge. Und wenn Christus nicht bis Eboli gekommen war, so war er bestimmt in Inse am Haff vor Anker gegangen.

Ich habe dann den frauenlosen Fischer Lüttkus fotografiert, als er am Strand vor Pillkoppen seinen kleinen Anker über Bord warf, damit sein Boot festliegen konnte. Diese Boote, ohne Motor, waren auf den Wind angewiesen. Und da der Wind meistens vom Meer und über die Nehrung hinweg über das Haff wehte, mußte jeder Tag und jede Gelegenheit zu einer Fahrt nach Pillkoppen genützt werden. Ich hatte Glück, und Lüttkus hatte Glück. Denn heute wollte er nicht fischen — es gab besonders Aale in dem flachen Wasser —, sondern das Gemüse aus seinem kleinen dem Sumpf abgetrotzten Garten in Pillkoppen verkaufen. Denn in Pillkoppen war alles auf Sand gebaut. Die wenigen Häuser duckten sich unter der riesigen Düne. Das Kurische Haff — und das gilt als Orientierung für die Menschen, die den ehemals deutschen Osten nicht mehr kennen und in den Schulen kaum etwas über ihn erfahren — war und ist noch größer als der Bodensee: an seiner breitesten Stelle vierzig Kilometer zwischen Rossitten auf der Nehrung und Haffwerder im großen Moosbruch am sogenannten Friedrichsgraben. Es erstreckt sich mehr als sechzig Kilometer von der Brokist-Bucht bis hinauf zum litauischen Memel. Pillkoppen war damals der östlichste deutsche Ort, nicht einmal ein richtiges Dorf, sondern ein paar unregelmäßig und verloren über den Sand verstreute Gehöfte.

Lüttkus rauchte Pfeife und schwieg. Wir hatten fast dreißig Kilometer Fahrt bei schwacher Brise vor uns. Ein halber Tag würde vergehen, bis wir unser Boot vor Pillkoppen auf den Sand setzen konnten. Da blieb viel Zeit, sich auf ein Gespräch vorzubereiten, aber auch viel Zeit, beklemmende Zeit, zu schweigen. Endlich, nach einigen segeltechnischen Selbsterklärungen, die nicht für mich bestimmt waren, begann Lüttkus mit seinem Monolog. Er sagte zuerst etwas, was ich nicht vergessen werde, weil es eine absolut ungewöhnliche Einleitung war, er sagte: »Du bist ein junger Kerl. Du mußt immer an Lüttkus denken. Du darfst den Namen Lüttkus niemals vergessen in deinem langen Leben.«

Woher wußte er, daß mein Leben lange dauern würde? Er betrachtete mich kritisch und eindringlich und stellte es dann fest. Das war der Ausgangspunkt für eine ausführliche fromme Predigt, die er mir hielt. Er wollte meine Meinung dazu nicht hören, brauchte keinen Kommentar, für ihn war alles einfach und klar.

»Du mußt immer auf den Herrn vertrauen. Er allein weiß, was du tun mußt, was richtig und falsch ist.«

Dann kam eine lange Pause, in der Lüttkus, ein kräftiger, gesund aussehender, wettergebräunter, etwa fünfzigjähriger Mann, sich nur mit seiner Pfeife beschäftigte, etwas an den Segeln veränderte, um den Wind ausnützen zu können, der nicht wehen wollte, während der Geist des Fischers Lüttkus ungehindert über das stille Haff wehte. Sicher war er ein Sektierer, vielleicht ein Bibelforscher, allerdings bestimmt kein Zeuge Jehovas. Denn er hatte keine Untergangsvision. Er blieb ruhig, seiner Sache absolut sicher, ohne Haß auf die Welt oder Ressentiment ihr gegenüber. Die Welt außerhalb des Radius von Inse bis Pillkoppen, von Haff und Nehrung ging ihn nichts an, sie interessierte ihn nicht, es gab sie überhaupt nicht, jedenfalls nicht in seinem privaten Kosmos. Ich hatte der Übermacht seines nun folgenden Monologs, von dem ich kaum etwas verstand, nichts entgegenzusetzen. Lüttkus war souverän, er stand in der Gnade des Herrn, er war ein Berufener, ein Verkünder. Er fragte mich nicht nach meinem Woher und Wohin, nicht nach meinem Namen. Gott allein wies die Wege. Dann sprach er in Bibeltexten. Das war das einzige, was ich herausfand. Aber da ich als Ungläubiger aufgewachsen war und ein anarchisches Leben führte, konnte ich diese Zitate und Sprüche nicht verstehen. Doch kam es mir vor, als wüßte Lüttkus bereits alles über mich, er brauchte gar keine Auskunft. Er sprach von meiner weiten Reise, von meiner Vergangenheit und Zukunft, als wäre er dabei gewesen. Er blieb auf seinem Platz am Steuer des Bootes, das ihm in dem flachen, fast unbewegten Wasser keine Arbeit machte, er brauchte es nur auf Kurs zu halten.

Wie lange waren wir unterwegs? Vier oder fünf Stunden? Ich wußte es nicht mehr. Aber ich weiß, daß es eine kleine Ewigkeit war, wenn man in dieser Zeit nur als Zuhörer, als Empfänger einer Botschaft, wahrgenommen wird. Ich hätte ihn so gern nach der Fischerstochter und ihrem gescheiterten Leben gefragt, nach dem stummen Herbergsvater. Lüttkus sagte nur wiederholt: »Den Lüttkus darfst du nie vergessen. Merk dir den Namen.«

Meine Niederschrift fünfzig Jahre später ist der Beweis für meinen Gehorsam. Denn ich habe mir den Namen nie aufgeschrieben. Ich habe ja noch das Foto mit dem Anker in Karl-Marx-Stadt, wenn es noch vorhanden ist und der Staatssicherheitsdienst mir nicht auch diese letzte Verbindung zerschnitten hat. Nein, er kann sie nur unterbrechen, er vermag nicht zu tilgen, was in meiner Erinnerung lebt. Und zu diesem Erinnerungsfundus gehören der Fischer Lüttkus und seine unerschütterliche Gewißheit, daß »der Herr alles richtet und Christus, sein Sohn, unter uns weilt und uns niemals verläßt, keinen von uns im Stich läßt, daß er uns auch jetzt zusieht, wie wir nach Pillkoppen segeln, um Mohrrüben zu verkaufen, weil es dort kein Gemüse gibt«. In dem runden energischen Gesicht mit den unbeteiligten mattblauen Augen zeigte sich keine Bewegung. Es war ein Gesicht, das auch zwölf Jahre später, als Ehrenburgs Garde über das zugefrorene Haff auf die Nehrung stürmte und vielleicht auch den Fischer Lüttkus überrannte, unverändert die gleiche Festigkeit und Sicherheit des Glaubens erfüllen würde. Aber es war ein unnahbares Gesicht. Man konnte sich ihm nicht anvertrauen. Was ich auch sagen würde, Lüttkus würde antworten: »Der Herr hat es gerichtet.«

Nur im Augenblick des Auseinandergehens öffnete sich diese Festung für den Fremden. Denn bevor ich aus dem Boot stieg, sagte Lüttkus unvermittelt: »Halt deine Mütze auf. Du sollst nicht hungern, mein Junge. Denn du hast noch eine weite Reise.«

Ich hielt ihm die Innenseite meiner Schiebermütze hin. Damals trug jedermann so eine Ballonmütze, die noch aus Berlin stammte. Nur Lüttkus hatte wie alle Fischer eine ›Bundeskanzlermütze‹. Er griff mit beiden Händen in das mit Gemüse beladene Boot und schüttete mir meine Mütze voll Mohrrüben. Dann legte er darauf einen Kanten trockenes schwarzes Brot und nickte kaum merklich, als ich dankte und ihm »Auf Wiedersehen« sagte. Er grüßte nicht zurück. Er hatte an mir die Speisung der Fünftausend vollzogen, von der er während der Überfahrt erzählte. Nun war es gut. Mehr war da nicht zu tun. Ich mußte meinen Weg fortsetzen. Ich würde Lüttkus nicht mehr wiedersehen. Es gab keinen Grund für eine zweite Begegnung. Es blickte mir nicht nach, als ich die Düne emporstieg, mühsam meinen ›Thus‹ durch den Sand schiebend. Mein Ziel war Rossitten, die Vogelwarte, die Segelfliegerschule, der Leuchtturm, der mit zweiundfünfzig Metern höchste Punkt der Kurischen Nehrung mit ihren Wanderdünen.

Auch für Rossitten waren die letzten stillen Tage in den letzten stillen Jahren der Menschheit gekommen. Der schlimmste Feind des Lebens, das Auto — das seit seiner Erfindung über zwanzig Millionen Verkehrstote gefordert hat und damit zahlenmäßig wenig hinter den Opfern des Hitlerkrieges zurücksteht — hatte hier oben auf der Düne keinen Platz.

Hier gab es keine Parkplätze und würden auch niemals welche entstehen. Die Lärmglocke, die den Zeitgenossen des zwanzigsten Jahrhunderts übergestülpt wurde mit schallmauerdurchbrechenden Düsenjägern, mit Motorsägen und Motorsensen, mit Radios und Kassettenrekordern, die unsere Söhne und Töchter als Geräuschkulisse für ihre Schularbeiten verwenden, ohne die sie nicht mehr denken und sich konzentrieren können: Hier oben auf der dreiundfünfzig Meter hohen Düne war sie unvorstellbar. Sie blieb als Alptraum einer fernen Zeit vorbehalten. Wir wußten nicht, wie nah wir diesem Alptraum damals schon waren, daß uns nur noch wenige Jahre Zeit zum Leben blieben. Denn Leben heißt Stille, Meditation, Sammlung. Hier war es noch möglich.

Ich nahm nun die zweihundert Kilometer von Pillkoppen über Rossitten über die ganze Kurische Nehrung hinweg durch das Samland an der Bernsteinküste entlang und weiter über Pillau und die Frische Nehrung bis Elbing unter die Pedale. Rossitten besaß seinerzeit einen Bekanntheitsgrad wie Trakehnen, wie Lourdes, der Markusplatz, die Spanische Treppe in Rom und der Heilige Rock in Trier. Nur, daß es ein Geheimziel blieb, kein Touristenziel.

In Rossitten, in den wenigen Holzhäusern, die diesem entlegenen Ort seinen Namen gaben, lebten Geographen, Ornithologen, Segelflieger und Naturbeobachter. Von Alaska bis Borneo gab es für mich kein verlgeichbares Panorama lautloser Vollkommenheit. Ich stand auf der Spitze der Düne. Mein Hunger war für einige Stunden gestillt. Ich hatte die Mohrrüben und den Kanten Brot des frommen Fischers Lüttkus aus Inse vor dem Aufstieg durch den fließenden Sand verschlungen und war nun vorbereitet für das achte Weltwunder. Das Bild, das sich mir bot, war übernatürlich, es war von magischer Schönheit. Es gab ja noch keinen Wohlstandsmüll, keinen Industrieabfall, keine Plastikprodukte. Der Sand war warm und leuchtete im Schimmer des Nachmittagslichtes. Die späte Sonne färbte das unbewegte Haff auf der Landseite tiefblau, während sich hinter mir die Ostsee, das Meer, in grauer Endlosigkeit heranwälzte.

Der Gegensatz von absoluter Ruhe landeinwärts und unaufhörlicher Bewegung seewärts schuf diese Situation eines Zwischenreiches, in dem magische Kräfte herrschten.

Ein feiner Gesang war in der Luft: Der Wind, der den Sand vor sich hertrieb und niemals ganz zur Ruhe kommen ließ. Es war die zweite Septemberhälfte. Hier war es schon Herbst, und die meisten Segelflieger waren bereits wieder nach Hause zurückgekehrt. Aber dann startete doch noch ein einzelner wagemutiger Sporttourist und ließ sich über das Haff treiben. Er schaukelte in der in großer Höhe böigen Luft wie ein roter Milan, dessen Schwingen ihm glichen. Ja, ich verfolgte ihn, bis er sich über dem Dschungel der Elchniederung verlor. Solche Bilder hatte ich von Kolumbien gesehen, wo hinter dem Sandstrand die Mangrovenwildnis beginnt, der Sumpfwald der Tropen . . .

Ich lag und schaute und wußte, daß ich teilhatte am ungebrochenen Rhythmus des Lebens, an der Vollkommenheit alles Geschaffenen und Gewachsenen. Zur Rechten sammelten sich die Störche, riesige Kolonien, zum Abflug nach Süden. Hier beringte man viele der anderweitig eingefangenen Vögel in der Vogelwarte, um ihre Flugstraßen zu ermitteln und daraus Schlüsse für das Phänomen des Vogelzuges ziehen zu können. Freund Adebar war hier zahlreicher vertreten als sein Feind Mensch, der heute im Begriff ist, auch diesen Froschjäger auszurotten. Aber vor ihm sterben die Frösche aus in unseren zu Kloaken gewordenen Teichen, Flüssen und Seen.

Im Vorjahr fiel hier, wo ich schreibe, in den Basaltfelsen auch das letzte brütende Paar des roten Milans der Ausrottung des Lebens auf der Erde zum Opfer. Es ist unsere Aufgabe, unserer Nachfolgegeneration, unseren Söhnen und Töchtern, rechtzeitig klarzumachen, daß auch sie keine Überlebenschance haben. 1984, das Jahr Orwells, die Vision der totalen Katastrophe, ist bereits für manche Region der Erde angebrochen. Das Zeitalter der Anarchie beginnt, und der Mensch wird wie einst der Tyrannosaurier, wie alle Tiere der Vorzeit, aus der Erdgeschichte verschwinden.

Er endet im kollektiven Suicid seiner eigenen Wahnsinns- und Vernichtungsstrategie.

Aber hier in Rossitten trat auch die Wetterwende ein, auf die ich nicht vorbereitet war. Der Spätsommer war bis in den Frühherbst ein strahlendes Finale gewesen. Doch noch während ich auf der Höhe über Rossitten im warmen Sand lag und mich gegen den aufkommenden Hunger wehrte, zog wie ein Bühnenvorhang, so schnell und ohne Motiv, über dem Haff eine Regenwand auf, die zuerst nur als tiefliegender Nebel die blaue Schale streifte und ihren Glanz zerstörte, ihn stumpf werden ließ. Dann setzte Nieselregen ein, dann dichter Landregen, der hierzulande den Übergang vom Sommer zum Herbst bringt und den Schlußstrich unter das Erntejahr zieht. Dann werden in Przytullen und anderswo im zweihundert Kilometer entfernten Masuren die Kartoffeln geerntet mit klammen Fingern und dem ersten Kältehauch auf den Lippen.

Rossitten, letzte Etappe der Stille: Wohin sollte ich mich wenden? Ich mußte mir etwas zu essen besorgen. Ich brauchte ein Dach über dem Kopf. Und ich hatte Glück. Ich war zum Haff hinuntergelaufen, weil ich dort eine Gestalt, einen Mann, sah, der sich gegen den schräg anfallenden Regen tief in einen dicken schwarzen Mantel verkrochen hatte. Jetzt gelang es mir, meine Scheu zu durchbrechen. Jetzt merkte ich, daß es ernst wurde, daß es ums Überleben ging. Ich hatte Jahre zuvor Hamsuns ersten Roman ›Hunger‹ gelesen. Es war ein literarischer, artistischer Hunger, aber so beschrieben, daß sich jeder Hungernde mit ihm identifizieren konnte. Er war für uns alle geschrieben, ein symbolischer Hunger des Körpers und der Seele. Beide verkrampften sich vor Schmerz, vereinigten sich zur Qual nach der größten Freude, die Emotionen wie das eben geschaute Naturerlebnis auslösen.

Ich ging auf den Fremden zu, sprach ihn an. Er war sofort für mich erreichbar, war aufgeschlossen in einer Weise, wie sie nur Brüderlichkeit, Mitwisserschaft oder auch Kumpanei hervorbringen. Ein echter Partisan in einer Zeit, als wir diesen Begriff des unerbittlichen Krieges, aber auch der innigsten Verbundenheit noch nicht kannten.

Vieles war vorausgebildet, war im Ansatz schon vorhanden, was Jahre später Wirklichkeit und bittere Notwendigkeit wurde. Der Mann sagte ohne weitere Erklärung, ohne Rückfrage: »Ich heiße Janusz Ochlast und bin Lehrer in Malga, ganz in der Nähe des Omulefsees.«

Nun weiß ja niemand unter Brüdern, wo der Omulefsee liegt, ob es ihn überhaupt gibt oder ob hier ein Spaßvogel einen exotisch klingenden Namen erfand, um sich über einen jungen Burschen lustig zu machen. Aber das gefurchte, slawische Gesicht des Mannes blieb ernst.

»Ich werde Ihnen noch eine Nachhilfestunde in masurischer Geschichte geben müssen«, kommentierte er sich selbst auf meine gestammelte Frage: »Omulefsee? Wo ist denn das?« »Kommen Sie mit hinüber zur Vogelwarte. Ich bin nämlich Amateurornithologe und habe hier meine Ferien verbracht. Ich fahre morgen oder in den nächsten Tagen zurück. Ich habe eine lange Reise bis Ortelsburg in Südmasuren vor mir, fünfmal umsteigen, anders kommt man nicht dorthin von hier oben, sozusagen von einem Vorposten zum anderen. Das ist eine Art Stellungswechsel. Aber einem alten Schulmeister und Vogelnarren wie mir macht das nichts aus. Ich habe zwei Störche vom Omulefsee hierhergebracht zum Beringen. Sehen Sie, sie stehen dort oben auf dem Dach mit den anderen und nehmen Flugstunden bei ihren älteren Verwandten. Die Störche werden in diesen Tagen abfliegen. Denn auch für sie ist der Sommer vorbei. Sie können übrigens in meinem Zimmer übernachten, wenn Sie nichts Besonderes wissen oder keine Unterkunft haben.«

Das war in der Tat, als hätten die Gebete des Fischers Lüttkus, seine immer wiederholten Worte: »Der Herr wird es richten. Sie müssen nur glauben«, bereits hilfreich für mich gewirkt. Denn ohne Janusz Ochlast hätte es für mich weder eine Herberge noch eine Weiterfahrt gegeben. Ich konnte hier in Ruhe den Regen abwarten, das Wetter vorübergehen lassen und versäumte nichts. Denn meine Ferien waren nicht vom Wetter abhängig. Auch Ochlast wollte so lange hierbleiben, bis er reisen konnte. Er wollte allerdings nicht den großen Bogen über das Ermland machen, sondern von dem Seebad Cranz, das am Ausgang der Kurischen Nehrung lag, mit der Bahn nach Königsberg, von dort nach Gerdauen, weiter nach Rastenburg und immer weiter über Rudczanny nach Ortelsburg. Von dort würde ihn ein Bauer abholen. Malga lag fünfundzwanzig Kilometer südwärts von Ortelsburg, der südmasurischen Stadt, und nicht weit von der polnischen Grenze, etwa dreißig Kilometer von Neidenburg entfernt.

Ein Pädagoge schätzt die Genauigkeit, und so beschrieb er mir zuerst die geographische Lage von Malga, die Topographie seines Wirkungsfeldes. Es war das Schlachtfeld von Tannenberg oder richtiger der Masurischen Seen, das mich schon seit meiner Schulzeit anzog und faszinierte. So war der Abend erfüllt von diesen Ereignissen, die auch erst zwanzig Jahre zurücklagen und ihre Wegmarken in das damals völlig zerstörte Land gegraben hatten. Es war das stille Land Masuren, dem das unruhigste Schicksal in der deutschen Geschichte bestimmt war, das blutigste . . .

Die Nehrung war nur noch ein Trennungsstrich, eine gedachte Linie zwischen Meer und Haff. Der Regen hüllte sich ein. Es waren keine Farben mehr zu erkennen, nur die bleifarbene, alles nivellierende Regenlandschaft. Wir waren von Wasser umgeben. Aber keine Nymphen oder Dryaden entstiegen dieser alles gleichmachenden Flut. So hockten wir auf unseren Feldbetten im ›Gästehaus‹ der Vogelwarte. Ochlast, dessen Freundschaft mir auch im Krieg erhalten blieb, war ein großer Erzähler wie alle Jäger, ein Miniatur-Hemingway, aber für mich damals kein Phantom wie der am Alkoholismus zugrundegegangene amerikanische Autor des knappen, gerafften Dialogs. Janusz Ochlast war eher ein weitschweifender, ein manchmal sogar ausschweifender Erzähler, so wenn er von den Wäldern des Fürsten von Turawa, von seinem Heimatdorf an der Malapane bei Oppeln in Schlesien berichtete. Als dort der große Malapane-Staudamm gebaut wurde und Ochlats Dorf, wo er auch die ersten Jahre als Lehrer amtierte, mit den großen, dunklen fürstlichen Wäldern im Stausee unterging, kam er nach Masuren, zuerst nach Neidenburg. Dann nahm er die unbesetzte Stelle als einziger Lehrer in Malga an, weil ihn das Jagdfieber nicht losließ. »Die Hirsche, die ich beim Fürsten von Turawa jagen durfte, waren viel stärker als die masurischen Hirsche. Geweihe groß und ausladend wie Elchschaufeln. Sechzehnender, sogar Vierundzwanzigender gab es darunter . . . Na ja, Kleinvieh macht auch Mist«, schloß er ironisch sein Fazit über die Jagd in Malga. Aber dort war ihm ein Stück Heimat wiedergegeben beziehungsweise erhalten worden, eine Landschaft, die seinen Intentionen entsprach, die aus Wasser und Wald mit eingestreuten Feldern, Wiesen und wenigen kleinen Dörfern bestand.

Dort zwischen dem Kleinen Schobensee und Großen Maransensee, zwichen dem Omulefsee und Lansker See wurde er Mitpächter des Jagdreviers von Omulefofen. Seltsam genug, daß ich diesem Mann, dem ich später meine eigene Jagdleidenschaft verdankte, hier oben in dieser Menschenleere begegnete. Wir blieben noch drei Tage zusammen.

Ochlast sagte: »Wenn Sie wollen, können Sie gleich mit mir nach Malga kommen. Malga: Das klingt wenigstens wie Malapane. Ich zeig Ihnen die Hirsche und das Birkwild. Aber die Birkhähne müssen Sie im Frühjahr zur Balz erleben. Doch wenn jetzt die ersten kalten Nächte kommen, beginnt die Hirschbrunst. Dann können Sie von unserem Hof aus die Hirsche schreien hören. Wir brauchen nur vor die Tür zu gehen. Da ist kein langer Anmarsch, keine Pirsch durch die Nacht nötig. Wir sind mittendrin im schönsten Konzert. Und wenn man gute Lauscher hat, dann kann man sie kämpfen hören. Dann hört man, wie sie gegeneinander anstürmen und ihre Geweihe aneinanderschlagen, wilde, unbändige Fechter. Aber immer hält der Platzhirsch sein Rudel zusammen. Da kommt kein Rivale zum Zug. Er schlägt alle Nebenbuhler ab, und manchmal endet so ein Kampf mit dem Tod des Schwächeren, manchmal auch mit dem Ende beider Kämpfer, wenn sich ihre Geweihe so verhaken, daß sie sich nicht mehr befreien können. Dann drehen sie sich gegenseitig das Genick um. Wir haben schon mehrmals solche Tiertragödien miterlebt.« Janusz Ochlast, der jagende Lehrer aus Malga, machte eine kontemplative Pause und schweifte dann in die Geschichte ab: »Ja, und wenn Sie die Zäsuren und Vorgänge der Masurenschlacht kennen, dann werden Sie auch wissen, daß das Tannenberg-Nationaldenkmal nur vierzig Kilometer von Malga entfernt liegt, daß sich dort am Omulefsee der Oberbefehlshaber des Zaren, General Samssonow, erschossen hat, als seine Armeen in den Seen und Sümpfen untergegangen waren.«

Wer konnte damals ahnen, daß nur zwölf Jahre später deutsche Pioniere das Tannenbergdenkmal in die Luft sprengen würden vor dem Zusammenbruch der deutschen Abwehrfront gegen die sowjetischen Armeen, die übermächtig nach Königsberg und Danzig drängten? Alles, was wir seinerzeit für unumstößlich und erschütterlich hielten, nämlich nicht das Hitlerregime, sondern den Bestand des Deutschen Reiches und mit ihm Masuren, stand bereits seit der Machtübernahme 1933 auf tönernen Füßen, war dem Verderb und Untergang ausgeliefert.

Wir sahen damals nicht die Zeichen, konnten die Schrift, das Menetekel am Himmel über Ostpreußen nicht lesen. Wir, ich meine die Menschen als selbstsichere Wesen, als selbstbewußte Existenzen, glauben an die Beständigkeit, an das Unveränderliche, an das Bleibende. Ich spreche nicht von Ewigkeit, aber wir können nicht den Verfall, den Zusammenbruch, das Ende mit einkalkulieren. Wir können nicht in die Vergangenheit projizieren. Wir planen immer für die Zukunft, auch wenn sie im Nebel versinkt wie die Regenspur im Treibsand der Wanderdünen.

Die Wüste befindet sich im Vormarsch, sie ist offensiv und hat den Menschen in die Verteidigung gedrängt. Unsere Pläne in die Zukunft haben defensiven Charakter, es sind Überlebenspläne, Versuche, dem unvermeidlichen Ende zu entgehen, Patentlösungen gegen die zunehmende Anarchie zu finden, neue Methoden der Existenzsicherung zu entwickeln.

»Es wird von mir nichts bleiben als ein schwacher Windhalmduft«, steht in einem Gedicht eines unserer bedeutendsten Lyriker aus dem Jahr 1956. Das könnte unser Motto sein für die Zeit zwischen den Katastrophen.

Janusz Ochlast erzählte mir von dem verzweifelten General Samssonow, dem offensichtlich seine Sympathien mehr galten als den arroganten und triumphierenden Siegern, denen später Schlösser und Rittergüter geschenkt wurden, obwohl sie nicht Sieger blieben, sondern Geschlagene, Verlierer wurden. Ochlast hatte ein feines Gespür für die Realitäten, die Machtverhältnisse. Er glaubte nicht, daß Malga, der Omulefsee, die Jagd von Omulefofen sein letztes Wirkungsfeld, die letzte Etappe der Odyssee eines Menschen unserer Zeit sein würden. Es war eine tiefe Traurigkeit in seiner männlich sonoren Stimme. Sein Gesicht war nach innen gewandt. Er sah, hörte und wußte Dinge, von denen ich — ein fast zwanzig Jahre jüngerer und noch an der Oberfläche der Erscheinungen lebender Mensch — nichts ahnte und auch nichts wissen konnte. Er war mein Mentor vom Augenblick unserer Begegnung an, als Janusz Ochlast seine Zeichen in den Sand des Haffufers schrieb, Zeichen mit der Fußspitze in den nassen Schlick gedrückt, wo sie der beginnende Regen bereits wegzuspülen begann. Er bewirtete mich, nahm mich auf und ging dann am dritten Tag, als sich der Himmel gelichtet hatte, die Nebeldecke zerrissen war und Haff und Meer langsam wieder Kontur gewannen, in Richtung Sarkau-Bad Cranz davon. Er hatte dreißig Kilometer Fußweg bis zur Endstation der Kleinbahn Cranz-Königsberg vor sich.

Ich schob mein Rad durch den Sand auf die Piste, die durch Sturmkiefern führte, und blieb bis Cranz an seiner Seite. Dann trennten sich unsere Wege aus Notwendigkeit, nicht aus Neigung. Ich hatte Elsa B. versprochen, das

Ermland zu bereisen, das Bischofsschloß Heilsberg, die Wirkungsstätte des Kopernikus in Frauenburg mit dem berühmten Dom zu besuchen. Aber ich wollte auch die ganze Nehrung, das ganze Haffland kennenlernen, und um dorthin zu gelangen, mußte ich das Samland durchqueren. Da das Wetter zwar nicht mehr Regenstürme brachte, sondern eine trockene Haut, aber dafür Kälte versprach, entschloß ich mich — es war eine Entscheidung des Hungers, der mir Abstriche von meinem ursprünglichen Programm aufzwang —, das Samland auf der kürzesten Route zu durchfahren, die Bernsteinküste einzusparen. Ich fuhr über Pobethen — das in der Nacht in allen Fenstern erleuchtete Schloß auf einem baumlosen Hügel — nach Gaffken, dem Mustergut eines Großagrariers, der schlicht Meyer hieß, von dort nach Fischhausen, dem Handelszentrum der Landwirtschaftszone Samland. In Fischhausen gab es eine Jugendherberge. Ich fuhr durch die schwarze Herbstnacht ohne Licht. Ich hatte keine Beleuchtung am Rad. Eine Karbidlampe wollte mir Thus noch mitgeben, aber ich verzichtete darauf. Woher sollte ich Karbid bekommen auf meinen ›Abwegen‹ jenseits der großen Straßen?

So trieb mich der Hunger wieder einmal durch die Nacht. Ich weiß, daß ich nicht allein wegen der Trennung von meinem Lehrer — er war wirklich ein Lebenslehrer —, sondern wegen der hellerleuchteten Fenster des Schlosses von Pobethen in Tränen ausbrach. Dort hätte man mich erwarten müssen. Dort hätte ich bewirtet werden müssen. Denn dort feierte man ein Fest, vielleicht die Hochzeit der Schloßerbin oder den Geburtstag des Schloßherrn. Ich wußte nichts von Pobethen, aber ich glaubte zu wissen, daß dort Geborgenheit, ja Frieden, sogar Glückseligkeit herrschten. Wie erstaunt war ich, als mir S., der alles wissende und kennende Oberinspektor von Przytullen, nach meiner Rückkehr erzählte, daß es in Pobethen gar kein Schloß gäbe, daß das, was ich dafür gehalten hatte, nur eine Imitation, ein Nachbau sei, den sich ein betrügerischer und zu Vermögen gekommener Viehhändler errichten ließ, um dort mit einem Gefolge anderer Gauner die Nächte durchzusaufen. Das Licht war nicht sein Zeuge. Er war ein Halunke, der ahnungslosen Siedlern krankes Vieh für hohe Preise aufschwatzte und ihnen ihre Kälber und Ferkel für einen Spottpreis abkaufte.

Das Licht war eine Täuschung, es verhöhnte die Nacht. Aber meine Tränen waren unabhängig von diesem Anlaß. Es waren Hungertränen, Tränen der Erschöpfung und der unerfüllbaren Hoffnung. Denn sie wurden vergeblich geweint. Pobethen war Sperrgebiet für meine Sehnsucht nach Geborgenheit. Ich fuhr im Morgengrauen an Gaffken vorbei, dessen mächtige Wirtschaftsgebäude inmitten von tausend Hektar Land ich heute noch nachzeichnen könnte. Dann Fischhausen und endlich Schlaf und Sonne. Der kalte Morgen mit dem sich färbenden Herbstlaub. Die Bucht des Frischen Haffs. Die Straße nach Pillau. Die nächsten fünfzig Kilometer Nehrung bis Kahlberg-Liep, von wo ich mich übersetzen lassen wollte nach Tolkemit am Frischen Haff. Der Absprung ins katholische Ermland mit seinen gotischen Backsteinbauten.

Ermland: Das ist ein anderes Ostpreußen, ist eher eine mecklenburgische Enklave in Ostpreußen, hat mit Masuren nichts gemeinsam. Es ist für mich ein fremdes Land geblieben trotz der Majestät seiner Burgen und Dome. Kopernikus hatte keine Botschaft für mich hinterlassen in diesem waldlosen Land. Und ohne Wälder leben, heißt in Armut leben.

Ich hetzte meinen eigenen Schatten durch das Ermland. Oder jagte er mich? Mein Gesicht war von Tränen,

Schweiß und Regen verschmiert, auch vom Lehm, mit dem die Asphaltchausseen überzogen waren. Denn Ermland ist Lehmland. Hier besaßen die Güter und Bauernhöfe fetten Boden.

Irgendwann auf diesem letzten Abschnitt meiner Fahrt — ich hatte noch dreihundert Kilometer bis Przytullen, bis zu Elsas rettendem Zuspruch vor mir, Hungerkilometer — muß ich den völlig unrealistischen Entschluß gefaßt haben, meine Freundin Waltraud, diese erste wirkliche Leidenschaft meines jungen, noch unerfahrenen Lebens, zu überreden, mit mir nach Ostpreußen, nach Masuren zu ziehen. Waltraud, das gepflegte und im Familienkreis aufgewachsene Stadtkind, die Kunststudentin, war gänzlich ungeeignet für dieses Experiment. Ich verrannte mich in der utopischen Vorstellung, mit ihr einen Bauernhof zu bewirtschaften, sobald ich genug Kenntnisse erworben hatte, um diesen Plan verwirklichen zu können. Ein wahnsinniger Entschluß, mit diesem Traum nach Berlin zurückzukehren! Und zwar schon bald, nachdem ich mich von Elsas Einfluß distanziert haben, mich ›abgenabelt‹ haben würde. Ich hatte ein neues Lebensgefühl, eine neue verzweifelte Hoffnung, in diesem spröden, mich faszinierenden Land Fuß zu fassen. Nicht mehr allein, sondern mit einer Gefährtin, der ich die Herrlichkeit dieses Landes zeigen würde. Sie würde zustimmen, sie würde erkennen, daß Berlin, ihr Berlin, ein Höllenbabel, ein Saustall war — wie ich es mir einredete, während mich mein Schatten über die Lehmstraße nach Frauenburg jagte.

Das Ermland ist schön in seiner backsteingotischen Wucht, aber es konnte mich nicht mehr hinreißen. Der Höhepunkt meiner Fahrt war überschritten, als ich den Elchwald, die Niederungen, die stummen Fischer, die Düne von Rossitten und Ochlast hinter mir gelassen hatte. Nichts war vergleichbar mit diesem Blick in die Unendlichkeit, in die Grenzenlosigkeit eines archaisch fernen Landes.

Das Ermland war satt, fruchtbar, geduldig. Wegweiser mit dem Gekreuzigten erinnerten an süddeutsche Räume, an meine kurze Zeit im Voralpenland. Es war friedlich und still, es konnte aber weder das Rauschen der Wälder Masurens noch die ewigen Bewegungen des Meeres oder die Unruhe der Wanderdünen übertreffen. Es war ein Land unter anderen reizvollen Ländern. Und als ich später in Mecklenburg statt in Ostpreußen Fuß faßte und Bauer wurde, fand ich alle Motive der Backsteingotik, einschließlich der Neugotik der riesigen Pfarrkirche von Mehlsack aus dem 19. Jahrhundert in diesem anderen Seenland zwischen Müritzsee und Ostsee wieder wie eine Kopie des hier Gesehenen.

Mittelalterlich waren nur der Dom zu Frauenburg, die Kirche von Wormditt, das Heilsberger Bischofsschloß, dessen Anblick inmitten der Kleinstadthäuser, der gewachsenen Architektur dieses Ensembles, zu dem heute kein Architekt mehr fähig wäre, mich noch einmal tief beeindruckte. Unter schattenspendenden Bäumen, Buchen und Ahorn, glühte der Stein wie an der Marienburg, wie am Allensteiner Ordensschloß, wie an vielen Zeugen ritterlicher Baukultur. Aber ich war abwesend, war nicht so tief berührt, daß ich hätte bleiben wollen. Doch Waltraud sollte es sehen, sie sollte alles sehen und verstehen, sie sollte die Brücke zu diesem Land sein, das ich mir als Wahlheimat ausgesucht hatte in meinem kindlichen Traum. Was kümmerten jetzt noch die Tränen, der Schweiß, der Regen, der Hunger?

Ich hatte ein Ziel: Waltraud hierherzubringen, sie von dem Moloch Berlin zu befreien. Ich ignorierte bei diesem Plan, daß das Mädchen Berlin liebte, daß es dort lebte, daß es *ihr* Berlin war, daß ihr Elternhaus in Lichterfelde ein Refugium war, daß es hier ›ausgesetzt war auf den Bergen des Herzens‹, wie es Rilke gedichtet hatte. Ich kannte seine Gedichte auswendig, sofern sie mein eigenes Lebensgefühl, meine Zwiespältigkeit und Zerrissenheit betrafen. Ich glaubte damals, daß meine Liebe die Liebe aller sein mußte, daß das, was ich schön und begehrenswert fand, auch alle anderen Menschen begeistern würde. Ich war fest davon überzeugt, Waltraud mit meiner Hinwendung zu Masuren, mit meiner Option für dieses Land eine Botschaft der Liebe zu bringen. Ich konnte nicht glauben, daß sie nur halbherzig zusagen würde. Ich dachte nicht an Waltrauds preußische Kühle und Distanz zu allen emphatischen Bekenntnissen.

Mit dieser Illusion bezwang ich immerhin die letzte große Fahrstrecke. Vielleicht hätte ich mich Ochlast anschließen sollen, und alles wäre anders verlaufen. Viel Irrtum, Leid und Ernüchterung wären mir erspart geblieben. Was hätte Ochlast, der erfahrene Umsiedler, der Kulturflüchtling, der in dieses Land Verschlagene, zu meinen wirren Vorstellungen von einem ländlichen Glück zu zweit gesagt? Später erfuhr ich es, später, als es zu spät war, als ich die erste Etappe meines ›Unternehmens Masuren‹ mit Waltraud schon verwirklicht hatte und daran gescheitert war.

Heilsberg, die letzte Fluchtburg der Masuren 1945, die letzte Verteidigungsstellung der geschlagenen Wehrmacht im sogenannten ›Heilsberger Dreieck‹, war von der Abendsonne in Herbstgold und Ziegelrot getaucht.

Das Heilsberger Schloß mit seinem wuchtigen oktogonen Hauptturm und den anderen drei kleinen quadratischen Ecktürmen, mit den lustigen Wetterhähnen sollte man im wolkenlosen Sommer Ostpreußens besuchen. Man sollte sich genießerisch Zeit lassen. Aber auch zwei Jahre danach, als ich meinen Freund Hans K. in Sperlings bei Heilsberg besuchte, wo sich ein kleinkarierter Krämer das Rittergut gekauft hatte und nun mit Schulden ziemlich in der Tinte saß, verweilte ich nur kurz unter der mächtigen Fassade im Schatten der alten Bäume, die das Bischofsschloß umgaben. Bäume immer wieder als Lebensspender, damals noch nicht von Abgasen und der Zerstörungswut der Straßen- und Parkplatzplaner gefährdet. Die Strategen der totalen Autogesellschaft besaßen noch keine Alleinherrschaftsansprüche über die Erde. Vorher stand uns die Hitlerzäsur bevor. Sie traf auch Heilsberg, die Residenz der Bischöfe des Ermlands; einem von ihnen, dem Lukas Watzenrode, diente sein Neffe Nikolaus Kopernikus, der in Padua in Oberitalien Medizin studiert hatte, von 1504—1510 als Leibarzt. Erst dann ging Kopernikus als Domherr und Astronom nach Frauenburg, wo er mit kurzen Unterbrechungen bis 1543 tätig war. Und 1939 zerstörten die deutschen Einsatzkommandos, die mordend der fair kämpfenden Truppe folgten, das große, von dem dänischen Bildhauer Thorwaldsen geschaffene Kopernikus-Denkmal in Warschau. Jahre danach erschossen sie die polnischen Schriftsteller, die vor dem Sockel des zerstörten Denkmals einen Kranz mit einer Schleife und mit Blumen in der Farbe Polens, einen Kranz aus weißroten Farben, niederlegen wollten.

Hier nahm ich Abschied vom Ermland. Allenstein, das südliche Zentrum, das meiner Erfahrung zufolge eigentlich zu Masuren gehört, aber geographisch beharrlich zum Ermland gerechnet wird, blieb mir für die Kriegsjahre vorbehalten. Ich überquerte bei Rothfließ die Hauptbahn nach Berlin und fuhr total erschöpft und nun verfolgt von meinem Schatten an Sorquitten am Gehlandsee, dem Großgut des Weltkrieg-I-Kapitänleutnants Freiherrn von Paleske, vorbei. Wieder ein strahlendes Lichterfest im Schloß jenseits der Straße nach Sensburg, zu dem ich nicht eingeladen war. Zutritt nur für Gäste, die im ›Gotha‹ standen, dem Nachschlagwerk des Adels, eine Art PEN-Verzeichnis für Blaublütige.

Sensburg! Dieser Name einer Kleinstadt, wie sie unscheinbarer gar nicht sein konnte, sollte mir erst ein Jahr später durch eine D-Zug-Bekanntschaft bedeutungsvoll werden. Ich kann mich an Sensburg, wie ich es damals im Dunkel der masurischen Nacht erreichte, nicht mehr erinnern. Aber ich muß dort etwas gegessen — Woher? Wer hat mich bewirtet? — und auch geschlafen haben, wahrscheinlich in einer Jugendherberge. Denn die Strohmieten waren nur noch von Mäusen bewohnt. Es regnete wieder aus tiefliegenden, schweren Wolken.

War ich in Heiligelinde, wie ich es Elsa versprochen hatte? Hier klafft eine Erinnerungslücke in der Topographie meiner Odyssee. Fotos, die ich mir heute ansehe, bestätigen den Eindruck, daß es sich um die prächtigste deutsche Wallfahrtskirche der Barockzeit handelt. Ich kann sie kaum ausgelassen haben. Aber ich weiß ja auch nichts mehr von Braunsberg, das ich damals durchfahren mußte, weil es auf der Route nach Mehlsack—Wormditt—Heilsberg lag. Mein Waltraud-Projekt hatte mich ausgefüllt, es hatte mich okkupiert, es ließ mir keine Zeit zum Schauen, zum Aufenthalt. Ich mußte nach Berlin zurück. So durchfuhr ich die letzten siebzig Kilometer von Sensburg nach Przytullen in einem Tempo, das mir das Sportabzeichen eingetragen hätte, das ich als Schüler nicht geschafft hatte, schlapp wie ich seinerzeit war. So ist es auch zu erklären, daß ich ›Thus‹, das Fahrrad, das mich ohne Panne sechshundert Kilometer durch das Land getragen hatte, ohne Dank seinem Eigentümer zurückgab.

Ich stellte es ihm einfach vor die Tür und begab mich sofort zu Elsa mit der für sie überraschenden Nachricht, daß ich stante pede nach Berlin zurückkehren würde, um noch einen Versuch mit dieser mich zerstörenden Stadt zu machen. Ich wollte noch ein Semester, das Wintersemester, studieren. Es sollte ein Test sein, schlug er fehl, wollte ich wieder nach Przytullen kommen, dann aber als richtiger Eleve, oder nennen wir es bescheidener Landwirtschaftslehrling.

Über meine Fahrt, meine Begegnung mit Janusz Ochlast aus Malga erzählte ich nichts. Alles war unwichtig geworden außer der Rückkehr zu Waltraud, von der ich in eitler Selbsttäuschung annahm, daß sie mich ebenso vermißt hatte, ohne mich ebensowenig auskommen konnte wie ich ohne sie. Diese Selbsttäuschung sollte später für mein Vorhaben, aus Waltraud eine Gutsherrin oder auch nur Bäuerin zu machen, verhängnisvoll werden.

Natalienhof

In Berlin begann ich mein Plädoyer für Ostpreußen, schilderte der Kunststudentin Waltraud B. Masuren in den glühendsten Farben, die es für mich besaß. Sie war interessiert, aber nicht begeistert. Endlich versprach sie, mir nachzukommen, sobald ich einen für sie akzeptablen Aufenthalt, wo es kultiviert und konservativ zuging, gefunden hätte.

Ich fuhr im folgenden Frühjahr auf der mir schon bekannten D-Zug-Strecke über Frankfurt, Neu-Bentschen, durch den ›Polnischen Korridor‹, dessen unselige politische Bedeutung mir damals gar nicht bewußt wurde, erneut nach Lötzen. Diesmal war kein Thus am Bahnhof, kein grünes Auto mit Außenschaltung. Ich mußte mit der Nebenbahn bis Possessern fahren. Dort wurde ich mit einem Einspänner abgeholt. Der Eleve war eine Etage tiefer gerutscht als der Student aus Berlin. Jetzt wollte mir Wolfgang B. zeigen, was eine Harke ist, was Arbeit heißt. Jetzt sollte ich in die Mangel genommen werden. ›Malochen‹ sagen die Kumpel im Ruhrpott. Der Chef hatte mein Angebot gern angenommen, aber er hatte eine ganze Elevenmannschaft zusammengebracht. Dort traf ich bereits die Erben der großen Rittergüter Sommerau und Schreitlauken, Erich von Sperber und Konrad von Dreßler, den späteren Bundeswehrmajor, dann den Hugenottennachfahren Sauvant aus Wangnicken bei Königsberg, den späteren Ritterkreuzträger der 14. Panzerdivision aus der Schlacht um Stalingrad, an. Sauvants väterliches Gut war nur neunhundert Morgen groß und stark verschuldet, was den Erben in seiner militärischen Karriere bestätigt, vielleicht sogar zu ihr veranlaßt hatte. Denn wer übernimmt schon freiwillig eine Schulden-wirtschaft? Ein so gemischtes Team war für den Arran-geur, der diese Mannschaft angeheuert hatte, ein Risiko. Aber Wolfgang B. hatte mit unseren Eltern vereinbart, daß ihm jeder Eleve monatlich fünfzig Reichsmark Lehr-geld zahlen, daß er jede ihm zugewiesene Arbeit ver-richten, daß er morgens mit den Gespannführern und Hofegängern, mit den Scharwerkerfrauen und Mädchen aufs Feld hinaus müßte und abends erst mit ihnen Fei-erabend machen durfte.

Die Frühstückspause — ›Kleinmittag‹ genannt — um 9 Uhr und die Mittagspause von 12 bis 13.30 Uhr sowie die Vesperpause um 16 Uhr nachmittags, auch eine halbe Stunde wie ›Kleinmittag‹, waren garantiert. Das strenge Einhalten dieses Rituals war den Inspektoren S. und T. zur Auflage gemacht worden. Sie übten die entsprechen-den Kontrollfunktionen aus. Jeder Arbeiter versuchte, bei den Pausen noch ein paar Minuten zu überziehen, indem er entweder vorgab, austreten zu müssen, oder, wenn die Aufpasser nicht in Sicht waren, einfach seine Pfeife zu Ende rauchte und im Gras des Feldrains liegen-blieb.

Wir Eleven unterstützten diese ›defaitistische‹ Einstel-lung zur Arbeit. Ja einige, so vor allem K., Sauvant und ich, hielten die Arbeitskolonnen eher zurück, statt sie anzuspornen und zu überwachen, wie es B. erwartete. Nur Konrad von Dreßler und aus Solidarität mit ihm sein Cousin Erich von Sperber hielten sich an die Pau-senzeiten.

Der Chef merkte schon bald, daß dieser massive Ein-satz von fünf Eleven ein ›Rohrkrepierer‹ war. Denn nun mußte er auch uns noch kontrollieren und im Trab hal-ten. S. war eher nachsichtig, er war zu Kompromissen bereit, drückte — wie man so sagte — gern ein Auge zu, während T. ein Schleifer war. Der spätere Unteroffizier und Ausbildertyp, wie er in ostpreußischen Kasernen sein Unwesen trieb und die jungen Rekruten schikanierte, im Kampf allerdings hart und zuverlässig, ein unermüdlicher Anführer der ihm anvertrauten Truppe. Kaum ein Dienstgrad hat solche horrende Blutopfer gebracht wie das ostpreußische Unteroffizierkorps. Es gab vor Moskau, Leningrad und in Stalingrad Divisionen, in denen schon nach kurzem Einsatz fast alle Unteroffiziere gefallen oder verwundet waren.

Hier in Przytullen ging es noch nicht um Eiserne oder Ritterkreuze, auch nicht um Birkenkreuze. In meiner Erinnerung ist T. klein, zäh und entschlossen, sich durchzusetzen: Der Typ, der mir später in den Kasernen von Allenstein und Braunsberg — Braunsberg, die Stadt im Ermland, die dann eine schicksalhafte Rolle für mich spielte — begegnet ist und das Landserleben zu einer Vorhölle vor dem Inferno der Schlacht werden ließ.

Zehn Minuten vor 7 Uhr in der Früh rief uns die ›Klapper‹ zur Arbeit. Das war auf allen rund fünfhundert Großgütern Ostpreußens das gleiche Signal, nach dem die Gespannführer — die ihre Pferde bereits um 5 Uhr mit Hafer und Heu zum erstenmal gefüttert hatten, dann wieder zum Frühstück nach Hause gegangen waren —, die Hofegänger, die Schnitter, die Frauen, die Mädchen, die Eleven und natürlich die Inspektoren ihre Startposition bezogen. Ein langer Zug bewegte sich durch das Dorf, auf dessen einziger Straße der Staub noch vom Tau gebunden war. Aber alle Versuche, die Landschaft als Fron darzustellen, kontrastierten mit der Wirklichkeit. Sicher war die Arbeit oftmals hart. Aber wer mit ihr aufgewachsen war, erledigte seine Aufgabe ohne große übermenschliche Anstrengung. Wenn jeder Griff saß, wenn die Gespannführer ihre Pferde und die Geräte, die sie bedienten, kannten, war es eine Leistung, die jeder Industriearbeit vorzuziehen war.

Das erste Signal zehn Minuten vor Arbeitsbeginn war eine Art Voralarm. Denn dann mußte jeder zum Gutshof aufbrechen, wo er vom Inspektor S. seine Weisung, den ›Tagesbefehl‹, erhielt. Es bedeutete: fertigmachen und sammeln an der Brennerei, auf der hoch oben im Dachfirst die ›Klapper‹ hing, eine Art überdimensionale Kuhglocke, an der ein Strang zum Läuten bis herunter auf die Erde reichte. Nur der Inspektor oder ein von ihm beauftragter Eleve durfte die ›Klapper‹ betätigen. Über Przytullen klang die große Arbeitsglocke. Und wenn der Wind von Wiesental oder Karlsberg herüberstand, hörten wir sie auch dort das Instvolk zusammenrufen. Sogar von Possessern, wo der alte Herr Gramberg residierte, schwang der Ton herüber, den ich haßte. Denn ich war schon nach drei Arbeitstagen völlig erschöpft, weil es eine ungewohnte Beschäftigung war. Die Studentenzeit als ›feiner Pinkel‹ im Vorjahr war ja damit verglichen nur eine Spielerei. Ich durfte damals tun und lassen, wozu ich Lust hatte, durfte mir die Arbeit aussuchen. Jetzt wurde ich ›eingeteilt‹ wie später auf dem Kasernenhof in Allenstein. S. nahm allerdings Rücksicht und ließ mich keine Arbeit verrichten, die ich körperlich einfach nicht schaffte. Um 7 Uhr nahm die Dreschkolonne ihren Platz am Lanz-Dreschsatz ein, wenn in der großen Feldscheune Getreide gedroschen wurde. Im Frühjahr war der Drusch stets beendet, Scheunen und Kassen waren gewöhnlich leer. Der Winter wurde, wenn es das Wetter überhaupt zuließ und nicht meterhoher Schnee wie in Rußland lag, ausschließlich mit Hofarbeiten verbracht. Wochenlang dampften dann die Mistfuhren auf die für die Kartoffel- und Rübenpflanzung vorgesehenen Schläge. Die Hofegänger, Frauen und Mädchen waren damit beschäftigt, die Misthaufen, die von den Gespannführern nach Anheben eines Seitenbrettes vom Kastenwagen abgeladen wurden, zu verteilen. Für das Abladen gab es eine geeignete Hacke mit festem, langem Holzstiel. Die Miststreuer hatten sogenannte Mistforken, vierzackige Gabeln, zum gleichmäßigen Auseinanderstreuen der Haufen. Diese Arbeit krümmte mir den Rükken, daß ich mich oft vor Schmerzen kaum wieder aufrichten konnte. Jeder trug zu dieser Arbeit Gummistiefel, die er nach der Schicht, also mittags und, besonders sorgfältig, abends mit einem Strohwisch und reichlich Wasser reinigte. Trotzdem stanken wir alle wie die Schweine, Rinder oder Pferde. Denn der Mist dieser Tiere war sehr verschieden in der Zusammensetzung. Am schweinischsten war der Schweinemist. Er klebte wie Kaugummi — den wir damals noch nicht kannten — in Fladen an den Stiefeln und ließ sich auch nur mit Mühe über das Feld verstreuen. Kuhscheiße war auch nicht gerade elegant. Sie verlockte Erich von Sperber immer zu seinem dämlichen Witz: »Können Kühe fliegen?« Jemand mußte dann bestätigen, daß sie es konnten. »Denn wie kommt Kuhscheiße sonst aufs Dach?«

Ich habe in meinem Leben nie so viel Unsinn, so alberne Redensarten und Sprüche, so wüste Zoten gehört, wie beim Miststreuen auf den Feldern in Przytullen und später in Duneyken, wo der ›Diplomlandwirt D. dauernd im Druck‹ war. Er war so rettungslos verschuldet, daß von ihm nur in diesem Slogan gesprochen wurde. Davon wird noch die Rede sein müssen.

Da ich ungelenk und in den Augen der Arbeiter, die ihr Handwerk seit ihrer Kindheit kannten, ein ziemlich schlapper Hammel war, über den sie lachen und spotten konnten — vor allem die Frauen waren da unerbittlich —, konnte ich mich bereits zur Frühstückspause kaum noch aufrichten. Ich ging einfach auf dem Feld in die Knie. Knut Hamsun hat während seiner Landarbeiterjahre in Amerika Ähnliches erlebt, und er war dazu noch tuberkulosekrank. Wenn dann die Kolonnen langsam wie bei einer Trauerprozession zur Mittagspause zum Gutshof aufbrachen, versuchte ich, meine Ausgangsstellung, daß heißt meine Haltung wiederzugewinnen. Es fehlte mir einfach das Arbeitstraining. Die Frauen, die wir hochmütigen Eleven als ›Weiber‹ bezeichneten, trieben auf dem Heimweg ihre Späße miteinander, sie waren überhaupt nicht angestrengt, sie verrichteten ihre monotone Tätigkeit mit Gleichmut und Geschick. Dieses Geschick bewunderte ich immer wieder, auch später dann in der Getreideernte, wo sie hoch auf dem Leiterwagen die Garben so schichteten, daß sie alle mit den Stoppeln nach außen fest aufeinanderlagen. Niemals fiel eine der Laderinnen vom Wagen. Oft sangen sie, wenn abends die letzte Fuhre dem Hof zuschwankte, der Wiesbaum, festgezurrt, dafür sorgte, daß die Ladung nicht verrutschte oder der Leiterwagen gar umkippte.

Diese Zeit ist mit ihren Menschen untergegangen. Die Tätigkeiten und Kenntnisse sind nicht mehr gefragt. Sie sind für immer ein Kapitel der Menschengeschichte geworden, aus heutiger Sicht archaisch, vorindustriell. Keiner der Handgriffe, die ich damals mit schmerzenden Gliedern und Muskeln mühsam erlernte, wird noch angewendet, auch nicht im dörflichen Leben. Die Dörfer haben längst ihr Gesicht verloren, sind zu Kleinstädten ausgeufert, bebaut mit Bungalows und Betonburgen, Wohnsilos.

Aber Masuren hat sein Aussehen bewahrt, ist nur an den Rändern der Städte verändert, wo neue Siedlungen entstanden sind. Ein Vergleich über die Einwohnerzahlen gibt eine Vorstellung davon. Allenstein hatte 1945 und in den Jahren davor, als ich dort in der Kaserne der Genesungskompanie am Okullsee und dann im großen Reservelazarett Monate untätig verbrachte, etwa 45 000

Einwohner, heute sind es bereits 120 000. In dem kleinen Ortelsburg, heute Zentrum der polnischen Holz- und Zelluloseindustrie, lebten seinerzeit kaum 20 000 Menschen, heute sind es fast 80 000.

Mittags spielte sich in Przytullen und Natalienhof das gleiche Ritual ab. Zehn Minuten vor Arbeitsbeginn erster Alarm der ›Klapper‹. Dann, beim zweiten Dröhnen der Hofglocke, mußten alle auf ihrem Posten sein: nochmals fünf Stunden Mistfahren und Miststreuen. Von den folgenden Abenden besitze ich keine Erinnerung. Mein Schlaf war damals totengleich. Ich fiel tatsächlich in den Schlaf. Ich besaß nicht einmal mehr die Fähigkeit, eine Traumphase einzulegen. Ich wurde von meinem höllisch lauten Wecker aus der Versunkenheit und der Traumlosigkeit gerissen. Ich wusch mich kaum, kam nicht dazu, mich sauber zu halten, stank immer noch aus allen Poren, aus den Haaren und Klamotten nach Mist und hatte Hunger wie ein Wolfsrüde, fraß buchstäblich wie ein Schwein, unästhetisch, ohne jede Essenskultur, um die sich Erich von Sperber, ebenso lahm wie ich, wenigstens noch bemühte und die der disziplinierte, zähe und bereits an harte Arbeitsbedingungen gewöhnte Konrad von Dreßler immer noch beherrschte. Sauvant krümelte vor sich hin, war allerdings auch down, aber als Landwirtssohn auch an diese Art von Schwerarbeit gewöhnt. Aber S., der jedem von uns hinter die Binde schaute, wußte, wie es um ihn stand. Er schonte Sauvant nicht, ihn am allerwenigsten, während er oft zu mir kam und mir die richtige, geschickte und kraftsparende Anwendung der Mistforke zeigte, indem er selbst einen Haufen auseinanderstreute und verteilte. So half er mir, die Stunden durchzuhalten.

T. dagegen war anders. Er hatte Freude, empfand Befriedigung daran, wenn so ein Städter und Klugscheißer — ich war es, auch wenn ich nichts sagte — schlappmachte oder eine Arbeit nicht schaffte. Er unterstellte uns sogar — und besonders mir, dem ehemaligen Studenten, gegen den er einen echten Klassenhaß empfand —, daß ich die Arbeit sabotieren wollte.

»Mensch, Kerl, Sie halten ja den ganzen Betrieb auf. Wo sind wir denn hier? Die Frauen machen auch nuscht nich mehr, wenn sie so einen Pfuschkram mitansehen.«

T. hatte immer Angst, daß der Chef plötzlich auf Sarotti auf dem Feld erschien und ihn zu sich rief, meist mit den stereotypen Worten: »Herr T., kommen Sie mal her! Was habe ich Ihnen gesagt? Ist das eine ordentliche Arbeit oder eine Sauerei? Wenn Sie Ihre Kolonne nicht führen können, muß ich sie anderweitig unterbringen.«

Anderweitig: Das bedeutete Verbannung auf das Vorwerk Natalienhof, wo der Kämmerer Z. Alleinherrscher war, ein Mann, den nichts umwerfen konnte, Z., der jeden Mann und jede Frau nach seinem Willen tanzen ließ, dem alle gehorchten, weil er alle unterwarf. Z.: Ich hatte nie einen König gesehen. Aber wenn Wolfgang B. unser Kaiser auf Lebzeiten war, dann war Z., seine rechte Hand und sein Spielkamerad aus den Prügeljahren, der schon bei seinem Vater Natalienhof selbständig leitete, ein König auf Abruf. Aber Wolfgang B. rief ihn niemals ab. Er fuhr ihm gelegentlich scharf in die Parade, aber er ließ ihn ungeschoren, und in Natalienhof lief der Betrieb, abgesehen von kleinen Pannen, zu B.s Zufriedenheit. Beide wurden dann 1945 von den Russen abberufen, abgesetzt, vom Thron verjagt, mit einem Treck Richtung rettender Westen, den sie auch erreichten.

Dann kam der heftige und strahlende Frühling. Alles, was die Natur hervorbrachte, war strahlend in diesem Land. Wir leben hier und heute, damit verglichen, in einer Zwischenzeit. Jeden Tag schlägt das Wetter um. Immer hängt irgendeine Industriesülze in der von Abgasen verseuchten Luft, aus der ein saurer Regen fällt, der alles mit einer Schimmelschicht überzieht.

Der Frühling brachte eine neue Schwerarbeit. Und es wurde, da die Tage länger wurden, zusätzlich eine Stunde mehr, bald wurden es zwei Stunden, gearbeitet. Die ›Klapper‹ rief und alle, alle kamen: nun zum Kartoffellegen und Rübenpflanzen. In den Wochen vorher hatten die Gespannführer mit ihren Drei- und Vierscharpflügen die Erde für die Saat vorbereitet. Die Lochmaschinen hatten die Pflanzlöcher ausgehoben, aber die Kartoffeln mußten wir per Hand in die Löcher werfen. Jeder bekam einen alten Düngersack um die Schulter gehängt wie einen indischen Sari, und da hinein wurden von den Kastenwagen, die der Pflanzkolonne folgten, jeweils vierzig Pfund Kartoffeln gekippt. Mit dieser Last schob sich die Kolonne über das weiche Feld, das unter jedem Schritt nachgab.

Schon nach einigen Stunden tat mir der Nacken weh wie einem Ischiaskranken, war die Haut am Hals wundgescheuert von dem groben Sackleinen und den Kunstdüngerresten, die daran klebten. Aber langsam, Schritt auf Schritt, krochen wir über den Schlag, der mehrere hundert Morgen groß war. Nur ein Gewitterschauer konnte die Aktion aufhalten. Doch wenn es regnete, mußte es schon in Strömen gießen, mußte es — wie Sauvant treffend bemerkte — ›Scheiße vom Himmel regnen‹. Sonst gaben weder S. noch T. die Erlaubnis, unter einem Baum — falls es einen in der Nähe gab — Schutz zu suchen. Sie wußten, daß der Chef irgendwo auf dem Feldherrnhügel des Mühlenbergs stand und den Großeinsatz überwachte.

Ich wünsche meinem ärgsten Feind nicht, zehn Stunden Kartoffeln per Hand zu stecken. Auch er geht in die Knie bei dieser öden Arbeit, bei der es keine Abweichung vom vorgezeichneten Weg gab. Denn den Weg hatten die Lochmaschinen bestimmt: »Loch an Loch und geht doch«, sagte Sauvant, und der Rotz lief ihm aus der Nase, den er nicht mehr abwischte, weil er zum Kartoffelpflanzer geworden war, den nichts mehr interessierte, als die vierzig Pfund loszuwerden aus dem Sack auf seiner Schulter. Dann konnte er sich einmal für einige Minuten schütteln und vielleicht auch die Nase wischen, ehe er die neue Ladung empfing. Zehn Stunden Loch an Loch! . . .

Als wir das überlebt hatten, kurz vor der Heuernte, machte unser Ooler einen seltsamen Vorschlag, dessen Verwirklichung sich dann für ihn als absolute Fehlplanung erwies. Befehlsausgabe fand jeweils an der Mittagstafel statt oder auch während des Abendessens. Aber am Mittag war unser Chef am aktivsten. Abends dann, schon etwas ermüdet, zog er sich meist schnell zu seinem Jagdhundrüden Prinz ins Arbeitszimmer zurück, wo — wie wir heute sagen würden — auch sein ›Krisenstab‹ zusammentrat, wenn etwas faul oder unaufschiebbar war im Staat Przytullen.

An diesem Tag nach Abschluß der Frühjahrsbestellung sagte er zu mir, ohne daß ich zuerst wußte, auf welchem unergründlichen Ratschluß sein Vorschlag basierte: »Sie werden sich bei der Firma Braun in Gumbinnen einen Gebrauchtwagen kaufen.«

Gumbinnen war immerhin rund hundert Straßenkilometer von uns entfernt.

»Ein Auto?« fragte ich ratlos zurück.

»Ja, einen alten, aber noch gut laufenden Wagen. Dann können alle Eleven sonntags zusammen Ausflüge machen, nach Jägerhöhe oder ins Kurhaus nach Lötzen. Dann haben sie etwas Abwechslung . . . Na, ist das nichts?« fragte er zur Ermunterung hinterher.

Elsa wagte den Einwand: »Was sollen unsere jungen Herren denn mit einem alten Auto? Das ist doch dauernd kaputt.« »Sei du ganz ruhig. Thus wird es eben reparieren«, warf der Chef hitzig ein. »Also wir fahren morgen mit dem Thus nach Gumbinnen und kaufen Ihnen ein Auto.« Er war begeistert von seinem Plan der Gemeinschaftsausflüge seiner Eleven. Vielleicht dachte er, daß wir dann an den Sonntagen ohne Arbeit und Verpflichtungen weniger soffen und randalierten.

Jedenfalls fuhren wir zu Braun, von dem er vor Jahren seinen alten grünen, komischen Wagen mit Außenschaltung erworben hatte. Aber Braun, ein fixer und geschäftstüchtiger Managertyp, wollte ihm gleich einen neuen Wagen verkaufen. B. reagierte nicht darauf.

»Einen alten Wagen brauchen wir! Meine Eleven sollen damit die Gegend unsicher machen.«

Er lachte dröhnend. Braun hatte ein paar Oldtimer herumstehen — damals nannte man sie noch ›alte Kisten‹ —, die er nicht absetzen konnte. Er sagte und zeigte auf einen Brennabor mit riesigem Kofferraum: »Das wäre das Richtige. Machen Sie doch mal eine Probefahrt. Einer meiner Monteure fährt Sie gerne durch Gumbinnen.«

B. war einverstanden. Wir fuhren mit großem Getöse aus der Garage. Der Wagen qualmte und stank. Die Schutzbleche klapperten, als würden sie jeden Augenblick auf die Straße fallen. Am tollsten war aber die Fontäne des Kühlwassers, die aus dem Kühltank meterhoch vor uns herausspritzte. B. fand das Auto jedoch fabelhaft. Er sagte zu mir: »Das kaufen Sie. Das ist noch gut genug für eure Spritztouren zu Kaffee und Kuchen nach Jägerhöhe, wo die Marjells schon auf euch warten.«

Ich sagte kein Wort. Als die Rundfahrt abgebrochen werden mußte, weil der Monteur bemerkte, daß das Fahrzeug jeden Augenblick auseinanderfallen konnte und das Kühlwasser kochte und wir Brauns Garage gerade noch vor dem Exitus des Gebrauchtwagens erreichten, sagte ich zu Braun: »Wissen Sie, ich kaufe lieber doch ein neues Motorrad.«

Es standen etwa zwanzig DKW- und NSU-Motorräder in den großen Ausstellungsfenstern der Firma Braun. B. wurde erst rot vor Sprachlosigkeit, dann lief er bläulich an. Er mußte unter hohem Blutdruck leiden, aber damals kümmerte sich kein Mensch um seinen Blutdruck. Dieses Wort war ein Fremdwort im Agrarvokabular der großen Herren dieses Landes.

Ich blieb bei meinem Entschluß, verwendete den Betrag für das alte Auto, das nicht etwa B. bezahlen wollte, sondern das wir fünf Eleven finanzieren sollten, als Anzahlung und setzte mich, da ich noch nicht fahren konnte, auf den Sozius. Thus fuhr die hochtourige und empfindliche NSU-Viertaktmaschine behutsam mit gedrosseltem Motor nach Przytullen.

Elsa, meine Komplizin, gratulierte mir zu meiner Standhaftigkeit. Der Chef blieb inzwischen in Gumbinnen. Thus mußte nochmals mit der Bahn in die Regierungshauptstadt fahren und ihn dann mitsamt seinem alten grünen Auto abholen.

»Der Chef sprach auf der Heimfahrt kein Wort«, berichtete Thus hinterher freimütig.

Ich übte mich in den folenden Tagen immer in der Mittagspause und abends, sofern ich noch fähig war, überhaupt die Maschine zu starten, auf der Chaussee zwischen Przytullen und Possessern im Motorradfahren. Fahrprüfungen gab es damals noch nicht. Wer fahren wollte und konnte, der fuhr eben drauflos, auch wenn er sich dabei um Kopf und Kragen brachte wie einige meiner Schulkameraden zu Hause in Grodk. Da ich die richtige Einstellung von Früh- und Spätzündung nicht kannte — es gab damals noch keine automatische Zündung, auch kein Drehgas, dafür einige Hebel und Kabel

zum Einstellen der Zündung und der Geschwindigkeit
—, strapazierte ich das empfindliche Fahrzeug bereits
nach kurzer Zeit derart, daß es mir schon bald mit ge-
schmolzenen Kolbenringen jeden Dienst versagte. Aber
in den ersten Wochen lief alles großartig. Eines Tages
fragte mich Elsa, ob ich nicht das Küchenmädchen Gertrud aus Possessern mal zu ihren Eltern bringen könnte.
Ich war stolz auf diesen Vertrauensbeweis und fuhr mit
ihr auf einem Umweg, in einem großen Bogen über Kutten, Jakunen, am Goldapgarsee entlang, durch Surminskis Kruglanken nach Possessern. Gertrud hatte ein
hübsches, aber sehr blasses Gesicht, ausdrucksvolle Augen, kurzgeschnittene Haare. Nur ein Fehler war unübersehbar, sie stieß beim Sprechen mit der Zunge an,
was sie vorsichtig zu verbergen versuchte, ohne daß es
ihr gelang.

Eine Einladung, mit ins Elternhaus zu gehen, lehnte
ich ab, blieb auf meiner heißgelaufenen NSU — deren
Auspuff bereits die blauen, roten und grünen Farbmerk-
male falscher Behandlung zeigte — sitzen, während die
hübsche Gertrud ihren Eltern sicher erzählte, daß sie einen Freund mit einem Motorrad hätte, einen Eleven, einen Studenten. Ich war eine in ihrer jungfräulichen Fantasie bereits gemachte gute Partie comme il faut.

Sie kam erregt aus dem Haus. Jetzt war ihr schönes,
ebenmäßiges Gesicht von einer leichten Röte überflutet.
»Habe ich Sie zu lange warten lassen?« fragte sie strahlend in der Gewißheit, daß ich antworten würde: »Nein,
auf Sie warte ich bis ans Ende meiner Tage.« Und fast
wäre es so gewesen, wenn Gertrud eben nicht so auffallend mit der Zunge angestoßen hätte. Aber sie war
glücklich. Sie drückte sich auf dem Sozius an mich,
schloß ihre kindlich guten Augen im Fahrtwind, als wir
die Karlsberger Höhe hinaufbrausten.

Für das Mädchen endete die Begegnung mit mir mit

einer beschämenden Katastrophe, die mich schuldig sprach. Denn schon wenige Tage danach betrat Gertrud das Speisezimmer unter einem Vorwand. Sie wußte, daß ich anwesend, aber nicht, daß auch Erich von Sperber im Zimmer war. Ich sehe uns noch dort stehen, als Gertrud hineinschlüpfte und etwas in einem Schubfach des Büfetts suchte, jedenfalls vorgab, es zu suchen.

Ich wollte meinem neuen adligen Freund imponieren, der meinen Zynismus und meine aufrührerische Haltung dem Chef gegenüber bewunderte, weil er selbst nur den Kopf einziehen konnte, wenn ein Donnerwetter auf ihn niederging.

Ich sagte zu Gertrud nur noch diesen einen und letzten Satz in unserem verpfuschten Leben: »Gertrud, du stößt ja mit der Zunge an.«

Diesen fürchterlichen Affront beging ich mit dem freundlichsten Gesicht, zu dem ich fähig war. Eine Schurkerei ohnegleichen, von der ich mich auch heute nicht freisprechen kann. Denn das Mädchen hatte mir vertraut. Ich habe diese Szene, die ich jederzeit rekonstruieren kann, immer wieder vor Augen: Dort war das Büfett, dort stand Erich von Sperber, am Fenster am Ende der Mittagstafel, die schon gedeckt war, stand ich, und an der Tür drehte sich Gertrud noch einmal um und sagte, *ohne* mit der Zunge anzustoßen: »Das ist eine Gemeinheit.«

Ich hatte ihren Sprachfehler authentisch nachgeäfft. Erich von Sperber kommentierte diesen skandalösen Vorfall mit seinem stereotypen: »Nee, nee, was es alles gibt!« Gertrud bat Elsa um ihre Entlassung und verschwand aus unserem Blickfeld. Zu mir sagte Elsa zum erstenmal etwas Unfreundliches. Sie nannte mich einen ›Unmenschen‹. Ich glaube, daß sie schon damals den Entschluß faßte, ihre Tochter Marianne nicht in meine Hände fallen zu lassen, sie ging auf Distanz. Sie hatte recht.

Ich war nicht nur hilflos, ratlos — wofür sie Verständnis hatte und stets ihre Hilfe und ihren Rat anbot —, ich war auch herzlos. Aber ihr Herz verschloß sie vor mir, sie konnte es nicht mehr für mich einsetzen. Ich hatte ja nicht nur Gertruds junge Hoffnung zerstört, sondern auch sie selbst dabei getroffen. Denn Elsa war die Lehrherrin des Mädchens, und es war ihre Verpflichtung, es in ihrem Haus zu beschützen.

Solche Pannen entstehen, wenn der Teufel Macht über unsere Seelen gewinnt. Ich wurde hart dafür bestraft, später, als sich Waltraud von mir abwandte, der ich in gleicher Weise verfallen war wie Gertrud mir, mit dem Unterschied, daß Waltraud nicht unmenschlich war, sondern darunter litt, daß sie sich für einen anderen Mann entschied, der dann am ersten Angriffstag beim Vormarsch in Frankreich als begeisterter Offizier des ›Führers‹ fiel.

Im Juni ratterten die mit nur zwei Pferden bespannten Grasmäher durch die Wiesen, die Klee- und Luzernefelder. Da fiel manches Rehkitz den scharfen, sausenden Messern zum Opfer. Das war unvermeidbar, auch wenn die Fahrer auf ihrem mit einem Sack überzogenen eisernen Sitz aufmerksam das hüfthohe Gras beobachteten. Es war einfach zu dicht, um noch im letzten Augenblick die Maschine anhalten zu können. Die Ricken setzten ihre Jungen, die weißgetupften Kitze, besonders gern in das dichte Gras, das ihnen Deckung bot, aber auch zum Unheil werden konnte. Die Füchse schlichen sich rechtzeitig davon. Rebhühner und Fasanen drückten sich. Hinter dem Grasmäher stolzierten unsere Störche herum und packten mit ihren langen dolchspitzen, roten Schnäbeln die Frösche und Blindschleichen, auch manchmal eine Ringelnatter. Sie brauchten sie nur aufzusammeln.

Wir begannen immer sehr früh mit dem ersten Schnitt. Die Großgüter rundum waren meistens noch nicht so weit, hatten noch mit den Kartoffeln und dem Rübenverziehen zu tun. Eine Spezialität unseres Chefs, der sich auf jedem Gebiet der Agrarwirtschaft auskannte, war der Anbau einer Mischung aus Rotklee, Raygras, welschem Weidelgras und Luzerne, die sich ›Landsberger Gemenge‹ nannte. Ein hervorragendes Viehfutter, das damals im ganzen Ostraum angebaut wurde und das ich dann ebenso erfolgreich in Mecklenburg gewann. Aber bevor das Gras am Wiesentaler See und der üppige Rotklee eingefahren werden konnten, mußten warme und vor allem trockene Tage kommen, mußten die Frauen das an der Oberfläche schon trockene Gras wenden, damit auch die noch grüne Unterseite des Schwatts ausdörren konnte. Der Grasmäher legte das Gemähte in solche Schwatt genannte Reihen ab. Der rotierende Flügel schob das geschnittene Gras, den Klee, das Gemenge, vom Tisch, der hinter dem rasend arbeitenden Messer die grüne Flut aufnahm. Es waren noch einige Tage Zeit für andere Tätigkeiten.

Wolfgang B. überraschte uns mit einer Einladung, die der Domänenpächter Mack aus Prkunowen bei Lötzen geschickt hatte. Prkunowen mit seinen Vorwerken Poganten und Roggen war das größte Gut, das ich jemals kennengelernt hatte. Es war dreimal so groß in Umfang und nutzbarer Fläche wie Przytullen. Der junge Mack war Herr über sechstausend Morgen Land. Die Fahrt dorthin war eine Atempause, eine Abwechslung in dem eintönigen und kräftezehrenden Tagesprogramm. Die glänzenden, im schwachen Frühjahrswind wehenden Birken, unter denen seinerzeit die Kosaken des Generals Samssonow gefallen waren, beachtete ich schon längst nicht mehr. Ich bemerkte sie gar nicht, wenn wir mit den Gespannen unter ihnen den Feldern zufuhren. Es gibt einen Grad des Desinteresses, der eintritt, wenn dem Körper, auch dem Geist — und ich wage zu behaupten auch der Seele — zuviel zugemutet und abverlangt wird. Ich war an diesem Punkt angekommen. Nur der Bärenfang, den Gerd B. im Krug in Kutten besorgte, wenn ich ihm dafür mein Motorrad lieh, schuf einen Zustand der Betäubung, der die Anstrengungen weniger spürbar machte. Aber er ermüdete so schnell und nachhaltig, daß eine Art Lähmung eintrat. Dann fiel mir die Forke aus der Hand. Dann schlich ich mich manchmal von der Arbeitskolonne weg und warf mich hinter dem Brennerhäuschen, in dem ich jetzt wohnte — als Student hatte ich ja ein Zimmer im Gutshaus — ins schon brusthohe Getreide, in den Roggen, bis ich ausgenüchtert war. Aber das gelang mir nur, wenn B. mit Thus unterwegs war nach Lötzen oder Angerburg, wenn S. und T. an anderer Stelle aktiv waren. Die Luft mußte rein sein, wenn man sich wegdrücken wollte. Aber allmählich entwickelte man auch diese Technik des Überlebens zur Perfektion, was mir dann im Krieg von entscheidendem Nutzen war, mich rettete, als im Sommer 1942 unsere Division vor Rschew zerschlagen wurde.

B. kam also mit der überraschenden Mitteilung: »Alles auf zur Feldbesichtigung nach Prkunowen. Die Herren Eleven sind ebenfalls eingeladen. Da gibt es etwas zu sehen und zu lernen. Die Domäne ist eine Musterwirtschaft.«

B. startete, von Thus gefahren, mit Konrad von Dreßler und Hans K. im Fond. Ich nahm Hans Sauvant auf dem Sozius mit, und Erich von Sperber zockelte auf seinem Leichtmotorrad — die Bezeichnung Moped gab es noch nicht — hinterher. Er würde in Prkunowen ankommen, wenn die Feldrundfahrt im Leiterwagen bereits vorbei war, jedenfalls wenn die Gäste schon alle weit in den Wiesen und Feldern von Poganten und Roggen herumfuhren. Der Leiterwagen war mit Bänken ausgestattet, auf denen die bekanntesten Großagrarier des ganzen Gebiets rund um Lötzen, Angerburg und sogar aus der Gegend von Gerdauen versammelt waren.

Ich erinnere mich an einige der markantesten Figuren dieser in Fachgesprächen ebenso wie in Kasinowitzen vertieften Elite des landwirtschaftlichen Großraumes. Da war der junge Uhse aus Gansenstein, dessen Vater sich erschossen hatte, als Hitler Reichskanzler wurde. Der alte Uhse war Päsident des ostpreußischen Landtages in Königsberg. Er hatte auf Hugenberg und den Stahlhelmführer Franz Seldte gesetzt. Da war der kleine, aber ungemein vitale und wache Bark-Sakautschen. Da war der lebhafte, auch kenntnisreiche, aber verschuldete Schwanke-Klimken, auch von einem Brennereigut.

Da war unser Ooler in großer Form, aber er nahm keinen Schluck aus der Flasche, die der trinkfreudige junge Uhse kreisen ließ. Es herrschte eine aufgeräumte Stimmung wie unter Kegelbrüdern, aber den kritisch prüfenden Augen entging nichts in den betäubend nach reifem Gras und blühendem Getreide duftenden Feldern.

Ein merkwürdiger Kontrast: Gerade das Vorwerk Roggen war ein Wiesengut, während in Poganten ausschließlich Getreide, vorwiegend Roggen, angebaut wurde. Denn Poganten war eher sandiger, also leichter Boden. Roggen lag versteckt hinter tiefen Wiesen. Hier hatte der Schnitt noch nicht begonnen, und so konnte Wolfgang B. einen Vergleich zu seinen Wiesen ziehen. Er fand, daß er sich mit dem Stand der bevorstehenden Heuernte in Przytullen vor dem, was Prkunowen bot, nicht zu verstecken brauchte.

Ich habe ihn selten so gelöst, so zugänglich, so entspannt gesehen. Er ermunterte uns, die wir neben ihm auf den Brettern saßen, auch einen Schluck aus Uhses Pulle zu nehmen. Mir schmerzte der Hintern nach der stundenlangen Fahrt über die Wiesen- und Feldwege mit ihren vom Regen ausgewaschenen und von den Gespannen ausgefahrenen Mulden. Wir machten so eine richtige Berg- und Talfahrt.

»Nun, meine Herren Eleven, Augen auf!« ermahnte uns der Chef. »Hier können Sie mal sehen, was man alles aus unserer großen Mutter Masuren herausholen kann.« Kein Zweifel: Für Wolfgang B. war diese Fahrt mit dem Leiterwagen reine Poesie. »Ein Tag wie ein Fest!«

Uhse und die anderen feierten dieses Fest mit Weißem, mit Schnaps aus der Flasche, die reihum ging. B. erzählte wieder die Geschichte, die er immer zum besten gab, wenn er sich in entsprechender Gesellschaft, in seinem Element befand: die Episode von der Frieda auf der Scheunentenne, die ihren Franz ja ›annehmen‹ wollte, die ihn auch angenommen hätte, wenn nicht der Herr so unerwartet und unprogrammäßig hinter ihr aufgetaucht wäre. Dann lachte B. dröhnend und machte sofort einige treffende Bemerkungen über den Zustand der Wiesen in Roggen, die gerade angemäht wurden. Denn die erste Spur mußte mit der Sense gehauen werden, damit die Grasmaschinen auf das schon freie Gelände einschwenken konnten. So wurde das Gras nicht einfach niedergewalzt. Wären die Grasmäher am erhöhten Feldrain entlanggefahren, dann wäre ein erheblicher Schaden entstanden. Denn die Messer hätten das tieferliegende Gras nicht erfassen können.

Der Ruhetag vor dem aufziehenden Sturm der Heuernte in den heißen Junitagen war auch wegen des Friedens und der Stille, die über den Feldern lag, ein Erlebnis, das ich in meiner Erinnerung bewahre und das immer deutlicher hervortritt, das sich profiliert, je mehr uns der Lärm der Materialschlacht auf den Straßen unserer verblendeten Gesellschaft kaputtmacht.

Auf den Wiesen roch es nach Heu und Gewitter. Aber bevor der Regen den getrockneten Klee und B.s Augen-

weide, das ›Landsberger Gemenge‹, um ihre erste Qualität brachte, mußte alles auf Reuter verpackt werden. Das
waren Holzgestelle, die wie ein Miniaturhausdach
schräg gegeneinander gelehnt wurden, durch Querhöl-
zer in richtige Etagen eingeteilt, Stockwerke, in die man
das Heu stopfen mußte, so daß am Ende die fertig bela-
denen Reuter wie die Bories in der Provence, die alten,
noch von den Römern errichteten Schäferunterkünfte,
aussahen. So konnte das Heu trocknen und auch ein Unwetter besser überstehen. War der Reuter gut gepackt,
drang der Regen nicht durch, traf er sozusagen nur die
›Außenhaut‹ des Gebildes. Heute — davon bin ich überzeugt — kann niemand, nicht einmal ein Bauer mehr einen Heureuter zubereiten. Der Name ist aus der techni-
sierten Sprache der modernen Landwirtschaft getilgt.

Ich war nicht fähig, einen Reuter, trotz S.s behutsamer
Anleitung, richtig zu laden. Hatte ich die eine Etage vollgestopft, rutschte die andere wieder ab. S. griff dann
selbst ein. Und die Mädchen mit den bunten Kopftü-
chern lachten wieder einmal über den ungeschickten, ein
bißchen dämlichen Exstudenten aus Berlin, der niemals
ein richtiger Landwirt werden würde. Ich hatte wieder
das Gefühl der unheilbaren Impotenz. Denn auch mein
natürlicher Eros war in diesen Tagen der Überanstren-
gung vergangen. Ich war stumpf geworden vor Unfähigkeit, das von mir Verlangte zu leisten. Ich hoffte immer
nur auf nie mehr aufhörende Gewitter, die die Qual auf
den baumlosen, in der Hitze flimmernden Wiesen been-
den oder wenigstens abkürzen würden. Aber das Wetter
hielt sich. Wir reuterten tagelang weiter. Ich durfte zuletzt nur noch Handlangerarbeiten verrichten, zum Beispiel liegengebliebenes Heu zusammenrechen und an
die Reuter herantragen. Der Pollenstaub fraß sich wie
Rost in meine wunde Haut, meine entzündeten Augen.
Damals bekam ich die Allergie, die ich bis heute nicht

losgeworden bin, den sogenannten Heuschnupfen. Rotz und Wasser liefen mir aus Augen und Nase. Mein Kopf war schwer, und ich konnte nicht mehr über den Augenblick hinausdenken.

Es muß in dieser Zeit oder kurz nach der Heuernte gewesen sein, als es in meinem Zimmer im Brennerhäuschen zu der verhängnisvollen Sauferei kam, zu einer Orgie, die Erich von Sperber und mich Z. auslieferten und in deren Folge wir beide auf das Vorwerk Natalienhof ›verbannt‹ wurden. Der Anlaß war simpel und der Verlauf unvorhergesehen, die Konsequenz unkalkulierbar. Die Frau des Brennmeisters H. hatte Geburtstag, sie wurde vierzig Jahre alt — soviel ich mich erinnern kann —, und H., der seinen Zwirbelbart noch spitzer drehte, hatte uns beide — warum nur uns? — eingeladen, aus diesem triftigen Grund seiner Frau zu Ehren, einer schwarzhaarigen polnischen Schönheit, herzlich und doch zurückhaltend — immerhin war Erich ja ein adliger Herr —, bei ihm einen selbstgebrauten Anisschnaps zu probieren.

H. mixte den Spiritus mit diversen Essenzen, die man in Lötzen oder Angerburg kaufen konnte. Er hatte sich auf Anisschnaps spezialisiert. So nahm denn das Verhängnis seinen Lauf. Wir tranken einige dieser selbstfabrizierten Schnäpse, nachdem wir der freundlichen Frau flüchtig gratuliert hatten. Was galt uns schon ein vierzigster Geburtstag? Wer war Frau H.? Sie zählte nicht zu unserem Personenregister. Klara wurde eher wahrgenommen, aber die hatte sich scheu und züchtig zurückgezogen. Wenn Männer tranken, hatten Mädchen keinen Zutritt. Das eigentliche Unheil kam mit Z. ins Haus. Er brachte eine Flasche ›Witten‹ mit und wollte auch gratulieren.

Als H. seine Anisflasche wegstellte — und das tat er spontan, als Z. in die gute Stube trat —, stolperten wir die Treppe in mein Zimmer hinauf, unter dem damals ja

Angela G. in ihrem ›chambre séparée‹ wohnte. So seltsam war die Ausstattung ihres kombinierten Wohn- und Schlafzimmers, das von einem kimonoartigen Vorhang — oder war es ein Paravent? — geteilt wurde. Von ihr nahmen wir keine Notiz, sie hinderte uns nicht an der nun nicht mehr aufzuhaltenden Orgie.

Ich kurbelte mein Odeon-Grammophon an. Die Tangos, die seinerzeit die Tanzmode bestimmten, erklangen und dann immer wieder Waltrauds geliebter Fox ›I have got the moon and six pence‹. Wir tranken aus meinem Zahnputzglas. Z. soff aus der Pulle. Dann zertrümmerte ich meine bisher gut gehüteten Tanzplatten auf Erichs Kopf. Der so gesittete Mustersohn Erich von Sperber wiederholte immer wieder einen zum geflügelten Motto gewordenen Ausspruch seines ziemlich bankrotten und senilen Onkels aus Gerskullen bei Tilsit, zuletzt lallend und nicht mehr sinngemäß, nicht mehr in der ursprünglichen Anordnung: »Manchmal schmeckt mir's, manchmal schmeckt mir's nicht, heute schmeckt mir's gerade.«

Z. jubelte: »Kinder, meine Herren Eleven, zum Deiwel, heute schmeckt mir's grade.«

Unter uns feierten die H.s still den vierzigsten Geburtstag der schönen Frau aus Stradaunen, dem heutigen Straduny bei Lyck, das nun Elk heißt. Endlich, als der ›Stoff‹ alle und in Przytullen auch kein Nachschub heranzuschaffen war, ging Z. hinaus, suchte im Dunkel vor der Tür sein Fahrrad und schob es mühsam, durch den Sand der unbeleuchteten Dorfstraße stampfend, vor sich her. Er hielt sich an ihm fest. Natalienhof und die warme Schlafmulde seines Bettes wird er erst im Morgengrauen erreicht haben.

Erich von Sperber war nicht mehr in der Lage, ins Gutshaus in sein Zimmer zu gehen, er schaffte die Treppe nicht, trotz mehrfachen Versuches und der zur Beschwörung gewordenen Beteuerung: »Heute schmeckt mir's grade.« Er blieb dann bleich und völlig apathisch an der Tür auf dem Boden sitzen. Ich bot ihm Asyl an. Wir erwachten erst beim zweiten Läuten der Klapper. Ungewaschen und zerzaust, ohne Frühstück — das hätten wir ja im Speisezimmer einnehmen müssen — stürzten wir aus dem Haus.

Meister H.s Reaktion auf das orgiastische Geburtstagsfest seiner verstörten Frau ließ nicht auf sich warten. Er muß noch am gleichen Morgen zu unserem Chef gegangen sein und seine Klage über unser nächtliches Randalieren vorgebracht haben. Denn am Mittagstisch bei der üblichen Befehlsausgabe sagte Wolfgang B.: »Herr von Sperber und Herr Jokostra, Sie werden ab morgen nach Natalienhof versetzt. Dort werden Sie endlich begreifen, was Arbeit heißt. Hier geht es Ihnen zu gut. Ich werde den Z. instruieren, daß er Sie in eine Kolonne steckt. Da vergehen Ihnen dann die Extratouren à la H. Da ist nicht jeden Tag Geburtstag.«

B. verkniff sich nicht die Anspielung, woher er sein Wissen hatte, wer ihn von den Vorgängen der Nacht zuvor informiert hatte.

Wir senkten unsere ungekämmten Köpfe und nahmen B.s Urteil an.

Es war auf diesem täglichen Weg bereits vor 6 Uhr in der Frühe — wir mußten ja beim Klappern in Natalienhof sein —, daß ich Erich für meinem Plan gewann, Waltraud als Gehilfin seiner vereinsamten Mutter nach Sommerau einzuladen. Die begeisterte Berlinerin, die den Kopf voller Rilke-Verse hatte, sollte Landwirtin in Masuren werden. So wollte es meine unrealistische Einschätzung der Lage. So wollte ich über Waltrauds Zukunft, ihre Neigungen und Interessen — sie studierte bei dem berühmten Professor Brinkmann, dem Senior der Kunstgeschichte — selbstherrlich verfügen. Waltraud verspürte zwar Neugierde, wie es wohl auf so einem weit hinter dem polnischen Korridor gelegenen Großgut zuging, aber es war die unbestimmte, zu nichts verpflichtende Neugier eines jungen, äußerst intelligenten und sensiblen Mädchens, das in ein Abenteuer aufbrach, von dem es nicht wußte, was es für sie bedeutete. Waltraud tat mir den Gefallen und reiste von Berlin über Königsberg und Insterburg nach Tilsit an der Memel, wo sie dann von Frau Sperbers Leibkutscher erwartet und wie eine Dame von Welt empfangen und nach Sommerau kutschiert wurde.

Waltraud, das blondbraune Friesenmädchen — ihr Vater stammte aus dem Budjadinger Land —, war eine Urberlinerin. Sie war in Lichterfelde in einer Villa unweit des S-Bahnhofes geboren. Natur war für sie nur Dekoration für gesellschaftliche Kontakte. Für die Großartigkeit und überwältigende Weiträumigkeit der ostpreußischen Landschaft hatte sie kein Auge und keinen Sinn. Und so verhielt sie sich auch in Sommerau, das ich selbst nie besucht hatte und auch nie sehen sollte. Einmal war Waltraud in Cuxhaven im väterlichen Land. Einmal schrieb sie mir von einem Ausflug zur Hirschbrunst in den Harz. Aber was sie schrieb, hatte nichts mit der sie umgebenden Natur zu tun. Es waren lediglich sprachlich gut ausgewogene und psychologisch treffende Skizzen der Bekannten und Verwandten, ihrer Beziehungen zu den Menschen, denen sie begegnete. Es waren außerdem sehr spröde und niemals engagierte Berichte. Sie lebte in großer und kritischer Distanz zu ihrer Umwelt. Sie konnte — und das habe ich erst Jahre später erkannt, als es mich wie ein Hammerschlag zu Boden warf — nicht *lieben*.

Sie war erfüllt von einem leidenschaftlichen Kulturbewußtsein, von einem von ihrer Gesellschaftsschicht bestimmten ausgeprägten Streben nach Geltung, nach Anerkennung, nach Erfolg. Sie machte ihre Examen, schrieb ihre Doktordissertation als Pflichtübung. Mit dem Doktortitel war sie ein Mensch geworden, war sie *wer*, konnte sie Ansprüche an ihre Umwelt stellen, konnte sie standesgemäß auftreten.

Das waren ihre Ziele, denen sie folgte, die ihre Emotionen bestimmten. Dazu paßte auch, daß sie einen begeisterten Offizier des ›Führers‹ aus reichem Haus — Sohn einer weltbekannten Porzellanfirma — heiratete und dann, als dieser Mann gefallen war, nach verbitterten Jahren des Trauerns und Wartens, einen betagten, aber renommierten Arzt, mit dem sie — bezeichnend auch das — eine Hochzeitsreise nach Venedig machte. Ostpreußen, Masuren wurden — da bin ich sicher — in ihrem Leben nicht mehr erwähnt.

Für uns bedeutete die ›Verbannung‹ nach Natalienhof, morgens noch eine Stunde früher aufstehen und abends eine Stunde später zurück nach Przytullen gehen zu müssen. Denn wir schliefen nach wie vor auf dem Gut. In Natalienhof gab es kein Zimmer für uns. Das Mittagessen wurde uns geschickt. Ich erinnere mich noch an das ekelhaft erkaltete Hammelfleisch, auf dem eine daumendicke weißliche Fettschicht stand.

Erich bekam keinen Bissen herunter und fiel zusehends vom Fleisch. Er taumelte wie ein Traumwandler durch die gnadenlose Sonne des baumlosen Weges über die Felder. Natalienhof lag weiß, kahl und glühend in der Sommersonne.

Als Z. uns begrüßte, war er voll Aktivität, er dirigierte gerade seine vier Gespannführer und die Kolonne der Frauen und Mädchen an ihre Einsatzorte. Dann schmunzelte er im Vorgeschmack des Kommenden und sagte: »Meine Herren Eleven, das muß gefeiert werden!« »Frau«, brüllte er in die Küche, »hau zwanzig Eier in die Pfanne. Die jungen Herrche müssen erst einmal richtig futtern, bevor sie an die Arbeit gehen. Mach Spiegeleier

197

und 'ne Wucht Speck dazu. Das hält Leib und Seele zusammen.« Dann rief er seinen Ältesten oder Jüngsten. Das war nicht zu unterscheiden.

»Max« — ich erinnere mich, daß dieser Knirps ›Max‹ hieß, er war rosig wie ein Apfel —, »Max, komm her! Lauf nach Kutten zum Krug und hol eine Flasche Witten.«

Max war schon, barfuß wie alle Z.-Kinder, auf dem Weg in Richtung Kutten, als Z. ihm nachrief: »Nein, bring zwei Pullchen oder noch besser drei. Zahlen tut der Z. beim nächsten Einkauf.«

Der Krug in Kutten war eine Kolonialwarenhandlung, perfekt in seinem Angebot wie ein Tante-Emma-Laden, eine damals noch nicht aussterbende Branche. Der funkelnde Kugelkopf von Max verschwand in den hohen Feldern. Z. inspizierte inzwischen die Arbeitskolonnen.

Die Bewohner von Natalienhof waren eine große Familie, die meisten mit Z. verwandt. Da war vor allem der — wie auch Z. selbst — ehemalige Wachtmeister Warda, ein Onkel des jungen Warda, der die Martha Degwitz heiraten wollte und erster Gespannführer in Przytullen war. Der Warda in Natalienhof fiel mir auf, weil er noch seine Soldatenuniform aus dem Ersten Weltkrieg trug und sie offenbar sein einziges Kleidungsstück war. Dann war da ein neu angeworbener, aber dubioser Gespannführer Schwarz mit zerlumpten Klamotten, ihm traute Z. jede Schlechtigkeit zu, auf ihn hatte er sein wachsames Raubvogelauge stets gerichtet.

»Immer der Schwarz«, tobte er, wenn es beim Heueinfahren eine Stockung gab, wenn Leerlauf den Betrieb aufhielt. Der junge Willy Hensel war ein Stotterer und gehörte nicht zu der Stammannschaft von Natalienhof. Er besaß ein altes, ramponiertes DKW-Motorrad, das nur noch im Fahrradtempo über die verkrusteten Lehmwege zu bewegen war und dessen Motor dabei stockend knallte. Aber Willy Hensel war stolz auf seine ›Maschine‹, denn er konnte sonntags für einige Stunden nach Gassöwen zu seinen Eltern fahren. Gassöwen lag auf der anderen Seite der Chaussee hinter Kutten und hinter dem dunklen Hegewald.

Ja, und B. war weit. Z. wußte immer, wann der ›Alte‹ — wie er ganz offen seinen Herrn nannte — kommen würde. Er hatte sich auf dem Hügel postiert wie eine Wache. Von dort übersah er sowohl ganz Natalienhof, konnte die Arbeit seiner Mannschaft im Auge behalten, konnte den frischen Wind auf der Höhe genießen, der ihm sein Gesicht kühlte. Aber vor allem überblickte er den Weg nach Przytullen und bemerkte jede verdächtige Staubwolke. Er kannte auch die Gewohnheiten des Chefs, wußte, zu welcher Tageszeit er ausritt.

Max kam wie ein roter Ball durch das hohe Getreide gerollt mit den Flaschen im Korb. Wir mußten — ich ahnte die Katastrophe — in der ›Kuchel‹, also in der Küche, auf einer Bank Platz nehmen. Z. nahm sogar die Mütze ab und sagte: »Na, Frau, her mit dem Futter. Jetzt haut rein, Jungens.«

Er befand sich im Zustand der Erwartung des ersten Schluckes.

»Prost Jungens! Ich soll richtige Landwirte aus euch machen. Das hat der Alte befohlen. Ihr Kerls sollt hier meine Pranke zu spüren bekommen. Halb so schlimm. Wir werden uns prima verstehen. Das weiß ich ja. Haut euch hin, Kerls«, kommandierte Z., »wenn der Alte kommt, sage ich ihm, ihr seid an der Grenze beim May« — einem benachbarten Bauern — »und flickt den Koppelzaun, durch den die Fohlen gebrochen sind. Wir müssen sie dann noch suchen gehen. Weit sind die nicht, stehen sicher wieder auf Mays Wiese. Verschwindet. Feierabend sehen wir uns wieder!«

Z. setzte seine Schirmmütze auf und riß sich zusammen. Er schwankte kaum. Er war standhaft und ganz bei Sinnen, als er in Richtung ›Feldherrnhügel‹ davonging, um die Arbeit zu begutachten, die inzwischen geleistet war. Wir warfen uns ins welke, wilde Gras zwischen die Brennesseln und versuchten ebenfalls, unser inneres Gleichgewicht wiederzufinden, das äußere war noch gestört. Dann bemerkten wir, daß die Sonne schon nicht mehr über dem hier anschließenden Gerstenfeld stand. Sie war bereits hinweggezogen und hinter Gembalken untergegangen. Die Gerste wurde als erstes Getreide gemäht, sie war voll und schwer, Braugerste. Ihre gelblich verfärbten Ähren standen in der Reife und hingen im Abendwind tief herab.

Nun kamen Tage der Ernüchterung, der Nüchternheit, der Abstinenz.

Es war ja keineswegs so, daß Masuren ein Land der Quartals- oder Dauersäufer war. Aber es war ein östliches Land, und der Schnaps gehörte für viele Menschen zum täglichen Bedarf, nur das Quantum war unterschiedlich.

Z. war gelegentlich reizbar, knurrig und kompromißlos. Dann trieb er uns an und gewährte keine Sondervergünstigungen, keine Extratouren für die ›Herren Eleven‹ und nicht ›Jungens‹ und ›Kerls‹. Dann war seine Stimme streng. Seine Weisungen duldeten keinen Widerspruch. So kam es, daß wir unter seiner Herrschaft mehr Disziplin hielten — und auch Kenntnisse vom vielseitigen Geschehen auf den Feldern gewannen — als unter S.s weicher und vorsichtig taktierender Anleitung.

Aber in Natalienhof sahen wir niemals eine Mandelkrähe oder eine Nachtschwalbe. Der Hegewald war unerreichbar geworden. Das Vorwerk war die einzige geschlossene Gesellschaft, die ich in meinem Leben damals kennenlernte, die wirklich funktionierte. Auch hier gab es keine Sklaven, keine Ausgebeuteten und keine Herren. Z. stand mit den Gespannführern um 5 Uhr früh auf und war bis zur Dunkelheit unterwegs in seinem Revier, den sechshundert Morgen, die ihm anvertraut waren.

»Natalienhof sehen und sterben«, war die Devise. Ich liebte diese Zuchtanstalt wegen des Blickes vom buschbewachsenen Brombeerhügel, aus dem die Rehe sprangen, hinüber nach Gembalken und zu der blauen Verheißung der Pillacker Berge.

Wir mußten mehrere Wochen den Weg nach Natalienhof täglich zu Fuß zurücklegen. Ich konnte mein Motorrad nicht benutzen, weil B. raffiniert angeordnet hatte, daß wir unser Arbeitsgerät aus Przytullen mitnehmen und nicht in Natalienhof empfangen sollten. Das war Schikane, aber auch eine Vorsichtsmaßnahme. Denn B. traute uns zu, daß wir mit dem Motorrad Schwarzfahrten nach Kutten oder zu einem anderen verlockenden Ziel unternahmen.

Es gab da verschiedene lohnende Variationen wie zum Beispiel ›Jägerhöhe‹ oder das nahe Hegewald-Restaurant, das einem ehemaligen Eleven von B. gehörte, der auf ihn ›eine Wut im Bauch‹ hatte, wie er uns erzählte.

Das Stichwort ›B.‹ löste im ganzen Gebiet um Angerburg und Lötzen die gegensätzlichsten Reaktionen aus. Es war schon gut so, wie es war.

Z. widme ich diese Zeilen als Nachruf. Er würde meine Worte nicht verstehen, aber er würde die Welle von Sympathie spüren, die ich ihm immer entgegenbrachte. Er war ein Mordskerl, ein Masure, wie es keinen zweiten gab. So richten wir in unserer Erinnerung Denkmäler auf, die keine Macht dieser Erde jemals zerstören kann. Sie vergehen erst mit dem Vergessen im Tod. Sie lassen sich nicht übertragen auf andere Generationen, auf die uns folgenden Generationen, die eine andere Sprache sprechen und nicht mehr verstehen können, warum wir vor diesen Bildern unserer Erinnerung und an den Wegkreuzungen unserer Geschichte anhalten und zögern, weiterzugehen.

Z. machte nach dem ersten feuchtfröhlichen magenumstülpenden Einstand mit dem Witten aus Kutten ernst mit dem seinem Chef und Duzfreund B. gegebenen Versprechen, unser bester Zuchtmeister zu sein. Er wurde unser erster Schleifer vor dem wenige Jahre danach folgenden Kommiß. Zuerst hatte ich noch eine Schonfrist, bis das Gras, der Klee, die Luzerne, das ›Landsberger Gemenge‹ trocken waren. Ich durfte mich auf dem schattenlosen Hof aufhalten und dort den auf hölzerne Kufen montierten Dieselmotor mit Kühlwasser versorgen, das verdampfende Wasser ergänzen, damit sich der Motor nicht heißlief. Denn der transportable Diesel betrieb die Wasserpumpe, versorgte Häuser und Ställe mit Trinkwasser. Außerdem wurde er für die Dreschmaschine, zum Häckselschneiden und diversen technischen Vorgängen gebraucht, die unerläßlich sind, wenn ein landwirtschaftlicher Betrieb laufen sollte.

Ich hatte Zeit, an Waltraud zu denken. Die Liebe erfüllte mich ganz. Ich war ihr in einem unmännlichen Sinn hörig. Wenn sie schrieb, daß sie reiten lerne — natürlich im Damensitz —, Tennis spiele, schwimme, viele Ausflüge mache und das gesellige Leben im Kreis der Großfamilie von Sperber pflege, dann hielt ich das schon für einen Liebesbrief. Sie schien sich einzuleben. Das war eine große Täuschung, eine Selbsttäuschung aus Verblendung. Denn was eigentlich in der Landwirtschaft geschah, was eine Landfrau wissen, was sie lernen mußte, wenn sie einmal selbst einen ländlichen Haushalt führen sollte: von all dem erwähnte Waltraud nichts. Sie blieb auch in Sommerau Berlinerin. Eine Andeutung hätte mich hellhörig, zumindest stutzig und nachdenklich machen müssen. Denn sie erwähnte, daß sie einem

Deckakt zugesehen hätte. Man hätte sie damit ›überrumpelt‹. Ich weiß nicht mehr, ob es sich um eine Stute oder Kuh, beziehungsweise einen Hengst oder Bullen gehandelt hatte. Jedenfalls bezeichnete sie diese Prozedur als ›ekelhaft‹. Alles in ihr habe sich gegen diese ›Scheußlichkeit gewehrt‹.

Aber ich war glücklich, daß sie überhaupt schrieb, daß ich sie bei den Sperbers in einer guten Gesellschaft untergebracht hatte, wo es menschlich, aber eben auch tierisch zuging, wie es in diesem Fall unvermeidlich war.

Aber dann kamen die anstrengendsten und quälendsten Tage unserer Verbannung. Das Heu wurde eingefahren. Ich bekam einen Platz als Abnehmer der Heuballen an der Dachluke der Heuscheune, auf die die Junisonne gnadenlos knallte. Zehn Stunden mußte ich die großen Batzen Heu mit einer Forke den Abstakern abnehmen und weiter nach hinten reichen, damit auch der letzte Winkel des Faches vollgestopft werden konnte. Zehn Stunden kochte mir das Blut wie den Matrosen in dem damals gerade entstandenen Lied, einem Landserlied: »Wir lagen vor Madagaskar und hatten die Pest an Bord . . .‹

Auch ich glaubte, die Pest auf meinem Posten, den ich nicht verlassen konnte, an Bord zu haben. Die kräftigen Burschen, die Gespannführer, die die Leiterwagen abluden, stachen tief hinein in das lose Heu, damit die Gabel voll und schwer war, die sie mir heraufreichten. Ich war kaum imstande, diese Menge überhaupt abzunehmen, aber sie noch weiterzugeben zu den Männern hinter mir im Heu, war einfach eine Zwangsarbeit. Nein, mir kochte das Wasser im Arsch, nicht das Blut. Besonders litt ich unter dem Heustaub, der mir in Nase, Ohren, Mund, Poren und in den Rachen drang, so daß ich glaubte, ersticken zu müssen. Völlig apathisch sank ich ins Heu, wenn

eine Fuhre abgeladen war, aber da stand schon die nächste bereit. Schnell, schnell mußte es gehen, bevor Regen
aufzog, Gewitter. Die drückende Schwüle war entsetz-
lich. Ich war so erschöpft, daß ich Teile der heraufgereich-
ten Ballen fallen ließ, was mich Beschimpfungen und im
besten Fall Verspottung durch die Arbeiter hinter mir im
Fach aussetzte. Die Spitze der Forke der Abstaker blitzte,
und ich verspürte immer stärker den Drang, empfand den
Wunsch, die Todesverlockung, mich einfach kopfüber
in die spitze Gabel des Mannes unter mir zu stürzen.
Nur, es mußte ein Ende haben mit dieser Quälerei.

Ist es da noch ein Wunder, wenn ich die nichtssagenden, lakonisch kurzen Mitteilungen eines intelligenten
Mädchens als Liebesbriefe bewertete? Ich wollte diese Folter überleben und geliebt werden, selbst unfähig zur Liebe. Denn ich war vom Heustaub erstickt. Ich rang nach
Luft. Ich krächzte und spuckte, während mir der Durst
in der glühenden Sonne die Kehle ausgebrannt hatte. Ich
vergoß literweiße Schweiß, aber hatte nichts zu trinken,
konnte die Körperflüssigkeit erst nach Stunden in der
Mittagspause ersetzen oder dann abends, wenn Z. rief:
»Kommt runter, ihr letzten Helden! Für heute ist's genug!«

Wie viele Tage stand ich an der Luke, in der ich es nicht
ausgehalten hätte bis zum guten Ende, wenn mir nicht
ein ›alter Hase‹, einer, der nicht schlappmachte, weil diese Arbeit nichts Ungewöhnliches für ihn bedeutete, ab
und zu einen Ballen abgenommen und weitergereicht
hätte?

Aber wieder war ich bei einer Bewährungsprüfung
durchgefallen, wieder wurde ich mir meiner Unzuläng-
lichkeit, meiner Ohnmacht bewußt. Und doch hielt ich
an meiner Absicht fest, selbst Landwirt zu werden. Ich
mußte einfach diese bittere Lektion hinnehmen. Ich
konnte nicht zu Z. gehen und sagen: »Ich kann das nicht

länger aushalten, geben Sir mir eine andere Arbeit, dort oben im Fach ersticke ich.«

Z. hätte nicht nachgegeben, er hätte nicht einmal Verständnis gezeigt. Er hätte mich im Namen des Chefs ›zur Sau gemacht‹, wie es später die ostpreußischen Ausbilder auf den Kasernenhöfen mit größtem Vergnügen taten, wenn sie einen schlappen Kerl zum ›Menschen‹, in Wirklichkeit zum Unmenschen machen, ihn schleifen sollten, bis ihm das Wasser im Arsch kochte. Ich sehe noch ihre Gesichter vor mir, wenn ich in die Knie ging in Allenstein und Braunsberg und vorher in der Rekrutenzeit in Lissa, dem heute polnichen Leszno im ehemaligen ›Warthegau‹. Damals hieß die Parole, wenn einer versagte: »Dasselbe nochmal, aber mit Gasmaske!« Dann mußten wir uns hinwerfen, mußten durch Jauchepfützen, durch Schlamm und Lehm kriechen, ›robben‹ genannt, bis wir hinter der mit Wasserdampf, unserem Schweiß, verklebten Gasmaskenbrille nichts mehr erkennen konnten, bis wir unseren eigenen Namen vergessen hatten.

Das Vorwerk Natalienhof, das friedlich und verschlafen in der Stille Masurens lag, wo es am einsamsten ist, war mein erster Exerzierplatz. Das hatte ich dem Exwachtmeister der Insterburger Reiter Z. zu verdanken. Und ich danke es ihm tatsächlich. Denn wäre ich damals so behandelt worden wie meine Traumgefährtin Waltraud im adeligen Sommerau, ich wäre nie ein Mensch geworden, der sich dem Gegner im Kampf stellte und überlebte, weil er die Überlebenspraktik, die Strategie des Überlebens, gelernt hatte, auch wie man sich mit ›Anstand‹ aus einer bedrohlichen Lage rettet.

Denn im Fach gab es viele kleine private Variationen der Hilfe, der Assistenz. Da konnte ich zum Beispiel dem Willy Hensel versprechen, daß er am nächsten Sonntag eine Runde mit meinem neuen Motorrad drehen durfte, und der kräftige Bursche nahm mir einen Teil der mir zugedachten Ladung ab. Denn wir standen nebeneinander an der Luke, während unten zwei Männer als Abstaker tätig waren und die Ballen heraufgabelten. So brauchte ich nicht auf Knien zu Z. zu rutschen, brauchte ihm keinen Schnapshandel vorzuschlagen, kein Bestechungsangebot zu machen, das er abgelehnt hätte. Er hätte mich noch härter rangenommen, um zu sehen, wie lange ich durchhielt. Denn er warf die Angel aus, und wir Eleven waren die ganz kleinen Fische, die anbissen und die ins Wasser zurückgeworfen wurden — als zu leicht befunden.

Endlich war auch diese Tortur überwunden, und gerade in diesen Tagen ging ein Gerücht um, daß ein jeder sich zählen lassen solle in der ›Stadt Davids‹, daß jeder gesunde junge Mann sich freiwillig zur neu entstehenden ›Wehrmacht‹ melden könne. Die ›Stadt Davids‹ hieß in diesem Fall Angerburg, und gezählt — das heißt gemustert — wurden die ersten Freiwilligen der späteren Himmelfahrtkommandos in einer Turnhalle der Stadt. Wir bekamen auch Nachricht über den Termin, an dem diese erste Schwanzparade stattfinden würde. Es ist kaum zu glauben: Erich von Sperber, Hans Sauvant, Hans K. und ich beschlossen, uns zu stellen. Warum der spätere Bundeswehrmajor Konrad von Dreßler sich damals nicht freiwillig meldete, bleibt mir auch heute noch verborgen. Aber wir anderen fuhren mit Motorrad, per Bahn und anderen Möglichkeiten, die sich ergaben, nach Angerburg. Dort mußten wir uns vor aller Augen ausziehen — damals noch eine peinliche Situation —, dann auf eine Waage treten, um so den Wert der angebotenen Ware feststellen zu lassen. Ein Militärarzt im weißen Kittel horchte uns flüchtig ab. Denn es waren Hunderte gekommen, die Bauernjugend rund um Angerburg, die sich bereits damals das Birkenkreuz ohne Totenschein verdienen wollte. Ein anderer Arzt betrachtete unsere

Genitalien, die er ›Säcke‹ nannte. Dem jungen Mann, der vor mir gemustert wurde, bescheinigte er, daß sein ›Sack zu keiner Votze passe‹. Tripper wurden sofort aussortiert. Dann war ich an der Reihe. Jeder durfte sich sogar wünschen, wo und bei welcher Waffe — in welchem ›Haufen‹ — er dienen wolle.

Ich nannte dem bärbeißigen, versoffenen Hauptmann der Musterungskommission stramm, daß ich bei den ›Insterburger Reitern‹ dienen wollte. Dieses Traditionsregiment des gefallenen Vaters von Erich — der sich natürlich ebenfalls zu dieser nie mehr als Reiterregiment verwendeten, sondern zum Panzerregiment umgerüsteten Einheit meldete — lag außerhalb des Wirkungskreises dieser Kommission. Und so war es ein Zufall oder ein Glück, das mein Leben betraf, es damals schon rettete, daß der Hauptmann zu mir sagte: »Warum gerade Insterburger Reiter? Wir stellen auch hier in Angerburg und Umgebung neue Truppenkontingente auf. Aber warten Sie draußen mal auf mich. Ich werde nachher mit Ihnen darüber sprechen.«

Ich wartete ein Weilchen. Als aber ›Harmann mit dem kleinen Hackebeilchen‹ nicht aus der Turnhalle herauskam, mich wohl vergessen hatte, kratzte ich die meinen Eifer, mich verheizen zu lassen, dämpfende Kurve und fuhr ohne Erich nach Przytullen zurück. Ich war nicht registriert worden.

Erich von Sperber, Hans Sauvant und Hans K. haben dann dem ›Ruf wie Donnerhall‹ Folge geleistet und sind auf dem ›Feld der Ehre‹ beziehungsweise im Lazarett für ›Führer und Volk‹ gestorben.

Zurück in Natalienhof. Die Episode mit der Meldung als Freiwilliger war vergessen. Auch die anderen ›Herren Eleven‹ wurden ja erst Jahre später einberufen. Es war nur eine erste Nabelschau. Die neue Wehrmachtführung wollte testen, wieviel junge Menschen tatsächlich bereit waren, für den ›Führer‹ zu sterben, wenn er rufen würde und ›alle, alle kommen würden‹.

Es kam die Gerstenernte. Die Entzündungen herbeiführenden stachligen Grannen an den Ähren peinigten die Haut. Ich riß mir am Abend das Hemd vom Leib und wusch mich kalt ab, damit ich das ekelhafte Zeug von meiner Haut herunterbekam.

Schlaf der Erschöpfung. Traumloser Schlaf Masurens. Für mich ist nicht die so geliebte Provence das Land im Licht, sondern Masuren, das Land der dreitausendfünfhundert Seen, von dessen Existenz meine Angehörigen zu Hause wohl wußten, daß es irgendwo im weiten, fernen Osten lag, sich aber keine Vorstellung von dem geradezu tödlichen Zauber machen konnten, den es auf mich ausübte. Es war ein masochistischer Zauber, dem man sich ebensowenig zu entziehen vermag wie einer schicksalhaften Liebe, einer Leidenschaft, die unstillbar ist. Ich projizierte zusätzlich noch die grazile Gestalt Waltrauds in dieses Bild. So entstand eine Traumlandschaft, eine Vision, die mich nicht mehr losließ mein Leben lang.

Ich erinnere mich an diese Tage auf den Gersten- und Roggenfeldern, als Erich von Sperber, der Sohn eines Großgrundbesitzers, die Gerstenarbeit mit den Ähren nach unten zur Hocke zusammensetzte und alle, die es sahen, ihn für einen Trottel hielten, der irgendwo eine Schraube locker hatte. Ich denke an Willy Hensel, den ich schändlich betrog, da ich mein Versprechen, ihm mein Motorrad zu leihen, nicht hielt. Wir werteten seine alte, knallende und stinkende DKW als schrottreif ab. Wir gaben vor, mit ihm nach Gassöwen fahren zu wollen, worauf er mächtig stolz war. Es gab damals ja noch ein ausgeprägtes Standesdenken, einen Untertanengeist, ich möchte es in diesem Fall eine Sklavengesinnung nennen. Denn der gesellschaftlich höher Eingestufte war immer der Herr, dessen Wille geschah — wenigstens hier auf der Erde unter Menschen. Der Dünkel und die Dummheit kannten keine Grenzen, richteten aber immer wieder fatale Grenzen auf, unüberwindliche Barrieren zwischen den Menschen.

So braosten wir mit meiner leistungsfähigen schnellen NSU auf dieser gemeinsam angetretenen Fahrt an Willy Hensel und seiner puffenden DKW vorbei, drehten uns auf unseren Sitzen um, machten ihm eine lange Nase und lachten uns krumm vor Schadenfreude. Willy versuchte vergeblich, sein altes Motorrad zu beschleunigen, es blieb hinter uns im Hegewald zurück, und wir sahen es erst wieder, als Willy mit bösem, blutrotem und verbittertem Gesicht die Dorfstraße durch Przytullen nach Nataliendorf passierte. Von diesem Tag an war er unser Feind.

Ausgerechnet mit Willy Hensel als Gespannführer sollte ich als Beifahrer den großen Roggenschlag in Natalienhof mähen. Willy tat so, als wüßte er nicht, wie das Bindegarn wieder durch die zahllosen Ösen gezogen und eingefädelt werden mußte, wenn es einmal gerissen war, und es riß immer wieder. Wir standen dann neben dem Garbenbinder und fummelten an der Maschine herum, bis uns Z., der stets Wachsame, auf seinem Feldherrnhügel entdeckte und fluchend über das zum Teil gemähte Feld heranstampfte. Das Mützenschild flatterte wie ein Staubwedel. Er schrie schon von weitem: »Ihr damlichen Kerls, was ist denn mit euch los? Wir sind doch hier nicht auf dem Tanzboden, wo so'n altes Mädchen stundenlang herumsitzt, bis es einen Kerl erwischt, der mit dem Luder ins Heu geht. Verdammt nochmal!«

Er besah sich den Mac Cormick-Binder, zog den Faden ein und ergänzte noch boshaft zu mir gewandt: »Wenn das jetzt nicht klappt, muß ich dem Alten melden, er soll mir einen anderen Eleven schicken.«

Er ließ uns weiterfahren. Zum Glück riß der Faden bis

zum Feierabend nicht mehr. Wir drehten wortlos unsere Runden. Willy Hensel sprach ja nicht mehr mit mir. Er war zu stolz, um mir stotternd seinen Haß zu gestehen. Es blieb bei diesem Bruch, der nicht mehr zu kitten war. Wir wurden zu Klassenfeinden. Das übertrug der Gespannführer Hensel auf alle Eleven. Wir waren einfach Wortbrecher und Handlanger der großen Herren, Klugscheißer, die sich mit den Untertanen jeden Spaß erlauben durften. Willy Hensel haßte nun auch seine DKW. Wir haben ihn nie wieder fahren sehen. Er hatte sich auch freiwillig gemeldet und wird wohl als Troßfahrer irgendwo in Rußlands Schneewüste bei Tropez oder Welikije Luki den Wintertod gestorben sein.

Es gab in dieser Tristesse auch Tage voller Glanz, der das Land in seiner ganzen Größe und Herrlichkeit erfüllte. Es war nicht nur der Blick hinüber nach Gembalken und zu dem Sehnsuchtshorizont der blauen Berge, der mich verzauberte. Ich habe nie wieder ein Land betreten, das sich in so absoluter Reinheit, vom Menschen behutsam behandelt, vor mir ausbreitete.

Bevor es zu einer harten handgreiflichen Auseinandersetzung mit Willy Hensel kam, bei der ich hoffnungslos unterlegen gewesen wäre, rief der Chef Erich von Sperber und mich zurück. Er brauchte Weiterfahrer und Leute für die Hungerharken während der Roggenernte in Przytullen. Auf dem Hauptgut war ja neben den Kartoffeln der Roggen die größte Anbaufläche. Denn Przytullen bestand zu zwei Dritteln aus sandigem Boden, den B. nur durch intensive Düngung mit Stallmist und Kunstdünger ertragsfähig gemacht hatte. So absurd mir diese Vorstellung in der Erinnerung erscheint: der spätere Panzerkommandant von Sperber wurde auf die Hungerharke kommandiert, diesen wagenradhohen eisernen Rechen — meist mit dem Krippensetzer Max davor oder einem anderen ausgedienten Gaul, der im Gespann nicht mehr verwendet werden konnte —, mit dem das lose liegengebliebene Getreide zusammengeharkt und an den Leiterwagen herangefahren und dort abgelegt werden mußte. Nichts durfte auf dem Feld verkommen. Ich bekam den ›Druckposten‹ als Weiterfahrer von Hocke zu Hocke.

S., der uns freundlich begrüßte, warnte mich: »Passen Sie auf, die Mädchen werden Sie binden!«

Ich wußte nicht, was dieses bedrohliche Wort ›Binden‹ in diesem Zusammenhang bedeutete, und fragte danach. S. erklärte es mir. Jeder Mann, der zum erstenmal ein Erntefeld betritt, muß sich diesem Ritual unterwerfen. Ehe er bemerkt, was für ein Anschlag auf ihn vorbereitet ist, wird dieser schon ausgeführt. Ein Mädchen bindet ihm mit einem Garbenbündel eine Art Schleife um den Oberarm. Erst dann darf der so Gezeichnete an der Ernte teilnehmen.

Die Frauen in Natalienhof hatten das versäumt oder sich nicht zugetraut. Denn wer weiß denn, wie ein ›junges Herrche‹ auf diese Herausforderung reagiert. Aber hier waren die Mädchen dreister, außerdem kannten sie mich schon, und die flinkste von ihnen, Frieda, flocht mir den Roggenkranz um den Arm.

»Ja, und nun müssen Sie etwas spendieren, eine Runde schmeißen oder einen Geldbetrag zahlen, sonst haben Sie keine Chance mehr bei den Mädchen. Sie würden Ihnen nicht mehr gehorchen in der Kolonne. Die Autorität verlangt Opfer«, erklärte S. weiter. Seine Belehrung entbehrte nicht der Schadenfreude: »Aber ich gebe Ihnen den Rat, den Mächen das Geld erst am Sonnabend nach der Arbeit zu geben. Die kriegen es fertig und holen sich in Kutten eine Flasche Bärenfang — Honigschnaps — und betrinken sich während der Arbeit. Dann liegen sie hier herum, und nichts geht mehr. Der Alte versteht da keinen Spaß.«

Ich folgte der Vorwarnung und gab nicht gerade mit großer Begeisterung — ich hielt den alten Brauch für eine schlichte Erpressung — Frieda einen Fünfmark-Schein, seinerzeit ein stolzer Betrag, für den ein Mädchen mehr als nur eine Flasche kaufen konnte. So ging das Zeremoniell vonstatten, ohne daß die Arbeit noch ich selbst in Mitleidenschaft gezogen wurde. Am Montag lachten sie mich freundlich an. Ich war für diese Erntesaison akzeptiert.

Elsa wollte endlich die Studentin aus Berlin kennenlernen, die mich verhext hatte. Nur ihr schrieb sie mein mangelndes Bemühen um ihre Tochter Marianne zu, ja, auch meine Rücksichtslosigkeit Gertrud gegenüber, mein rebellisches Verhalten und meine Zurückgezogenheit. In der Tat waren mir weder Elsa noch ihr Horoskop, ihr Totenkopfkult und ihre kleinen Intrigen, mit denen sie junge Menschen zusammenführte, aber auch voneinander trennte, wichtig. Sie brachte schließlich ein Treffen mit Waltraud und Frau von Sperber in ›Jägerhöhe‹ zustande. Wolfgang B. ließ sich die Gelegenheit nicht entgehen, mitzumischen. Und so fuhren B.s mit Thus am Steuer des grünen Oldtimers und Erich auf dem Sozius meiner immer noch funktionierenden NSU nach Ogonken, von wo der Weg zum Schwenzaitsee mit dem überwältigenden Blick über Wasser und Wald hinüber nach Numeiten ging.

Die Damen aus Sommerau trafen kurz nach uns ein. B. wollte Frau von Sperber die Hand küssen, die sie ihm aber brüsk entzog. Sie war nur mitgefahren, um Waltraud zu beschützen, und natürlich, um Zeuge der Begegnung der beiden ›Liebenden‹, eben Waltraud und mir, zu sein. Aber dieses Gespräch am runden Kaffeetisch war unergiebig, wie ich es mir nicht einmal in meinen schwärzesten Träumen vorgestellt hatte.

Waltraud zog sich angesichts der massiven Anwesenheit unseres Chefs ins Schweigen zurück. B. erzählte zum x-ten Mal die Geschichte von Frieda und Franz auf der Scheunentenne, ohne auch nur im geringsten Rücksicht auf das degoutierte Gesicht der Frau von Sperber und die Verlegenheit, die instinktive Abwehr Waltrauds zu nehmen. Er war, wie immer, ganz der Alleinherrscher von Przytullen, dem jeder zuzuhören und zuzustimmen hatte.

Waltraud zeigte — so kannte ich sie, wenn sie etwas verabscheute — kein Verlangen zu einem Gespräch mit den Gästen aus Przytullen, auch nicht mit mir. Ich war offensichtlich in ihrer Beurteilung der Situation mitverantwortlich, sie in diese zwielichtige Gesellschaft gelockt zu haben. Sie übertrug ja immer, was ihr andere Menschen antaten oder zumuteten, auf mich. B. erzählte noch manches Unheilvolle, was ich vergessen habe. Ich weiß nur, daß ich verloren und gefangen in meiner Hilflosigkeit Waltraud anstarrte und keinen Ausweg aus dieser Lage wußte. Ich konnte doch nicht zu ihr sagen: »Komm, wir gehen!« B.s ungebremste und unwidersprochene Autorität verhinderte jeden Alleingang. Es gab kein Entrinnen. Er gab den Ton an. Er hielt sich an seine Gags, bestritt allein das Programm.

Was wollte, was konnte ich Würstchen dagegen unternehmen? So wartete ich ungeduldig, bis Frau von Sperber das Zeichen zum Aufbruch gab mit der Begründung — die ich schon kannte —, daß sie noch vor Anbruch der Dunkelheit in Sommerau sein müsse.

Ich hatte Waltraud ein langes, langes Jahr der Schmerzen und des Alleinseins nicht gesehen, und nun konnte ich keinen vertrauten Satz mit ihr sprechen. Die Entfernung zwischen uns nahm von Tag zu Tag zu, und es schien keinen Ausweg aus diesem Dilemma zu geben. Immerhin versprach Frau von Sperber, mit Waltraud zur Ostmesse nach Königsberg zu kommen. Dann wollten wir uns wirklich zu einem Gespräch zusammenfinden. Aber auch dort würde Wolfgang B. die Regie führen. Nach einigen Artigkeiten verabschiedete er sich von Waltraud und ihrer Lehrherrin. Für ihn war es ein gelungener Nachmittag. Wie froh war ich, nicht auf seinen Oldtimer angewiesen zu sein, sondern mit Erich zurückfahren zu können.

Erich nannte Waltraud ein ›prima Mädchen‹, schwärmte von ihren rehbraunen Augen, ihrem gepflegten mattblonden Haar und ihrem kultivierten Benehmen. Dieses Auftreten machte sie auch für den Adligen gesellschaftsfähig. Ich hätte ihm und seiner Mutter ja auch eine Berliner Schlampe empfehlen und ins Haus bringen können. Dann hätten beide eine arge Enttäuschung erlebt. Mich bewegt heute die kurze Frist, die diesen sensiblen Menschen damals noch zum Leben geblieben war. Aber »wir wissen nichts von der Liebe, doch alles vom Tod«, schrieb der argentinische Dichter Ricardo Molinari. Ich glaube, wir wissen von beiden nichts. Ich war Waltraud ferngerückt, ganz im Gegensatz zu meinem größten Wunsch, ihr hier in Ostpreußen näher sein zu können. Ich liebte sie noch heftiger, noch verzweifelter, noch vergeblicher.

Alle Versuche, mit Waltraud während der Messe zusammenzutreffen, allein mit ihr zu sprechen, ihren scheuen Mund einmal zu berühren, schlugen fehl. Ich hatte die lange Fahrt mit dem Motorrad bis Wandlacken bei Gerdauen und von dort mit der Nebenbahn nach Königsberg unternommen, um das Versäumte nachzuholen. Erich von Sperber war am Bahnhof. Wir suchten uns ein Hotelzimmer und gingen dann zu den Messehallen.

Es muß geregnet haben, weil ich mich nur daran erinnern kann, daß wir uns in den Großviehställen aufhielten, als wir ausgerechnet vor dem Stand der preisgekrönten Bullen des Freiherrn von Zitzewitz-Weedern

Frau von Sperber und ›meine‹ Waltraud trafen, die niemals wirklich mir gehörte und auch nicht gehören würde. Sie hat es gewußt, aber nicht ausgesprochen. Ich wußte, was Bullen für eine Herausforderung, für eine Provokation des ästhetischen Lebensgefühls von Waltraud waren. Ausgerechnet hier stießen wir ganz unerwartet aufeinander. Nun verlor ich das Gleichgewicht. Meine innere Uhr ging falsch. Denn Waltraud gab sich fremd. Frau von Sperber animierte uns zu einem späteren Zusammensein in einer Weinstube. Aber wieder war es Waltrauds entschiedener Wille, sich zurückzuhalten, nicht mit mir allein zu sein. Sie hatte den Bruch bereits vollzogen, hielt aber die Fiktion unserer Gemeinsamkeit noch einige Jahre — eine erstaunlich lange Zeit! — aufrecht.

Diesmal schlug ich Frau von Sperbers Angebot ab und zog mich tief enttäuscht zurück. Ich konnte meine Hemmungen nicht überwinden. Ich reagierte unverständlich und geradezu feindselig. Wir standen im Geruch des Bullenstalles, den ich zuerst gar nicht bemerkte, der aber Waltraud zusätzlich schockierte und ihr Beharren im ›inneren Exil‹ verstärkte, unschlüssig herum, bis ich mich, gepeinigt von meiner krankhaften Verzweiflung, von den ebenfalls irritierten Frauen verabschiedete und mich mit Erich in ein Lokal in der Nähe des Ausstellungsgeländes begab, um mich betrinken zu können. Wir verbrachten die Nacht im Hotel. Ich weiß nicht, wie ich diese Nacht überhaupt überstanden habe. Wir fuhren bereits am nächsten Morgen wieder nach Wandlacken. Irgendwo in der Nähe von Klimken, dessen Brennereischornstein aus dem Blätterwald ragte — ich weiß noch, Klimken lag einige hundert Meter zur Linken von der Straße entfernt — setzte der Motor aus. Er sprang auch nicht wieder an. Ich hatte keine Ahnung von der komplizierten Technik eines Viertaktmotors. Ich konnte nur zu

Erich sagen: »Wir müssen die Kiste bis Angerburg schieben. Ich werde sie dort auf dem Bahnhof als Frachtgut nach Grodk, in meine Heimatstadt, aufgeben. Dort kenne ich einen guten Monteur, der sie auseinandernehmen und reparieren kann.«

Wir hatten Glück: Die Chaussee führte einige Kilometer bergab, und so konnten wir ohne laufenden Motor ein Stück zurücklegen. Der Rest war eine Viecherei. Wir mußten die Maschine noch etwa zehn Kilometer bis Angerburg im hügeligen Gelände schieben. Wir waren uns einig, daß die Frauen und die Ostmesse diesen Einsatz nicht wert waren. Aber ich konnte wenigstens die NSU, deren Kolbenringe zerschmolzen waren, obwohl noch Garantie für den Motor bestand, im Güterschuppen des Bahnhofs von Angerburg deponieren und war von diesem lästigen Begleiter meiner vergeblichen Begegnung mit Waltraud befreit.

Ich hatte kein Interesse mehr für das Motorradfahren. Ich verband jetzt mein Scheitern im Fall Waltraud mit dem defekten Motor. Alles ging zu Bruch, fiel auseinander. Vielleicht war es auch Gertruds späte Rache, die der kaputte Motor symbolisch an mir vollzog, der durch meine falsche Behandlung, durch die dauernd verkehrte Einstellung von Früh- und Spätzündung zerstört worden war. Solche und andere völlig neurotische und widersinnige Gedanken schossen mir durch den Kopf.

Waltraud schrieb weiter nichtssagende Briefe vom geselligen Leben in Sommerau. Sie hatte offensichtlich nicht die Absicht, schon nach Berlin zurückzukehren. Sie ließ sich gern verwöhnen, und das tat Frau von Sperber, deren Ältester in Königsberg Jura studierte und deren Jüngster, Erich, eine Art Sorgensohn, mit Mühe das Abitur geschafft hatte und naiv geblieben war.

Heute versuche ich mir den Entwicklungsgang vom ungeschickten und unselbständigen Gutsbesitzerssohn, der die Garben verkehrt herum aufstellte, bis zum Panzerkommandanten vorzustellen. Ich vermag es nicht. Da bestehen unlösbare Fragen, Probleme, die auch später, als ich Jahre nach dem Krieg durch Waltraud von Erichs Soldatentod erfuhr, keine Klärung brachten. Ich hatte nach dem Tod ihres Mannes als Offizier in Frankreich für kurze Zeit eine lose Verbindung, einen Briefkontakt, mit ihr wieder aufgenommen, die zu neuen Mißverständnissen und schließlich zu einem abrupten Ende unserer Beziehung führte.

Was für Kraftproben, höllische Tests, Demütigungen, Existenzkrisen muß ein junger Mensch durchlaufen, der mit zwanzig Jahren ein Muttersohn und Kind geblieben war und dann acht Jahre danach einen Panzer in der Schlacht um Orel befehligt? Was hat sich da für eine unbegreifliche Mutation ereignet? Ich kann dieses Problem nicht lösen, die Fakten nicht verstehen. Sie sind meinem Verständnis entzogen. Die Fantasie reicht nicht aus, um diese Entwicklung nachvollziehen und eine Erklärung für diese Wandlung finden zu können.

Begreiflicher erscheint mir das Schicksal von Sauvant. Er besaß schon damals die gleichgültige Härte eines Menschen, der zwar fluchend seinen Auftrag erfüllt, aber dann, wenn er seine Neigung zur Bequemlichkeit überwunden hat, ein sturer Befehlsempfänger und Durchhaltetyp wird. Ihm konnte ich das Ritterkreuz beim Einsatz seines Regiments an der gefährdeten linken Flanke vor Stalingrad glauben. Sauvant ja. Da waren soldatische Eigenschaften — ich sträubte mich dagegen, sie Tugenden zu nennen — erkennbar. Aber Erich von Sperber blieb ein Rätsel, ein spätes Opfer, dessen Sinn im Dunstkreis des vaterländischen Mythos, des Heroismus, zu suchen sein mag, für mich unauffindbar.

Der Schneider St.

In dieser östlichen Landschaft folgen alle Jahreszeiten fast ohne Übergang. Über Nacht wird es Frühling, Sommer, Herbst und Winter. So begann die turbulente Zeit der Kartoffelernte, der großen Buddelei. Auf dem Schlag an der Chaussee nach Possessern, wo wir im Vorjahr Roggen angebaut hatten — wir: ich identifiziere mich hier bereits mit dem B.-Imperium —, standen nun die Kartoffeln welk im Kraut. Der herbe Geruch des absterbenden Kartoffelkrautes — wunderbar und vergeßlich — zog mit den frühen Nebeln über das riesige Feld. Hier wurde ein Teil der für die Brennerei und Schweinemast erforderlichen Kartoffeln gewonnen. Oft sammelten sich schon im Morgengrauen über hundert Männer und Frauen aus den benachbarten Dörfern auf dem noch von der Dunkelheit verhangenen Schlag, um die besten Positionen zu besetzen. Es gab Streit, Geschrei und Handgreiflichkeiten, wenn es um die Verteilung der von uns abgesteckten Parzellen für die Akkordbuddler ging. Denn am Kraut konnte man ja erkennen, wo die Früchte besonders gut und zahlreich gewachsen waren; mageres Kraut auf Sandkuppen versprach keinen lohnenden Ertrag.

Die Nässe und alles durchdringende Kälte machte die Hände klamm und steif. Aber Kartoffelbuddeln, das Wühlen in der sandigen, steinigen, lehmigen Erde — die Bonität des Bodens war sehr unterschiedlich — erforderte eine geradezu pianistische Fingerfertigkeit. Für einen Korb mit sechzig Pfund Inhalt, den die Buddler, auf der Schulter balancierend, zu der vom alten Lala eingerichteten Miete schleppen mußten, gab es neun Pfennig. Ein perfekt buddelnder Akkordarbeiter brachte es auf fünf Körbe in der Stunde.

Die Gruppen — oft Familien mit zahlreichen Kindern — wühlten und sammelten, rafften und schleppten bis zum Einbruch der Dunkelheit, die von Tag zu Tag früher über das Land fiel. Aber immerhin erreichten manche Routiniers fünfzig Körbe pro Tag. Das ergab einen Tagesverdienst von Viermarkfünfzig. Errechnet wurde dieser Akkordlohn im Rentamt von Jaquet und seiner Gehilfin Fräulein W.

Die Akkordbuddler mußten die von den Eleven ausgegebenen Marken für jede Kiepe auf ein Zeitungsblatt kleben, jeweils hundert Marken zu neun Pfennig, und so bei Jaquet abliefern, damit er schnell den Wert der Leistung errechnen konnte. Dann wurden die Bogen verbrannt. Andernfalls wären sie am folgenden Wochenende dem Rentamt nochmals präsentiert worden. Wenn man die Verdienstmöglichkeiten nach heutigem Maßstab beurteilt, waren sie kläglich. Aber damals war eine Tageseinnahme von Viermarkfünfzig eine Spitzenleistung. Es gab jedoch viele nicht an diese Arbeit gewöhnte, nicht so schnelle und ausdauernde Buddler, die diese Summe nicht erreichten, die nur vier oder weniger Körbe schafften. Zu den an körperliche Arbeit nicht gewöhnten Akkordarbeitern, die durch ihren Einsatz für B.s Spiritus ihre Tageseinnahmen etwas aufbessern wollten, gehörte auch der junge Schneider St. aus Kutten mit seiner kaum zwanzigjährigen Frau. Diese Frau stand damals im Mittelpunkt der Szene. Sie verwirrte und irritierte mich auf eine erschreckende Weise. Und ihr Schicksal hat mich lange verfolgt, ja, wurde erst zu einer Zäsur in meiner Erinnerung, als Masuren für mich längst untergegangen war, als ich durch den Krieg und meinen unfreiwilligen ›Ritt gen Ostland‹ dieses Land und seine Menschen vergessen hatte. Ich brauchte Jahrzehnte der Genesung und Rekonstruktion der Vergangenheit, die nun Gegenwart und Zukunft zugleich ist, um mich an Namen, Gesichter, Vorgänge in Przytullen und dann in Duneyken wieder erinnern zu können. Die Fähigkeit zur Erinnerung war angesichts des russischen Winters vor Moskau, dann der Sommerschlacht 1942 um Rschew und Wjasma, nicht mehr vorhanden. Wjasma war das Grab meines Lebens geworden.

Ständiger existentieller Streß stumpft ab. Er tötet die lebendigen Bilder, auch die der Schönheit, der Vollkommenheit. Und St.s Frau Eva war eine vollkommene Schönheit. Er selbst hockte ziemlich trübsinnig und farblos neben ihr im Sand, kroch auf den alten Autoschläuchen, die er sich auf die Hose genäht hatte, um seine Knie zu schützen, mühsam vorwärts. Sein Gesicht war ohne Ausdruck und kreidig. Er setzte lediglich ein verkniffenes Lächeln auf, wenn er mit dem knapp gefüllten Korb an die Miete trat. Er blieb bei den St.s immer unter der 60-Pfund-Marge. Aber ich protestierte nicht. Ich nahm die Ware ab. Ich riß aus meiner Trommel die Marke wie die Eintrittskarte aus einer Kinokasse und gab sie ihm. Ich gab sie ihm, weil seine Frau herüberschaute, abwartend, ob ich Einspruch erhob, aber vertrauend auf ihre Mitarbeit, auf ihre Anwesenheit, auf ihr Aussehen. Ja, ich war bestechlich.

Ich brauchte nur zu wissen, daß Eva St.s behandschuhte schlanke Hände an diesem ungleichen Spiel beteiligt waren, um alles zu akzeptieren. Ich hätte auch einen halben Korb für einen vollen genommen. War es das, was St. wußte, wenn er seine Maske aufsetzte, dieses triumphierende Lächeln, in der Gewißheit, daß der Markenausgeber und Eleve des Oolen keinen Einspruch erhob?

Er war seiner Sache sicher und kam immer wieder mit

ungenügend gefülltem Korb auf das Laufbrett, nahm die Marke in Empfang, bedankte sich sogar und ging zu seiner Frau zurück, die sich inzwischen aufgerichtet hatte, ihren geschmeidigen Körper wie in einigen Tanzschritten lockerte, ihre Arme streckte, um auch sie zu entspannen, und dann wieder in die Hocke ging, um diesem schändlichen Akkord weiterhin zu folgen. Sie mußte ja wunde Knie, schmerzende Glieder, einen von der Monotonie dieser Tätigkeit völlig leeren Kopf haben. Wie schaffte ein so graziles Wesen diese Sklavenarbeit? Immer wieder packte ihre rechte Hand einen Krautbüschel, während sie mit der linken die fünfzackige Hacke kurz dahinter in die Erde hieb, um die Knollen herausheben zu können.

Über zweihundert wühlende Hände verrichteten diese den Menschen zum Roboter degradierende Arbeit mehrere Wochen hindurch, bis die ersten Nachtfröste kamen und auch morgens nicht weichen wollten. Die Sonne drang nicht mehr durch die Nebelschicht. Die Jahrhundertbirken mit den herbstbraunen, wehenden, die Straße fegenden Armen waren nur noch schemenhaft sichtbar. Die Szene wurde gespenstisch. Manchmal konnte ich nicht erkennen, wo die Buddler waren. Sie tauchten aus dem dicken Nebelbrei plötzlich auf, traten auf das Brett wie auf einen Laufsteg, hinter dem die Flut, das Meer, begann, und ließen den Inhalt ihrer Kiepen über die Schulter abrollen.

Der alte Lala folgte der wachsenden Miete — wir legten die Mieten, verteilt auf dem großen Schlag, so an, daß keiner der Akkordbuddler zu weite Anmarschwege hatte — und deckte sofort eine Schicht Stroh über die Kartoffeln, spuckte sich in die Hände und schaufelte Erde darüber. Der Priemsaft floß ihm wie zwei schwarze geronnene Blutbäche aus den Mundwinkeln. Er erzählte dann manchmal etwas, was ich nicht verstand. Denn er war der einzige Mann in Przytullen, der nicht Deutsch sprach, nicht einmal ein verstümmeltes Deutsch. Er sprach Masurisch, eine Sprache, die ebenso im Aussterben begriffen war wie meine sorbische Heimatsprache in Grodk. Aber wenn er mir etwas erklären wollte, suchte er einige deutsche Wortbrocken, die er mit masurischem Platt durchsetzte und gestenreich verständlich machte.

Einmal wies er auf die menschenleere Chaussee, auf der keine Erntewagen mehr fuhren — Autos habe ich niemals bemerkt —, und sagte mit fuchsschlauem Lächeln, einem Lächeln, das nur in seinen Kateraugen, nicht in seinem Gesicht stand: »Junger Herr, die Kosaken lagen dort auf der Straße, alle totgeschossen. Ja, ja, so war das.«

Lala lebte noch in der Erinnerung an den Ersten Weltkrieg, an den ›großen Krieg der weißen Männer‹, der seiner Seele guttat in der Erinnerung an den Tod der verhaßten Kosaken, der Weiberschänder, wie er sie nannte.

Wenn der Nebel zu einer Suppe wurde, die mir vom Mützenschild troff, wenn der Laufsteg glitschig wurde und mancher darauf ausrutschte in die Miete hinein, wenn man den leisen Laut des fallenden Nebels im welken Kartoffelkraut knistern hörte, waren die Menschen auf dem Feld unsichtbar. Ich sah — und das entbehrte ich besonders schmerzlich — auch Eva St. nicht mehr. Aber ich konnte den Tag nicht beginnen, ohne sie zu suchen. Ich fand sie dann immer irgendwo auf den Knien neben ihrem Mann, ihre Hände bewegten sich anders als die Hände der anderen Buddler. Sie spielten mit den Früchten. Sie hatten ein ausgeprägtes Gefühl für Kartoffeln. Es war nicht nur ein Zusammentreffen, ein wildes hektisches Aufsammeln. Sie kalkulierten den Gewinn nicht voraus. Diese tänzerische Leichtigkeit teilte sich Evas ganzem Körper mit. Sie war die einzige unter den hundert, die keine Sklavin war. Sie war eine ›Miß Masuren‹, stolz und nicht zu brechen. Sie unterwarf sich der Arbeit nicht. Sie mogelte mit Charme. Und dann trat das mir ganz Unbegreifliche ein. Sie ließ sich von ihrem Mann den Korb auf die Schulter heben, auf diese schmale, schön geschwungene Schulter, und kam auf mich zu. Sie war sich ihrer Verführungskunst bewußt, ihr Gesicht — ein völlig ruhiges, seiner Sache sicheres Gesicht — war mir voll zugewandt. Sie beobachtete meine Reaktion. Sie bog sich im Gehen und betonte ihre Bewegungen, die ungekünstelt, unverkrampft und natürlich blieben.

»Herr Inspektor« — verdammt, sie ernannte mich zum Inspektor —, »darf ich um die Marke bitten?«

Ich sah den nur zur Hälfte gefüllten Korb. Ich sah nur sie an. Ich hätte ihr meine ganze Trommel mit der Markenrolle zu tausend Stück gegeben, wenn sie danach verlangt hätte. Aber ich war stumm vor Erschütterung und Staunen angesichts dieser Herausforderung. Ist Schönheit denn eine Macht, die unseren Willen lähmt, die uns unserer Pflicht entbindet, die uns zum Vabanquespiel treibt?

Natürlich gab ich ihr die Marke, unfähig, ein Wort zu sagen außer einem gestammelten: »Bitte sehr!«

»Danke«, entgegnete sie, und eine leichte Röte flammte kurz in ihrem Gesicht auf. Aber sie beherrschte sich sofort wieder, drehte sich langsam um, nachdem sie den Inhalt ebenso langsam über ihre Schulter in die Miete gekippt hatte. Lala spuckte seinen Priem aus. Ich stand im Feuer dieser heillosen Begegnung. Dann übertrumpfte der Spott die Höflichkeit in ihrem kindlich-schlauen Gesicht, dessen Züge sich entspannten. Denn sie hatte ja gewonnen. Ich hatte vorher ihren Mann mit ihr tuscheln sehen, bevor sie den Korb zum ersten und letzten Mal selbst ablieferte. Ich kann mir vorstellen, daß er sagte: »Geh du. Versuch du es mal, ob der junge Herr sich reinlegen läßt. Denn das kann er ja nicht abnehmen. Das sind höchstens dreißig Pfund.«

Mehr hätte Eva St. ja auch gar nicht tragen können auf dieser geschmeidigen, aber nicht muskelstarken Schulter.

Die St.s sind nach diesem Vorfall nie mehr auf dem Kartoffelfeld erschienen. Sie waren nur noch zu dieser Schlußvorstellung gekommen, sie waren erschöpft, hatten vielleicht auch einen Schneiderauftrag, einen Anzug für einen Bauern aus Kutten zu liefern. Sie blieben verschwunden. Ich sah sie nicht mehr wieder in den wenigen Wochen, die ich noch in Przytullen verbrachte. Nach der Kartoffelernte wollte ich die Lehre hier abbrechen, um anderswo andere Lektionen erteilt zu bekommen. Ich wollte nicht mit Wolfgang B. ›verheiratet‹ sein.

Aber es kam noch zu einem anderen gravierenden Zwischenfall, bevor ich Przytullen wirklich verließ. Dieser Vorgang hatte lediglich gesellschaftlichen Charakter, war intimer Natur, hatte aber eine Reaktion ausgelöst, deren Folgen mich zum Verlassen des Gutes und Masurens für einige Monate zwangen . . .

Aber hier ist die Fortsetzung der St.-Geschichte, die einen dramatischen Verlauf nehmen sollte, von dem ich nichts ahnen konnte. Es kam der Krieg, das ›Unternehmen Barbarossa‹. Es folgte nach der sowjetischen Sommeroffensive im August 1942 vor Rschew mein Aufenthalt in der neuen Kaserne der Genesungskompanie am Okullsee in Allenstein. Hinter der Kaserne begann die Landschaft, das freie Land, lagen die Wälder und Seen bis hin nach Göttkendorf.

Eines Tages — wir hatten ja kaum Dienst als Genesende der Ostfront im Herbst 1942 — stand ich am Fenster und blickte über den See, den damals noch keine Sportsegler kreuzten, der still und von keinem Abwasser getrübt unter mir lag und glänzte und schlief mit seinem Kiefern- und Birkenufer: Da hörte ich hinter mir eine Stimme, eine mir bekannte, aber gründlich vergessene Stimme, eine Stimme, die ich mit dem Sprecher nicht in Verbindung bringen konnte, eine Stimme aus dem Untergrund meiner verschütteten Seele. Ja, so war diese unbekannte, aber vertraute Stimme, im Tonfall eine masurische, auf jeden Fall eine ostpreußische — wir waren hier Genesende aus allen Regionen des Reiches, und der Mann, dem diese Stimme gehörte, den ich ebenfalls nicht erkannte, aber den ich vor langer Zeit gekannt haben mußte, trat mit ausgestreckter Hand auf mich zu und sagte den ganz unglaublichen Satz zur Begrüßung: »Warst du nicht einmal Markenherausgeber beim alten B. auf dem großen Schlag an der Chaussee nach Possessern? Das muß so 1934 gewesen sein . . . Ich bin der St. Ich hab deinen Namen beim Morgenappell gehört und gleich gedacht, das muß er sein. Ich bin ja auch in diesem Genesungshaufen . . .« Pause. Er ließ mir Zeit, mich zu erinnern, mich zu sammeln, die Vision des damals Erlebten zurückzurufen. Ich muß bekennen: Ich war so überrascht, daß ich nur antworten konnte: »Ja, ich weiß, du bist der Schneider aus Kutten.«

Kein Wort von seiner Frau. Ich wartete. Denn St.s Gesicht war vom Schmerz entstellt. Es kam nicht von der Verwundung, die längst ausgeheilt war. Es war etwas anderes. Er hatte einen Treffer, einen Volltreffer in sein Gesicht bekommen, der seine ausdruckslosen Züge verwüstet hatte, aber der nicht wahrgenommen werden konnte, weil er ihm nicht vom Feind, nicht vom Kampf zugefügt worden war. Es ware eine Verwundung, die man nicht feststellen konnte, deren zerstörende Wirkung nicht bestimmbar war, eine unheilvolle Wunde tief im Inneren, die seine Seele zerrissen hatte, ohne daß jemals ein Arzt sie zu erkennen oder gar eine zutreffende Diagnose zu stellen vermochte. Das war es, was ich sah. Was ich hörte, war schlimmer.

In hastig hervorgestoßenen Sätzen, die gar nicht zu dem Gleichmut des Schneiders paßten, wie ich ihn damals vor acht Jahren im Nebel über das Feld auf seinen Gummiknien vorwärtsrutschen sah, berichtete er, was geschehen war in dieser Zwischeneiszeit des Herzens, in der Front und Heimat auseinanderbrachen, sich fremd wurden, einander vergaßen und umbrachten wie hier im Fall des Schneiders aus Kutten. St. erzählte. Er fragte mich nichts. Er war ganz in seinem Trauma gefangen.

St. kam ohne Umschweife zu der einzigen Sache, die ihn noch interessierte. Sein Gesicht — das fiel mir zuerst auf — war nicht mehr blaß und farblos, es war grau und blutleer, aschfarben. Es war das Gesicht der Winterschlachtkämpfer. So sahen alle aus, die das Inferno überlebt hatten.

So sehen Nierenkranke aus.

»Du kennst doch die Eva, meine Frau. Sie war doch damals auch mit auf dem Feld. Und nun ist sie eine Nutte geworden. Wie ist das nur möglich?«

Nach dieser erschreckenden Einleitung ging St. ins Detail, vertraute sich mir mit hastigen, fast geflüsterten Worten an. Ich war offensichtlich als ehemaliger Markenausgeber aus Przytullen die einzige Vertrauensperson, eine Autorität, der er sein Problem erklären konne. Ich wartete, bis er sich keuchend zu einer Begründung dieser ungeheuerlichen und mich bestürzenden Behauptung aufraffen und sammeln konnte.

»Ja, die Eva war so ein treues Weib, so anständig und anschmiegsam, zärtlich. Sie hat mir jeden Wunsch von den Augen abgelesen. Die Eva hat keinen anderen Mann gekannt. Für die gab es gar keinen anderen Mann. Wenn sie jemand ansah, wurde sie immer gleich rot, sie ließ sich überhaupt nicht ansprechen. Die Liebe war so schön mit ihr . . .« St. kämpfte mit seiner Erinnerung. Er schluckte und konnte nicht weitersprechen. Ich schob einige Bemerkungen über unsere getrennten Wege bis zu dieser unheilvollen Begegnung hier am Fenster über dem Okullsee zwischen seinen Monolog. Ich wollte ihm Zeit lassen. Ich war ja selbst betroffen, ahnte, daß es um eine Familienkatastrophe ging, daß ich Schreckliches erfahren würde.

»Ja, die Eva! Was war das für ein treues Weib, ein richtiger guter Kumpel und in der Arbeit fleißig und zuverlässig. Es klappte alles bei uns, bis dieser verdammte Krieg kam und mit ihm die SS. Ich wurde an die Ostfront geschickt, bekam keinen Urlaub mehr. Es war ja Urlaubssperre, als die Scheiße bei Moskau anfing, im Dezember. Der Iwan war durchgebrochen. In Kutten langweilte sich inzwischen die SS, die im Hegewald-Restaurant lag. Na, da haben sie die Eva gesehen, und da war es schon passiert. Sie ist bestimmt nicht gleich mitgegangen, hat sich nicht einfach hingelegt. Aber du weißt ja, wie das gemacht wird. Weiber verführen und kaputtmachen: Das konnten die Drückeberger von der SS, die wir in der großen Scheiße bei Klin und Rogaschewo nicht zu sehen bekamen. Da waren die feinen Herren nicht im Einsatz. Die waren in Kutten ›eingesetzt‹, verführten dort die Frauen. Eva hatte mir bis zum Winter jeden Tag geschrieben, richtige Liebesbriefe. Ich konnte nur so durchhalten, als alles zusammenbrach, als die Sibirier kamen und uns überrollten. Weil Eva in Kutten auf mich wartete bis zum Jüngsten Tag — ja, das schrieb sie, ›bis zum Jüngsten Tag‹ stand in einem Brief, den ich Weihnachten erhielt —, überlebte ich den Rückzug, paßte ich auf, das mich der Iwan nicht erwischte . . .

Aber dann blieben die Briefe aus. Es kam keine Nachricht mehr. Ich wußte nicht, was da passiert war. Kein Lebenszeichen von Eva. Jedesmal, wenn der Spieß die

Post verteilte und die Namen aufrief, zitterte ich vor Aufregung. Aber für St. war nichts dabei. Ich ahnte ja nicht, daß sich Eva inzwischen von der SS durchvögeln ließ. Ein Nachbar aus Kutten, der das nicht mehr mitansehen konnte, ein Freund, schrieb mir dann: ›Was Deine Eva hier macht, ist ein Skandal; sie ist jede Nacht besoffen. Die SS sitzt in Deinem Haus und bleibt auch nachts bei Eva, sie haben sich bei ihr einquartiert.‹«

Wieder mußte St. eine Pause machen, den ekelhaften Brocken herunterschlucken.

»Ja, so hat es angefangen. Hier ein Likörchen. Dort ein Likörchen. Und meine Eva, die ja das Trinken nicht gewöhnt war, die so bescheiden und zufrieden mit mir lebte, die so glücklich war« — jetzt wischte sich St. die entzündeten und trüben Augen, aus denen die Hoffnung gewichen war, die erloschen waren, Augen, die das Grauen erlebt hatten, das doppelte Grauen, das Grauen der Winterschlacht und das seines privaten Schicksals —, »meine Eva war ja gleich betrunken, und so haben sie sie rumgekriegt. Und sie wird gedacht haben: einmal ist keinmal . . . Aber dann wollten sie alle etwas von ihr, und sie hat nachgegeben. Sie konnte ja keinen Wunsch abschlagen. Sie war immer gehorsam. Und diese schneidigen Kerle, die Lumpen in ihren schwarzen Uniformen, waren stärker als Evas Treue. Ihnen mußte sie einfach gehorchen. Sie haben sie zur Matratze gemacht, haben sie durchgevögelt, bis ich endlich verwundet wurde und Genesungsurlaub bekam. Da war ich entschlossen, reinen Tisch zu machen. Ich nahm meine geladene Dienstpistole mit auf den Urlaub . . .«

Kein Soldat, auch kein Gefreiter St., durfte seine Pistole mit nach Hause nehmen. Die Waffen mußten vor dem Urlaub beim Waffenmeister abgegeben werden. Aber St. war das jetzt gleichgültig. Er wollte nur noch Klarheit schaffen und dann mit Eva reinen Tisch machen. Er hatte keine konkrete Vorstellung, was er tun würde, wie er mit Eva fertigwerden sollte. Seine Liebe saß so tief, daß er sich keinen Gedanken über die unvermeidbare Auseinandersetzung machen konnte. Er erzählte nun nur noch in abgebrochenen, kaum verständlichen Sätzen, im Stakkato, was dann geschehen war.

»Also, ich ging zuerst zu dem Nachbarn, der mir den Brief nach Gshatsk geschrieben hatte, wo wir eine Auffangstellung gebildet, eine Verteidigungslinie eingerichtet und uns eingegraben hatten, indem wir Löcher in die metertief gefrorene Erde sprengten, um Deckung für die Maschinengewehre und Granatwerfer zu schaffen . . . Der Nachbar sagte: ›Geh nur rüber zur Eva, sie ist zu Hause, allein. Die Schwarzen kommen erst abends nach Dienstschluß.‹

Aber die Eva muß mich gesehen haben. Sie hatte sich eingeschlossen. Ich sagte: ›Mach auf, sonst passiert was.‹ Sie hielt die Tür verschlossen. Ich habe sie dann eingeschlagen mit der Axt vom Nachbarn. Da stand Eva vor mir. Aber es war nicht mehr meine Eva, nicht mehr die, die ich gekannt und geliebt hatte. Ihr Gesicht war nicht ihr Gesicht.

Weißt du, wenn du mal wissen willst, wie Nutten aussehen, dann hättest du die Eva damals sehen müssen. Das Gesicht war geschwollen vom Suff, die Augen waren verklebt vom Tagschlaf. Sie sagte kein Wort, begrüßte mich nicht, wich vor mir zurück, als wäre ich krank, ansteckend krank.

Ich wollte sie gleich erschießen, aber dann faßte ich einen anderen Entschluß. Ich entschied mich, sofort zur Genesungskompanie hierher zu fahren und mich kv schreiben zu lassen.

Ich sagte zu Eva: ›Ich bin nur gekommen, um dir auf Wiedersehen zu sagen. Denn ich fahre gleich nach Allenstein zu meiner Einheit.‹

Da fing sie zu heulen an, sagte: ›Ich bin ein Schwein, eine richtige Sau. Bleib doch hier.‹

Ich konnte nicht mehr in ihrer Nähe sein. Und was würde geschehen, wenn abends ihre SS-Ficker anrücken würden? Sollte ich dann vielleicht zusehen? Die hätten mich als blöden Landser ja einfach rausgeworfen. Eva gehörte jetzt ihnen. Ich sagte: ›Nein, ich muß zum Zug nach Possessern.‹ ›Also, dann gehe ich mit‹, sagte sie, und einen Augenblick war die alte vertraute Zärtlichkeit in ihrer weichen Stimme. Na, du kennst sie ja! . . . Ich hatte meine Pistole noch in der Hosentasche. Ich durfte sie doch nicht offen am Koppel tragen. Eva ging neben mir her und gab sich wieder wie früher.

Kurz hinter Karlsberg, wo wir nur noch wenige Minuten Zeit hatten, umarmte sie mich, weinte und schrie: ›Nein, nein! Bleib, Hans, ich mache es nicht wieder, ich schick die Schwarzen weg.‹

Aber ich wußte, daß es zu spät war. Ich zog meine 08/15 aus der Tasche, entsicherte sie und schoß Eva die Hand kaputt, mit der sie mich festhielt. Sie brüllte: ›Du Mörder! Hilfe, Mörder!‹ und lief davon, zurück nach Kutten . . . Das ist alles. Nun warte ich aufs Kriegsgerichtsverfahren. Denn ich werde in ein Strafbataillon gesteckt. Ist auch egal. Krepieren will ich so und so, je eher desto besser . . .«

Mehr habe ich von St. nicht erfahren können. Er kam nie wieder von der Ostfront zurück. Ich traf ihn noch einmal am Tag vor seiner Abstellung an die Front kurz in der Kantine. Er stand schweigend an der Theke und trank ein Glas Bier. Da ich mit der Meute meiner zehn Jahre jüngeren Kompaniegefährten — ›Kameraden sind Lumpen‹ war das Motto dieser Zeit — an den Tischen saß und ich mich vor einem nochmaligen Gespräch mit St. fürchtete, das doch kein anderes Thema gehabt hätte, sprach ich ihn nicht an. Wir nickten uns zu. Dann ging er mit schweren Schritten aus dem Raum. Er hat Eva nicht erschossen, er hat sie ihrem Untergang ausgeliefert, einem Schicksal, das am Ende vielleicht in einem Treck auf der Flucht vor den anderen Vergewaltigern seinen furchtbaren Abschluß fand. Ich fand später, daß es besser und gerechter gewesen wäre, wenn er sie erschossen hätte.

Denn Evas Überleben mußte zur Qual, zur Heimsuchung werden. Die SS verließ Kutten in der Stunde Null und wurde in den Endkampf um Ostpreußen geworfen. Sie blieb als Dorfhure der Verachtung preisgegeben, und ihr Tod holte sie an anderer Stelle ein. Er ist sicher grausamer und sinnloser gewesen als die Hinrichtung durch die Waffe eines verzweifelten Liebenden. Denn St.s Liebe war nicht erloschen. Sie war unbefristet, unkündbar. Sie hörte niemals auf. Das hatte ich verstanden. Das begriff ich aus jedem Wort, aus der Bitterkeit seiner Selbstanklage, seinem Entschluß zu sterben. Er hatte den Tod gewählt, Eva aber geschont. Die zerschossene Hand führte St.s Richter auf seine Spur. Wäre Eva erschossen im Roggen gefunden worden: Wer hätte in diesem Durcheinander einer turbulenten Zeit St. als Mörder überführen können? Jeder, der vor Ablauf eines Urlaubs zur Ersatzeinheit zurückkehrte, war willkommen. St. wäre mit dem nächsten Marschbataillon nach Wjasma oder Rschew gerollt und hätte dort Gelegenheit gefunden, sich den Fangschuß geben zu lassen beim ersten Spähtruppunternehmen, zu dem er sich freiwillig gemeldet haben würde. Eva überlebte als Zeuge gegen ihn. Das war seine letzte Liebestat.

Auch St. hat mich gelehrt, Respekt und Achtung vor den Taten *und* Untaten anderer zu haben, auch wenn wir ihre Motive nicht verstehen. Ich verstand den Gefreiten St. aus Kutten. Denn ich hatte Eva mit der Ohnmacht des Unfähigen begehrt. Und ich mußte das Geschehene allein verarbeiten, mußte hinnehmen, was beiden widerfuhr, wortlos. Ich kann es erst jetzt diesen Blättern anvertrauen, fast vierzig Jahre nach dem Ende ihres Lebens, eines sinnlosen, verlorenen Lebens, das die Meister der Phrasen und des hohlen Pathos vielleicht als Opfergang stilisieren würden.

Aus dem Sprung vorwärts in die Geschichte, die eine Episode der deutschen Unheilsgeschichte war, kehre ich zurück in die lebendige Vergangenheit, tauche unter in meine Gegenwart.

Eva hatte sich die Glacéhandschuhe — sie waren braun gepunktet — ausgezogen, und ich stellte keine Versuche an, sie in Kutten aufzuspüren. Ich respektierte, daß sie verheiratet war, wenn auch mit einem Mann, von dem S. sagte: »Der St. ist ein schlapper Kerl. Wie kommt der nur zu dieser Frau?« Also, ich wußte nichts von den Verhältnissen, außer daß die beiden Schneidersleute sich gerade so über die Runden schneiderten. Eva war eine Dame. Sie hielt sich damals für eine Frau von Welt. Das Format hatte sie ja, und so mußten es eben Glacéhandschuhe sein, die sie überstreifte, wenn sie sich in das Kartoffelkraut kniete. Die Handschuhe waren das Gütezeichen, aber auch das bedrohliche Zeichen der Eitelkeit dieser Frau, die gezwungen war, in Kutten unter ihrem Niveau zu leben. Und Hans St. sollte dann erfahren, was Männern geschieht, wenn sie Frauen als ihr Eigentum betrachten, die ›so fleißig, treu und gehorsam‹ ihrem Partner, der sie den Genuß an der Liebe lehrte, ›jeden Wunsch von den Augen ablesen‹.

Eva konnte auch in anderen Augen lesen. Das war St.s Verhängnis. Aber wer dachte damals anders? Wer sah in der Frau ein selbständiges Wesen?

Für Eva St. gab es ebensowenig einen eigenen Weg, eine Entwicklung nach ihren Fähigkeiten wie für Marianne B. Eva St. wurde Schneiderin, Zuschneiderin, Näherin und Stickerin, weil Hans St. einen Ein-Mann-Betrieb als Dorfschneider eben nicht allein führen konnte.

In diesen Tagen nach Abschluß der Hackfruchternte auf dem verfluchten Feld an der Chaussee nach Possessern wurde schon der Roggen gedrillt (drillen heißt säen), weil nach Kartoffeln immer Getreide folgte. So bestimmte es die Fruchtfolge. In diesen Tagen verließ S. Przytullen. Es kam für uns alle überraschend. Er war mein Lehrer und mein letzter Halt. Denn auch ich zog mir den Handschuh aus. Przytullen war ein durchgetragener, abgewetzter Handschuh nach den vorangegangenen Ereignissen für mich geworden. Überall sahen die Fingerspitzen durch das zerrissene Leder. S. wechselte die Stelle, weil sein Bruder — er hatte Familie, war kein Junggeselle aus Angst vor dem Dämon Frau wie Ernst — Oberinspektor auf dem Großgut des Rittmeisters J. in Chelchen geworden war. Und an Chelchen angrenzend lag Duneyken, wo sich der Diplomlandwirt Wilhelm D., ein reiner Theoretiker, ein Schreibtischlandwirt, mit einem schwierigen Terrain herumschlug. Er bekam die Füße nicht auf die Erde, zappelte sich ab und geriet immer mehr ins Aus. Nur S. — so hörte er es von seinem Nachbarn J. — konnte hier helfen und retten, was nicht mehr zu retten war. B. versuchte, S. zu halten. Er machte ihm sogar ein Angebot. Er wollte ihm sechzig Mark monatlich statt bisher fünfzig Mark Gehalt zahlen.

Nach dem Ausscheiden S.s war die Szene von dem großen Strategen des B.-Imperiums entblößt. T. war nur ein ganz gewöhnlicher Befehlsempfänger, ein fluchender, aus Angst vor dem Oolen angetriebener Roboter, er scheuchte uns und rannte selbst, klein und rund, wie ein Besessener über die Felder und durch die Ställe.

Aber noch konnte ich S. nicht folgen. Er mußte erst Fuß in Duneyken fassen, sich durchsetzen, die Instleute

und den unberechenbaren Diplomlandwirt D. kennenlernen. Schließlich gaben dann später die fünfzig Mark
Wirtschaftsgeld für die leere Haushaltskasse der D.s den
Ausschlag, daß sich der arme Wilhelm dazu entschloß,
mich als Eleven aufzunehmen. D. hat es bereuen müssen.

In dieser ruhigen Zeit nach den Ernten arrangierte Elsa wieder ihren obligatorischen Hausball, das Tanzfest
für die jungen Paare, die sie in unermüdlicher Vermitt-
lerschaft zueinanderführen wollte, weil sie nach ihrem
Ermessen auch füreinander bestimmt waren. Sie befrag-
te ihr Horoskop und stiftete Ehen und, wenn das nicht
gelang, so doch Liebesbegegnungen, die für Gespräche
und Klatsch in den Gutshäusern der Umgebung sorgten.
Diesmal sollten die jungen Gäste mit einer Bowle bewirtet werden.

Manche Mädchen wurden von ihren Müttern begleitet
oder anderen Damen des Hauses, die aufpassen mußten,
daß den Marjells kein Tanzpartner zu nahe trat. Es waren auch einige bereits in Ehren alt gewordene darunter,
für die es keinen Gutserben gegeben hatte. Alles mußte
sich in den Formen einer Etikette bewegen, die lächerlich
und zugleich unwürdig war, auch gefährlich und ver-
derblich. Kein Temperament konnte sich spontan äußern.

Elsa hatte die Bowle aus preiswertem Weißwein und
Erdbeeren aus dem Glas, eingeweckten Erdbeeren also,
zubereiten lassen. Die Küchenmamsell war dafür zuständig. Sauvant und ich wußten, wo die Bowle in einer mit
Rosenmuster umrahmten Porzellanterrine aufbewahrt
wurde, bevor die Bewirtung der vorgefahrenen Gäste
beginnen sollte.

Einer von uns kam auf den durchaus naheliegenden
Einfall, die Bowle vorher zu kosten. Wir zogen Erich von
Sperber hinzu, der widerstrebend mitkostete. Der Ge-

schmack war so aufregend gut, so erfrischend und verführerisch, daß wir die Bowle zu dritt leertranken, sie bis auf den Grund ausschöpften, dann — völlig konsterniert, denn es war keine Zeit zu verlieren — die gleiche Menge Wasser auf die immerhin wenigstens alkoholisierten Erdbeeren gossen und bereits ziemlich angetrunken in den Tanzsaal stolperten. Elsa, die die Bowle abschmeckte, bemerkte sofort, daß sie ihr Aroma verloren hatte. Ich sah sie niemals zuvor so zornig. Ihre immer von irgendeiner Sensation erregten Augen glühten. Sie schossen Blitze auf die schnell enttarnten Täter: »Herr Sauvant, wer von euch hat das angestellt? Du lieber Gott, Sie sind ja betrunken. Was sollen wir denn nun machen? Das ist ja Limonade und keine Bowle mehr.«

B. besaß aus Abneigung gegen jeden Alkohol keinen Weinvorrat, keine Hausbar. Es gab damals keine Hausbars. Es gab keinen Ersatz für die verwässerte Bowle, sie mußte so getrunken werden, auch wenn es wieder einmal hieß: »Beim B. ist nichts los. Da kannst du dich nicht einmal besaufen. Die Mädchen sind auch von gestern.«

Also, es wurde getanzt. Auch die Musiker aus Angerburg bekamen Erdbeerwasser zu trinken und machten aus Enttäuschung lange Spielpausen. Der Abend schleppte sich hin. Die kühle Herbstnacht kam, und in meinem durch die echte Erdbeerbowle gestärkten Selbstbewußtsein, einer Art Vabanquestimmung im Angesicht der unvermeidlichen Katastrophe, überredete ich mit ganz unerwartetem Erfolg Marianne, mit mir in den Park zu gehen. Damals beleuchtete man Parkanlagen noch nicht. Sie lagen in tiefster Dunkelheit, waren den Waldkäuzen, Fledermäusen und dem Wild der nahen Wälder überlassen. Aber die Zeit der Igel war vorbei. Wir kamen zu einer versteckten Bank, von der aus wir das erleuchtete Haus sehen konnten. Wir setzten uns per Distanz auf die herbstfeuchte Bank, die ich mit einem Taschentuch für Marianne trocken zu wischen versuchte. Ich saß in der Nässe und spürte sie kalt durch die Hose. Aber zwischen uns war mindestens ein Meter Abstand.

Marianne blickte mich mit gesenktem Kopf von unten her schweigend an. In ihren immer etwas trüben und verschleierten Augen stand Neugier, aber keine Erwartung, keine Leidenschaft. Sie sagte nichts, während ich horrende Geschichten erfand und erzählte, fast alle aus Franz Biberkopfs Berlin. Dann lächelte sie. Aber es war kein Entgegenkommen, keine Bereitschaft zum Abenteuer in ihrem Lächeln. Ich war lediglich ihr Unterhalter, der die Langeweile des Tanzbodens, dessen alljährliche Wiederholung ihr nie etwas bedeutet hatte, unterbrach. So verging die kostbare Zeit. Hätte ich sie in die Arme genommen, sie hätte keinen Widerstand geleistet. Ihre Lethargie und Ergebenheit waren ihr Schutz. Sie lebte zwischen den Fronten, zwischen Elsas metaphysischem Ritual und ihrem Vater und seiner kalten Rationalität. In Mariannes Gesicht veränderte sich nichts. Sie war in diesem Augenblick eine leere Hülse. Sie brauchte nicht einmal eine Maske aufzusetzen, um ihr Veto gegen ein Abenteuer auszudrücken.

Aber dann donnerte mitten in dieses schöne Schweigen die Stimme des Chefs durch den waldtiefen Park. Er war auf die Terrasse hinausgetreten, von der er mich vor Jahren begrüßt hatte: »Willkommen im Lande der Barbaren!« Er feuerte sofort eine scharfe Salve in das Dunkel, wo er uns vermutete: »Marianne, komm sofort ins Haus! Wenn du dreißig geworden bist und noch keinen Mann gefunden hast, kannst du meinetwegen mit einem besoffenen Kerl in den Park gehen und machen, was du willst. Aber jetzt kommst du herein! Hast du verstanden?«

Marianne erwachte aus ihrem Traum, ihr Gesicht flammte auf. Sie sagte, zum Widerstand bereit und gereizt durch die Peinlichkeit des Augenblicks: »Antworten Sie nicht! Lassen Sie uns hier bleiben! Wir haben den Alten nicht gehört. Ja?« Jetzt war sie das Abbild ihrer Mutter, die Rebellin, die man herausgefordert hatte. Sie wollte nun die Begegnung mit der Liebe erzwingen, wollte sich für die Beleidigung rächen. Aber ich versagte auch diesmal wie in allen Entscheidungen meines jungen Lebens. Der Chef war der Chef, und ich hatte ihm zu folgen, zu gehorchen. »Komm, Marianne, wir müssen rein. Er kommt und holt uns. Er wird dich schlagen. Er kennt im Zorn ja keine Grenzen.« »Sie Feigling«, sagte Marianne und erhob sich brüsk, »ich will Sie nicht mehr sehen.«

Und dabei blieb es. Da ich nicht tanzen konnte, aber völlig nüchtern und ernüchtert war, vermochte ich nur in meiner Scham zu versinken. Marianne hat mir keine Gelegenheit mehr gegeben, mit ihr zu sprechen. Wenn sie mir zufällig begegnete, streiften mich ihre schreckhaft wachen Augen mit Verachtung. Ich habe dann auch nicht Abschied nehmen können. Ich nahm von niemandem Abschied in Przytullen. Am folgenden Sonntag lieh ich von Thus das alte Fahrrad, mit dem ich Ostpreußen unter die Pedale genommen hatte, und fuhr die vierzig Kilometer zu S. nach Duneyken. So kam ich doch noch an dem Waldgut Rogonnen vorbei, das ich seinerzeit verfehlt hatte. Es lag versteckt in einer Waldwildnis. Ich sah Grindashof wie ein weißes Wüstenfort auf den baumlosen Feldern liegen, stand für eine Fahrtpause auf dem verlassenen Gutshof von Groß-Lenkuk, auf dem meterhohes Gras wuchs, ließ auch die Domäne Klein-Schwalg mit ihren ausgedehnten Rübenfeldern links von der Straße liegen, einer Straße, die nur teilweise mit Kopfsteinen gepflastert war, ein Feldweg eigentlich, ein Straßenzwitter. Ich erreichte dann Griesen mit einem kleinen Bahnhof, der später für mich als Verladestation für Duneyken von Bedeutung werden sollte. Ich hatte in der Ferne Wessolowen mit seinen großen Gebäuden erkannt und war an der Allee, die zum Rittergut Chelchen führte, vorbei an der Kreuzung beim Krug vom Kolpak über die Chaussee Lötzen-Treuburg auf die Höhe gelangt, auf der über dem klaren See mit der Ostrow-Insel das Gut Duneyken aus der Konkursmasse der Ostpreußischen Siedlungsgesellschaft lag. Ein schönes Gutshaus, neu, das den irrigen Eindruck einer heilen Welt vermittelte, lag an der Straße nach Schwentainen. Die ›Klapper‹ hoch am Dachstuhl des Kuhstalles war das erste, was ich dann noch wahrnahm. Dann bemerkte ich meinen Lehrmeister, der nicht mein Zuchtmeister sein sollte: S. Er ging über den Hof in sein Zimmer. Ich folgte ihm und fand ihn dort, so wie ich es mir vorgestellt hatte: Er war nicht im geringsten überrascht von meinem unangemeldeten Besuch. Sein Gesicht, das niemals erkennen ließ, was in ihm vorging, verriet auch hier keine Reaktion. Er wird mit diesem Gesicht des Gleichmuts und der Selbstverständlichkeit gegenüber allem, was ihm und anderen widerfuhr, auch gestorben sein.

S., anders als sein lebhafter und wendiger Bruder in Chelchen, war wie ein Stück körperlich gewordene Erde, das sich mit unserer Existenz so verbunden hat, daß wir es nicht mehr losreißen können, weil wir verwachsen sind mit diesem Boden, auf dem wir stehen, leben und fallen. S. fiel für Ostpreußen. Ich hing in der Luft wie ein Ballon, dessen Führer nicht weiß, ob er Ballast abwerfen und steigen oder Gas ablassen und landen soll.

S. sprach mit D., und wir einigten uns, daß ich im kommenden Jahr zur Frühjahrsaussaat zu den gleichen Bedingungen wie seinerzeit nach Przytullen nach Duneyken kommen sollte. Inzwischen provozierte ich den Oolen, damit ich einen triftigen Grund zur Lösung des Lehrvertrages finden konnte. Denn er entschloß sich nicht — vielleicht auf Betreiben Elsas oder aus mir nicht erklärbaren Gründen —, mich einfach hinauszuwerfen.

Ich weiß nicht, ob mir S. damals schon den wunderbaren Ostrow, den wie einen Aztekentempel aus dem tiefen Wasser des Duneyker Sees aufragenden Hügel, zeigte, auf dem vom Frühjahr bis zu den ersten Tagfrösten das Vieh weidete, ob er mit mir durch die Ställe gegangen ist, ob er mir verriet, daß Mastschweine und Jungvieh bereits verpfändet waren, ob er darauf bestand, das lecke Schiff des Wilhelm D. wieder flottzumachen.

Ich weiß das alles nicht mehr im Detail. Es gibt Brüche, Lücken, Leerstellen in meiner Erinnerung. Ich wußte nur, daß ich die Trennung von B. nun ohne Schonfrist herbeiführen mußte, und ich dachte an Waltraud, die fern in Sommerau zurückbleiben würde, wenn ich zu meiner einzigen erfüllbaren ›Liebe‹, zu meinem Motorrad nach Grodk in meine sorbische Heimat zurückkehren würde. So fuhr ich auf der gleichen Route nach Przytullen, auf der ich nach Duneyken gekommen war. Ich hatte Informationen über die Dörfer, Güter und Seen erhalten, die mich diesem Land noch tiefer verbanden. Ich liebte es mit der Traurigkeit eines Abschiednehmenden.

Am folgenden Sonnabend sagte ich zu Hans K.: »Komm, laß uns einen Bärenfang zum Abschied trinken beim Hegewaldwirt.«

Der eine war natürlich eine ganze Flasche; und Bärenfang hat ja die Eigenschaft, den Kopf immer klarer, die Gedanken immer transparenter, die Einfälle immer kauziger zu machen, aber dabei dem vom Bärenfang Beduselten die Beine wegzuziehen. Man ist nüchtern, man glaubt es wenigstens, bildet es sich ein und behauptet es, aber wenn man aufsteht, fällt man um. Diemal hielt ich Maß. Der Ex-Eleve und Hegewaldwirt mußte es zur Kenntnis nehmen, daß es unser letzter Besuch war. Aber andere würden kommen und die Einsamkeit mit ihm teilen. Niemand außer uns war an diesem Spätherbstabend Gast bei ihm.

Draußen riefen die Waldkäuze wie in einem Film von Munk oder Wajda, den fantasievollen polnischen Regisseuren, die auch heutzutage noch einen Rest Urtümlichkeit, eine Enklave heiler Natur in ihren Filmen präsentieren. Und ganz fern im Hegewald, der uns mit seinen ungeheuren Tannen wie eine Mauer umgab, hörte man die Hirsche schreien. Es war Hirschbrunstzeit, und in kalten, klaren Nächten sind sie besonders aktiv, hört man ihr Röhren und ihren Sprengruf in der reinen Luft über Kilometer hinweg.

Der Duft stieg auf, der in meiner Erinnerung spezifisch für jede Landschaft ist. Der Duft Masurens ist nicht übertragbar. Der Duft der weiten Ebene vor Moskau ist anders und ebenso erregend. Der Kiefern- und Birkenduft der sorbischen Heide ist wieder anders, variiert das Urgefühl, von einer Landschaft umgeben, ihr ausgeliefert zu sein, ihr zu gehören bis zum letzten Atemzug, bis zur globalen ökologischen Katastrophe, der wir entgegengehen, wenn nicht der neue Mensch eingreift, der das ökonomische Kalkül der Erhaltung der Erde und der Gemeinsamkeit aller lebenden Wesen unterordnet. Probleme, von denen ich damals nichts wußte. Aber daß ich mit Haut und Haar dieser Landschaft gehörte: Das wußte ich bereits, und das war auch die Schattenseite meines Entschlusses, Przytullen zu verlassen.

Denn was wußte ich von mir? Würde ich tatsächlich im kommenden Frühling in Duneyken bei Ernst S. die Lehre fortsetzen, wo ich doch die Misere gespürt hatte, in der das Gut steckte?

Ich setzte auf S.s landwirtschaftlichen Instinkt, auf seine Zähigkeit und Ausdauer, aus verfahrenen Situationen einen Ausweg, eine Rettung für Duneyken zu finden, nicht dem D. zuliebe, sondern weil ihn die Aufgabe reizte, weil er eine Verpflichtung darin sah, dem vernachlässigten und heruntergekommenen Land zu helfen, den Betrieb wieder in Gang zu bringen und den Schuldenberg abzubauen, auf dem der Schreibtischstratege D. saß und zappelte.

K., gesprächiger als sonst, fast gelöst, wanderte mit mir der Nacht durch die schwarzen Wälder, und im Morgengrauen zogen wir lärmend und triumphierend in Przytullen ein. Denn endlich war meine Stunde gekommen, dem Oolen gegenüberzutreten ohne Angst, nicht mehr zur Unterwerfung, zum absoluten Gehorsam bereit. Wir begegneten zuerst Elsa. Sie warnte mich ganz vergeblich: »Oh, wo waren Sie so lange? Mein Mann kocht vor Wut. Er glaubt, seine Eleven schlafen, und Sie toben draußen herum.«

»Ja«, bestätigte ich kühl, »wir tobten draußen herum. Wir waren im Hegewald Abschied feiern. Denn ich fahre heute nach Grodk zurück. Ich bin fertig hier. Meine Zeit ist abgelaufen. Ich gehe zu S. nach Duneyken.«

Kurz danach polterte der Chef, nun schon Ex-Chef, durch die Diele. Ich erinnere mich noch genau, wie die gewölbten Bretter unter seinen braunen Jagdstiefeln, über die er Gamaschen gestülpt hatte, quietschten und stöhnten. Das Haus war ja ein Chagall-Haus, ganz aus Holz und duftete auch so, wie die Landschaft bei Witebsk, wo der jüdische Maler zu Hause war, von dem ich in Berlin schon Kopien seiner Bilder gesehen hatte, so ›Das blaue Haus‹, ›Ein Soldat trinkt‹ und viele Motive aus Witebsk mit Kirchen, Synagogen, Märkten und jüdischen Festen, vor allem Hochzeiten.

Aber jetzt rief uns B. in sein Arbeitszimmer, wo der stinkende Jagdhundrüde sofort auf ihn zusprang und ihm die Breecheshose besabberte. Er sabberte immer vor Freude, wenn er seinen Herrn begrüßte. B. achtete nicht darauf. Er sagte einen einzigen, uns vernichtenden Satz, der allerdings bei mir ins Leere traf und eher wie ein Bumerang wirkte: »Wenn Sie, meine Herren Eleven, sich den Schwanz verbrennen wollen, dann gehen Sie hin, wo Sie wollen, aber nicht hier bei mir. Ich trage die Verantwortung für Sie und kann nicht tatenlos zusehen, wie Sie sich ruinieren . . . Ruinieren Sie sich meinetwegen im Puff in Berlin«, fügte er zu mir gewandt hinzu.

»Und Herr K., mit Ihrem Vater werde ich sprechen. Er soll Sie einem anderen Lehrherrn anvertrauen. Mir kann er das nicht zumuten, wenn Sie in der Nacht herumvagabundieren und am Tage nichts leisten. Sie sind überhaupt eine trübe Tasse, ein Tränentier, zu nichts zu gebrauchen. Ich habe Sie bisher nicht entlassen, weil ich Ihrem Vater versprochen habe, aus Ihnen einen tüchtigen Landwirt zu machen. Er will Ihnen ja mal eine Musterwirtschaft kaufen. Da machen Sie schon pleite, ehe Sie überhaupt begriffen haben, was los ist, was getan werden muß . . . Noch was, meine Herren?«

Es war der Augenblick gekommen, in dem ich Wolfgang B., dem Mann, dem ich trotz seiner Art, die Umwelt zu behandeln, die Liebe zu diesem Land verdankte, sagen mußte, daß ich die Konsequenzen aus meinem Verhalten ziehen und abreisen würde. Er richtete seine Teleskopaugen eine Sekunde irritiert auf mich, begriff aber sofort die Situation, die entstanden war, und sagte, indem er sich zum Fenster drehte und auf den sich belebenden Gutshof sah — die Gespannführer, die Hofegänger, die Frauen und Mädchen, auch H., kamen und bezogen ihre Startpositionen —: »Das wird das beste sein, was Sie hier noch tun können . . . Abtreten, meine Herren!«

Ich ging ohne Gruß hinaus, von den grünen Augen des Hundes verfolgt. Nur um Elsa tat es mir leid, die im Hinterzimmer an ihrem Globus drehte und mir ein Abschiedshoroskop stellte.

Ich begab mich zur nahen Landstraße, zur Haltestelle

des Postbusses, der allmorgendlich hier vorbeikam und, sofern jemand auf ihn wartete — was selten genug der Fall war —, auch anhielt. Dort stand Klara H. unter einer Birke mit meinen beiden Koffern. Klara, dachte ich. Warum war *sie* gekommen? Warum gerade sie? Hatte Elsa sie zu diesem letzten Gnadenakt für mich ›abkommandiert‹? Was hatte Klara, die nichts von meiner verschwiegenen Liebe zu ihr wissen konnte, bewogen, meine Koffer zur Haltestelle zu tragen?

Meine heimliche und mir zuerst selbst verborgene Zuneigung zu dem Mädchen mit dem weizengelben, aber wie reifer Hafer glänzenden Haar, mit den blaßblauen, verschleierten Augen, dem stets scheu an die Erde gehefteten Blick, entstand aus einer für uns Eleven peinlichen Episode. Sie ereignete sich an einem Sommerabend im Gutshaus. Elsa wollte wieder einmal Schicksal spielen, Menschen zueinander führen, die nichts miteinander verband. Sie schlug vor, ja sie zwang uns dazu, die verschlossene Tochter des Brennmeisters, die weder zu den Gutsarbeitermädchen noch zu den Küchenmarjells Kontakt hatte, einzuladen. Wir sollten uns, wie Elsa entschieden hatte, »ein bißchen um die arme Klara kümmern, sie aus ihrem Dornröschenschlaf wecken, sie von ihrer Melancholie befreien, sie aufheitern«. Das war Elsas Sprache. Die scheue Klara und die unbändigen Eleven, dazu noch die uns schon vertraute, unsere grimmigen Späße und Obszönitäten gelassen hinnehmende Marianne: Das sollten die Partner des fröhlichen Abends werden.

Es wurde ein Saufabend wie alle anderen Zusammenkünfte damals unter unserer Regie. Für Klara war da kein Platz. Sie konnte nicht mit unserer Zurückhaltung rechnen. Unser Chef war mit Elsa nach Gembalken gefahren. Und wir trieben es schlimm mit unseren Grobheiten und Wortspielen, mit Anspielungen, die Klara alle auf sich beziehen mußte, die Schweigsame, deren blasses Trauergesicht eine verlegene Röte verschönte. So jedenfalls empfand ich es. Aber ich trieb es am tollsten, betrank mich gerade wegen dieser plötzlich aufflammenden Zuneigung zu dem hilflosen Mädchen am sinnlosesten. Ich ahnte, daß mir eine neue Zäsur, eine Qual mehr, bevorstand, wenn ich mich zurückhielt und wegen Klara nüchtern blieb. So ergriff ich die Flucht nach vorn, während Klara nur an die Flucht nach Hause dachte. Sie sagte kein Wort, konnte unsere albernen Redensarten nicht durch eigene Bonmots übertrumpfen. Marianne gelang das eher, sie hatte unsere rücksichtslosen Umgangsformen bereits kennengelernt, wußte, was Bluff und Wahrheit war. Nur Konrad von Dreßler hielt sich zurück. Aber das war seine Art, sich gegen uns zu behaupten. Er schämte sich, in solche Gesellschaft geraten zu sein. Erich von Sperber war schon bald nach einigen Gläsern Meschkinnes geistig ›weggetreten‹ und wiederholte seine dümmlichen Sprüche, die wir alle kannten, während Sauvant auf seine primitiven Anbiederungsversuche setzte. Klara wurde zur Unperson degradiert, als Brennertochter gehörte sie nicht zu uns, wurde sie abqualifiziert. Aber gerade sie war in dieser Nacht in B.s Arbeitszimmer, wo die Orgie stattfand, der einzige Mensch, das einzige Wesen, das seine Würde bewahrt hatte und nicht preisgab. Ich hätte ihre Stille hören müssen. Aber dazu war ich damals nicht fähig. Denn ich lebte in einem lauten Alter. Und weil ich das schutzlose Mädchen zu lieben begann, je mehr ich ihren Widerstand als Überlegenheit spürte, mußte ich mich sinnlos betrinken. Es gab ja keine Möglichkeit, ihr zu sagen, daß mein Verhalten eine Maskerade war.

Was war da zu tun? Ich konnte nur abwarten, wie sich Klara aus der Affäre ziehen würde. Marianne lachte, unberührt von unseren Zoten. Sie war ja ebenfalls unverletzbar, weil sie in dieser Farce als Tochter des Hauses die Hauptperson spielte. Klara war uns ausgeliefert, konnte keine Autorität gegen uns aufbieten. Was galt schon ein Brennermädchen für eine Meute losgelassener junger Burschen, die kein Erbarmen mit den Frauen kannten, von Ritterlichkeit ganz zu schweigen? Schließlich wagte das Mädchen immerhin aufzustehen und sich an uns vorbeizudrücken, während wir unsere Gläser mit Meschkinnes schwenkten und den miefenden Jagdhund Prinz damit bespritzten, der uns von seinem Dachsfell, auf dem er die Nächte verbrachte, mißtrauisch beobachtete.

Klara war eine Fremde und blieb es mit den wenigen gestammelten, fast unhörbaren Worten: »Ich glaube, ich muß jetzt gehen.«

Sie hatte ihr schönstes Kleid angezogen. Niemand hatte es bemerkt, niemand bewundert. Doch ich sah es, aber ich verleugnete, was ich sah. Sie war gekommen, weil Elsa sie gerufen hatte damals in dieser unseligen Sommernacht. Und sie war jetzt mit meinen Koffern zur Stelle, weil sie gehorsam Elsas Anweisungen gefolgt war. Eine andere Erklärung konnte es für ihr Verhalten nicht geben.

Die Chaussee war bis an den Horizont mit Jahrhundertbirken gesäumt. Es war ein unaufhörliches Birkenlaubrauschen in der herbstlich bewegten Luft. Ich höre dieses Brausen noch immer. Ich gehe auf meine Vergangenheit zu, sie holt mich ein und zwingt mich, meine Zukunft zu sein.

Ich nahm die Koffer auf und stellte sie neben mich. Ich nahm sie Klara weg und trennte mich so mit diesem Akt der Wiederinbesitznahme von ihr. Ich zog einen Trennungsstrich: Hier bin ich, und hier sind meine Koffer, und dort unter der Birke bist du. Dazwischen ist ein Streifen staubiges Niemandsland, leere Luft, Rauschen,

Anonymität. Aber um uns war ganz Masuren versammelt in all seinem Glanz und seiner Vergänglichkeit, das leicht zerstörbare Land.

Dann kam der gelbe Postbus, auf den wir einige Minuten gemeinsam gewartet hatten, ehe Klara davonging. Auch daran erinnerte mich kein Wort des Mädchens, nur die vage Bewegung ins Leere hinein, dieses Sich-von-mir-Fortbewegen in der zeitlupenhaft langsamen Drehung des Kopfes, die gebrochenen Lichtstrahlen auf dem glatt gescheitelten Haar, die nachgiebigen Schultern, nun ein wenig emporgezogen, vielleicht von der Beschwernis des Koffertragens, vielleicht auch wegen der Unverständlichkeit der Szene — Klara kannte ja nicht die Gründe meiner überstürzten Abreise — und der Unbegreiflichkeit des Abschieds.

Es ist verwegen, wegzufahren, aber es ist noch verwegener, zurückzubleiben.

Ich war der einzige Reisende, der hier zustieg. Ich setzte mich an das hintere, rechte Fenster, von dem aus ich den ganzen Weg bis zum Brennerhäuschen überblicken konnte. Dort ging Klara, den Kopf gesenkt, die Augen auf den Boden geheftet. Noch einmal das unvergeßliche Bild — leicht, unerreichbar.

Hatte ich sie geliebt? Was ist Liebe? Ist sie Krankheit, Wahnsinn? Ich glaube, sie ist so viel von beidem, wie man zum Leben braucht. Ohne sie gibt es kein Leben. Sie ist der Aufwind, der uns trägt ›mit Flügeln aus Weizenfeldern‹.

Man könnte glauben, ich respektiere die irrige Meinung, ich hätte eine Geschichte aus der Vergangenheit erzählen wollen. Ich schrieb von meiner Zukunft. Denn für die Erinnerung gibt es kein Gestern und Dort, nur ein Hier und Heute, ein Jetzt, nur ein leidenschaftliches Sich-Äußern in der Gegenwart.

Damals erlebte ich zum ersten Mal dieses mich nie

mehr verlassende Grundgefühl meiner Existenz, das alle meine Positionen bestimmt: Die absolute Sicherheit, daß alles Schlaf und Vergangenheit ist und daß die sogenannte Realität, die Wirklichkeit, an die sich die Rationalisten, vor allem die Politiker halten, nach der sie sich zu orientieren versuchen, der Zukunftsmüll, nichts anderes als Traum und Wahnsinn bedeuten.

Duneyken

Das stundenlange Fahren durch eine unberührte Landschaft wirkt beängstigend, es kann sogar einen Schock
auslösen. Das hat meine Fahrrad-Odyssee — wie ich
meine sechshundert Kilometer lange Reise durch Ostpreußen selbstironisch nannte — bewiesen. Das zeigte
sich immer wieder, auch noch im Krieg, wenn ich die fast
tausend Kilometer nach Berlin im Fronturlauberzug verbrachte. Es war eine Verlorenheit an die nicht unterworfene
Weite, das Gefühl der Endlosigkeit, das eine Art von un-
sichtbarem Stigma hervorrief und mich, den Fernweh-
süchtigen, an die vorüberziehenden Bilder völlig auslieferte. Es gab keine Gegenwehr, keine Fluchtmöglichkeit.
Das Land drang durch die Fensterritzen. Es nahm mir
meine Identität. Es katapulierte mich in die Zeit- und
Grenzenlosigkeit. Zeit und Raum wurden abstrakte Grö-
ßen, waren keine Hilfsmittel mehr, mich zurechtzufin-
den. Ich war ausgeschlossen von dem Wechsel aus Tag
und Nacht, Licht und Dunkelheit. Ich reagierte wie ein
Paralytiker, völlig unkontrollierbar, völlig ›außer Rand
und Band‹ — wie es meine Mutter ohne Kenntnis des
wirklichen Geschehens, des Problems, das ich nicht zu
lösen vermochte, mit einem Schlagwort treffend nannte.
  Damals war ich wie viele meines Jahrgangs, die sich
schon vor dem Krieg totgetrunken hatten, im Rausch
verunglückt waren oder sich das Leben nahmen — den
Rest dezimierte Hitlers Vernichtungsstrategie —, der
·Meinung, nicht zu bewältigende Eindrücke, nicht ver-
stehbare Zäsuren, eine hoffnunslose Liebe zum Beispiel,

im Alkohol ertränken, sie sozusagen tottrinken zu können.

Ich erkannte den Verdrängungsprozeß nicht, glaubte in der Selbstbetäubung, den Sprung über den eigenen Schatten zu schaffen. Masuren war so eine ungeheuerliche Zäsur, unfaßbar wie dann später der Rußlandwinter und die trügerische Stille des Sommers in den Kleefeldern von Rschew, in denen die Wachteln schlugen, während die Stalinorgeln dröhnten und in den Sümpfen, auf den feuchten Wiesen von Tereschkowo, wo das Knabenkraut blühte und aufschoß, die Orchis palustris, die östliche Orchidee. Upton Sinclair schrieb ja erst 1956 sein den Irrtum des Alkoholdeliriums entlarvendes Buch ›Becher des Zorns‹. Ich mußte bis dahin noch viele ›Becher des Zorns‹ leeren.

Auf die masurische Herausforderung reagierte ich bereits wie ein Betrunkener, auch wenn ich stocknüchtern war. Wie konnte ich Widerstand leisten, nachdem ich Ochlast und Malga, Omulefofen und Muschaken, den Omulefsee, den Ort der Selbsthinrichtung des besiegten Zarengenerals Samssonow, aufgegeben hatte, nachdem ich dann wieder einmal auf dem kleinen Bahnsteig in Lötzen zwischen all den freundlichen, aber mir verschlossenen Menschen stand, die wie ich auf den D-Zug von Prostken nach Berlin warteten. Mein erstes Etappenziel auf dieser Heimfahrt zu der ungeliebten Familie, in das mir verhaßt gewordene Grodk, war Frankfurt, natürlich das an der Oder gelegene. Dort mußte ich umsteigen, um über Guben und Cottbus nach Grodk zu gelangen. Ich habe hier schon ein Resümee vorweggenommen. Denn Ochlast, Malga, der geheimnisvolle und unbekannteste See Masurens, der Omulefsee — der Name zergeht mir auf der Zunge, so wohltönend erscheint er mir heute, so kostbar ist er mir geworden in den Jahren der Abstinenz —, standen mir als Erfahrung noch bevor.

Sie sollten den Schlußpunkt hinter mein masurisches Abenteuer setzen, das ein Experiment und gleichzeitig ein Versuch des Überlebenkönnens war.

Nach dem wortlosen Abschied von Klara war ich prädestiniert für den Exzeß. Nie wieder würde ich die zarte Linie von den schlanken Beinen aufwärts über die leicht zurückgebogene Hüfte sehen können, nie mehr das Rauschen der Jahrhundertbirken vernehmen, das Klaras müde wirkende Schritte verschlang. Ich kann dieses Erlebnis, diesen Verlust und Schmerz, den ich mir selbst zufügte, nicht aus meiner Erinnerung tilgen. Aber ich mußte ihn ja nicht erleiden, ich hätte ja bleiben können, hätte dem Chef Besserung geloben können. Ich konnte, wenn ich den Mut dazu fand — aber eben das ging über meine Kraft —, eine Begegnung mit Klara erzwingen, der sie nicht entgehen würde, wenn ich die richtigen Worte für das Mädchen fand, die es von meiner echten Zuneigung überzeugten.

Ich kann in meiner lebendigen Erinnerung diese Zäsur nur ertragen, ihr gewachsen sein durch den Umweg über die Musik, slawische Musik, Musik von Anton Dvořák. Für Eva St. und Klara H. lasse ich Dvořáks Klaviertrio e-Moll op. 90, das sogenannte Dumky-Trio, ertönen oder auch in Abständen von Jahren Tschaikowskys großes Klavierkonzert Nr. 1 b-Moll, von Martha Argerich, der argentinischen Pianistin, vorgetragen. Kondraschin, der kürzlich gestorbene hervorragende sowjetische Dirigent, müßte das Orchester führen hinein in die Welt Tschaikowskys, die auch meine damalige Erfahrungswelt war.

Ich glaube jetzt, daß jeder Mensch dem Partner seiner Bestimmung zugeführt wird, der oft nicht der Partner seiner Wahl ist, der aber Macht über ihn gewinnt und ihn beherrscht, auch mit sanfter Gewalt, auch ohne Nötigungen, ohne Befehle, ohne Zwang.

Damals glaubte ich gar nichts. Ich wollte an die Liebe

glauben, suggerierte mir Waltrauds Gegenliebe. Aber gerade das mißlang, wurde schon in den Ansätzen abgetötet von der Gegenkraft, die in mir wirkte und alles Liebenswerte in Frage stellte, es zerstörte, es wie mit Schimmel überzog, wie mit Rost zerfraß. Wie konnte ich an diesem herbstkalten Morgen auf dem Bahnsteig in Lötzen aushalten als Fremder unter Fremden?

Der D-Zug von Prostken hatte, wie oft, große Verspätung. Ich war ausgebrannt und fror, weniger von der dampfenden Herbstkälte, als von der Leere in mir. Ich hatte mich selbst aufgegeben. Nun entfernten sich die täglichen Bilder von Przytullen, die röhrende Stimme des Chefs. Elsas warnende Gegenwart, ihre Besorgtheit um die jungen Menschen, denen sie so zugetan war, das herausfordernde Lachen der Mädchen in der Kolonne, Z.s Kumpelhaftigkeit, seine Verschwiegenheit, wenn es drauf ankam. Klaras schwindender Schatten, die kühle Herbstsonne auf ihrem gescheitelten, weizenblonden Haar, Mariannes verächtliches Lächeln in den trüben Augen, in dem verletzlichen Gesicht, das die Kränkung durch meine Unentschlossenheit nicht hinnehmen konnte, ein Gesicht, das täglich blasser wurde, blutleerer, krank. Was wußte ich von der Liebe? »Nichts weiß ich von dir, Liebe, aber alles vom Tod«, schrieb der argentinische Dichter.

Und nun war es Zeit, daß der falsche Partner, der ungebetene Gastgeber, der Mitwisser, der Komplize mich ansprach. Wir standen alle so herum und verstummten im Warten auf den Zug, der ein Versprechen der ›großen Welt‹ einzulösen schien durch seine Ankunft. Ostpreußen, Masuren werden stumm im Zorn, oder sie randalieren, wenn sie sich provoziert fühlen.

Die Verspätung des D-Zuges, die meinen Anschluß in Frankfurt in Frage stellte, machte die Wartenden ungeduldig, sie wollten das nicht hinnehmen.

Aber der junge Mann, der mich ansprach, war davon unberührt. Seine Fröhlichkeit paßte auch nicht in dieses gestörte Stilleben.

»Fahren Sie auch nach Berlin?« fragte er und sah mich herausfordernd an. Es war ein böses Gesicht, ein kaltes, heruntergekommenes Gesicht. Das nahm ich wahr. Der Instinkt eines Zweiundzwanzigjährigen ist noch nicht getrübt vom Vorauswissen des Kommenden. Er ist ganz dem Augenblick verfallen. Er notiert genau, was er bemerkt, umreißt das Bild mit scharfen Konturen. Selten nimmt er dann später eine Korrektur vor. Der junge Mann war ein kleiner Gauner, aber offensichtlich einer aus ›feinem‹ Haus.

Als ich sagte: »Nach Berlin nicht, aber nach Frankfurt«, begeisterte er sich für das Vorhaben, das seine Frage ankündigte: »Prima, dann fahren wir zusammen. Ich habe erste Klasse gelöst, Sie doch auch?«

Ich hatte nur noch ein paar Groschen in der Tasche. Der Rest lag beim Hegewaldwirt in der Kasse des Schanktisches.

»Nee«, entgegnete ich zögernd und fühlte mich sofort unterlegen, ausgeliefert, gehemmt wie stets, wenn ich einer Situation gegenüberstand, die mich beschämte.

»Macht nichts«, sagte der junge Mann, der immerhin zehn Jahre älter sein mochte als ich, angezogen wie ein Berliner Zuhälter, also ›picobello‹, wie man in Grodk die teuren Anzüge solcher Tangobubis bezeichnete.

»Macht überhaupt nichts. Wir fahren natürlich zusammen. Ich bezahle den Fahrpreis für Sie. Sie sind wohl auch ein Gutseleve? Das sieht man auf den ersten Blick über den Daumen gepeilt.«

»Ja, ich war in Przytullen. Das ist ein Mustergut, gehört einem gewissen Wolfgang B.«

»Wird auch ein Esel sein«, behauptete der Mann mit dem bösen Gesicht, der viel kleiner, aber robuster war als ich. »Also ich komme aus Adlig-Bialla, das dem Skowronnek gehört, einem Dichter. Verdammte Klitsche.«

Das Wort Dichter betonte er mit Verachtung und machte dazu eine wegwerfende Handbewegung. Wir konnten im Augenblick den Lagebericht nicht weiterführen. Denn endlich rollte mit masurischer Bedächtigkeit der einzige D-Zug in den Bahnhof von Lötzen ein, der Ostpreußen mit der deutschen Republik verband, die im Begriff war, ein ›großdeutsches Reich‹ und für zwölf Jahre sogar ein ›tausendjähriges Reich‹ zu werden.

»Ich kann doch nicht einfach in Ihr Abteil kommen«, versuchte ich die Lage noch einmal für mich zu stabilisieren. Aber der Eleve aus Adlig-Bialla war nicht umzustimmen. »Quatsch nich, Krause«, rief er mich zur Ordnung, »die Differenz bezahle ich. Klar?« Er rief den Zugschaffner, holte seine Geldbörse aus der Hosentasche hervor, gab diesem mit spitzen Fingern ein Fünf-Mark-Stück Abfindung, wies auf mich und sagte: »Ich löse für den Herrn nach bis Frankfurt erster Klasse . . . So, und dann schicken Sie mir mal den Speisewagenkellner, aber ein bißchen tempo, tempo.«

Der Schaffner fixierte uns kritisch, aber fühlte gleichzeitig das große Trinkgeld in seiner Hand. Fünf Mark! Das war eine enorme Summe. Dafür mußten Martha Degwitz und die anderen Mädchen drei Tage auf den Knien durch die Rübenfelder kriechen.

»Also, dann kann uns ja nichts mehr passieren«, sagte der Eleve des Dichters Skowronnek und ließ sich schwer ächzend und schnaufend in den roten Plüsch des Erste-Klasse-Abteils fallen.

»Mann, bin ich fertig. Die ganze Nacht durchgesoffen. Abschied gefeiert mit den Marjells. Aber ich werde Wein bestellen, vom besten natürlich. Die verstehen hier ja nichts von Wein, können nur Fusel saufen, ihren beschissenen Weißen oder das Weibergesöff, den Bärenfang.«

Er stöhnte und gähnte. Die durchsoffene Nacht steckte ihm noch in den unausgeschlafenen Gliedern. Er brauchte einen kräftigen Schluck, um »wieder Mensch zu werden«, wie er betonte.

»Ja, Mensch bin ich nur, wenn ich total blau bin. Die Welt ist ja nur noch im besoffenen Zustand zu ertragen.«

Ich gab zu, daß es stimmte. Aber ich spürte Widerwillen gegen den Älteren, einen noch unbegründeten Ekel, der sich bald als begründet erweisen sollte. Das zeigte sich daran schon, wie er den Schaffner behandelt hatte, wie er nun den Kellner herunterputzte: »Hat ja lange gedauert, bis Sie gezündet haben. Sollen wir hier verdursten? Zeigen Sie mal her, was Sie da für Weine auf Ihrer Weinkarte zu bieten haben. Was, keinen Châteauneuf-du-Pape? Bei Ihnen ist wohl das Mittelalter ausgebrochen? Von Wein und Weibern verstehe ich nämlich was. Die beschissene Landwirtschaft soll der Teufel holen!« Der Eleve, der sich in Masuren gelangweilt hatte, las die Weinkarte vor und bestellte dann zwei Flaschen vom Teuersten.

»Was gut ist, ist immer teuer, ist mit den Weibern auch so. Vergessen Sie die Gläser nicht!« rief er dem Kellner nach, der sich eilfertig für die Bestellung bedankte.

»Ja, ja, der Wein und die Weiber: die reiben den Menschen auf. Eigentlich heißt es: Der Suff reibt den Menschen uff, aber die Weiber gehören dazu. Die sind noch schlimmer . . .«

Inzwischen hatte uns der Speisewagenkellner den bestellten guten Tropfen gebracht und eingeschenkt. Wir tranken hastig und ohne die Blume zu schmecken. Mein Reisepartner wollte nur so schnell wie möglich besoffen werden. »Ich saufe und ficke mich tot«, stellte er zufrieden fest, »und dem Alten nehme ich einen Tausender ab. Ist das klar?«

»Das ist klar«, lallte ich, schon nach wenigen Gläsern nicht mehr zum Widerspruch fähig.

»Langweilig, dieses beschissene Masuren«, dröhnte mein Reisegefährte. Wir hatten die Vorhänge vor die Fenster und die Tür gezogen.

»Hier kommt kein Schwein mehr rein«, versicherte der Fabrikantensohn aus Essen.

Ob sein Vater wirklich auf sein Telegramm ›Treffpunkt Berlin, Bahnhof Zoo‹ eingegangen ist, bleibt offen, wurde auch nie geklärt. Denn ich habe den Kerl nie mehr gesehen nach dieser Orgie im D-Zug Prostken—Berlin. Wir brachen den Gläsern die Stiele ab und steckten den Rest in die Aschenbecher, als wir die Flaschen geleert hatten. Dann streckten wir uns auf den Sitzen aus mit qualmenden Zigarren, die der Eleve des Dichters noch bestellt hatte.

Ich wurde wach durch einen brennenden Schmerz auf dem rechten Oberschenkel. Das Abteil war voll Rauch. Meine Hose brannte. Sie hatte schon ein handgroßes Loch. Ich weckte meinen Reisegefährten: »Du, was soll ich machen? Ich muß in einer halben Stunde in Frankfurt umsteigen, und nun ist meine Hose verbrannt.«

Der Kerl lachte und schimpfte abwechselnd. Die verbrannte Hose machte ihm Riesenspaß, daß ich ihn wegen so einer Bagatelle geweckt hatte, ärgerte ihn gleichzeitig.

»Das macht doch nichts«, beruhigte er mich, »ich habe noch eine Hose in meinem Koffer. Die kannst du anziehen. So kommst du wenigstens nach Hause in dein gottverdammtes Grodk. Deine Mutti wird dir 'ne neue Hose kaufen.«

Er sprang auf, zog seinen Koffer aus dem Gepäcknetz, fummelte lange an dem Schloß herum, war aber doch so weit nüchtern geworden, daß er ihn aufschließen konnte, während ich mich bemühte, die Fenster zu öffnen, weil uns der Rauch des verbrannten Stoffes — es war eine schwarzweiß punktierte Knickerbockerhose — die Tränen in die Augen trieb.

Endlich hatte er die Hose aus seinem Koffer gezerrt. Ich konnte sie anprobieren. Es war ein Bild zum Lachen, aber mir war das Lachen vergangen. Die Hose — eine gut geschnittene Bügelfalte erbrachte den Qualitätsnachweis — war mir viel zu eng und klein. Ich konnte sie mit Mühe über die Hüfte ziehen. Aber dann reichten die Hosenbeine nur bis zur Wade. Ein ›Hochwasser‹ dieser extremen Variante gab es nicht einmal zur Zeit der kurzen Hosen. Ich sah wie ein Vorstadtclown kurz vor seinem ersten Auftritt aus. Ich hatte jedoch keine Zeit mehr zum Überlegen. Ich mußte raus und umsteigen. Wir waren nach zehn Stunden Besoffenheit in Frankfurt angekommen.

Mein Reisegefährte verabschiedete sich mit den hoffnungsvollen Worten: »Du wirst sehen, den Alten lege ich aufs Kreuz. Der muß einen Tausender schmeißen. Und nun komm gut zu deiner Mutti.«

Ich sagte: »Danke für die Hose.«

»Schon gut, schon gut, mach keinen Scheiß«, winkte er ab. Sein Galgenvogelgesicht funkelte im geöffneten Fenster, aus dem es immer noch nach verbrannten Knickerbockern stank.

Meine Mutter empfing mich zuerst sprachlos, sah auf meine Hosenbeine. Ich hatte zwar das passende Jackett zu meiner aus dem Fenster geworfenen, verbrannten Hose an, aber die neue Kombination war, abgesehen von der Kürze der Hosenbeine, ein Kuriosum. Dann sagte sie: »Wie siehst du denn aus? Wo ist deine Hose?«

Sie hatte erfaßt, daß mir da eine Panne passiert sein mußte. Ich erklärte ihr in Stichworten, daß ich von der Landarbeit so müde gewesen sei, daß ich im D-Zug von Prostken nach Berlin eingeschlafen war, und da ich meine Zigarre nicht weggelegt hatte, sei sie mir eben auf die Hose gefallen und hätte ein kleines Loch hineingebrannt. Zum Glück hätte ein freundlicher Mitreisender mir eine Hose aus seinem Gepäck gegeben. Aber dieser Mitreisende wäre eben ein sehr kleiner Mann gewesen, und seine Adresse hätte er auch nicht hinterlassen. So war es.

Ich hatte während dieser wüsten, bacchantischen Fahrt alles vergessen, was mich auf dem Bahnsteig in Lötzen bis zur Unerträglichkeit gequält hatte, was mir das Weiterleben als fast unvorstellbare Zumutung erscheinen ließ: Masuren und Klara, Klara und Masuren. Unteilbares Leben!

Ausgenüchtert galt mein erster Gedanke meinem Motorrad. Die ferne Landschaft Masurens gerann zu einem Traum, einem Tagtraum, der den Träumenden, den von ihm Besessenen ständig begleitete. Ich haßte die Stadt, mein Milieu, die sterile Alltäglichkeit des Apothekerhauses mit dem Ritual der Stunden, dem genau festgelegten Tagesplan zwischen Morgenkaffee, Mittagessen und Abendbrot, mehr denn je. Die auf der Flußinsel gelegene Altstadt, in der wir in einer baumlosen Straße, der Hauptstraße, wohnten, stank nach den dampfenden ultramarinblauen Abwässern aus den Färbereien. Das schöne Wort ›ultramarinblau‹, das südländische Assoziationen weckt, das aber in meiner leicht erregbaren Fantasie den Himmel über Masuren beschwor, das das im Staub schwimmende Bild Klaras bewahrte: hier war dieses Wort ein geschändetes Wort.

Grodk war ja eine Tuchmacherstadt mit ihren Spinnereien, Färbereien und Walkereien. In den kalten, leeren Straßen, die ich nachts ruhelos durchstreifte, nistete die Langeweile. Tausend Kilometer trennten mich vom Leben.

Ich bewegte mich wie im Hinterland der Front, war

abgeschnitten von meiner Einheit. Dieser militärische Vergleich, der acht Jahre später Wirklichkeit für mich wurde, drängt sich auf. Ich war amputiert. Meine Glieder waren intakt, aber ich besaß nur noch einen Rest meiner *Seele*. Hier bestehe ich auf diesem geschmähten Begriff, der für mich damals noch voll Leben war und es heute wieder ist. Die Wirklichkeit der Vergangenheit, die auch unsere Gegenwart und Zukunft ist, kommt ohne Seele nicht aus. Nur in meinem Dachzimmer das Waschgeschirr aus Blech, das an den Nietstellen bereits verrostet war, erinnerte mich an Przytullen. Das wacklige Gestell, darin die blecherne Waschschüssel in einer Mulde, der Wasserkrug, alles Blech, schufen eine magische Verbindung zu dem Land, dessen Größe mich zu Boden geworfen hatte. In meinem Zimmer mit dem Blick in den Park stand die gleiche Garnitur, die man in ihrer Armseligkeit heute nicht einmal mehr den ›wilden Kriegern‹ in Stammheim zumuten würde.

Ich wollte schon in den nächsten Tagen nach Masuren zurückfahren, aber diesmal mit dem Motorrad und nicht nach Przytullen, sondern nach Duneyken zu ›Wilhelm D. dauernd im Druck‹, zu meinem Beschützer und wirklichen Lehrmeister Ernst S., der sich niemals die barbarischen Vollmachten eines Zuchtmeisters genommen hatte.

Der Hobby-Mechaniker, der mein Motorrad auseinandergenommen hatte, wartete immer noch auf den neuen Kolben aus Neckarsulm. Er wischte sich die verölten Hände an einem Lappen ab, betrachtete den Torso meiner ausgeschlachteten NSU und sagte dann streng: »Also, wenn die Firma Ihnen kostenlos einen neuen Kolben liefert, dann haben Sie aber Schwein gehabt. Denn auch wenn noch Garantie für die Maschine besteht: Sie haben sie kaputtgefahren, als der Motor noch gedrosselt war. *Ich* würde Ihnen den Kolben nicht ersetzen.«

Ich war zum Warten verurteilt. Ich leistete die schwere Arbeit der Geduld. Inzwischen schickte ich meine Träume auf die Reise. Elsa half mir dabei mit ihren großen, in die Ferne gerichteten Augen, die dort etwas Beruhigendes, Unheimliches suchten und wohl auch gefunden hatten. Denn sie blieben in ihrer Schreckhaftigkeit unverändert auf die Umwelt gerichtet, eine für sie wahrnehmbare, imaginäre Umwelt. Sie hatte mich einmal an einem dieser ultramarinblauen Sommertage gefragt: »Haben Sie Pan gesehen?«

Damals wuchsen noch die Kornblumen in den Roggenfeldern, die der Farbe ihren Namen gegeben oder von der sie ihren Namen empfangen hatten, wie ich sie nur in Przytullen und acht Jahre später an der Front in Tereschkowo bei Rschew gesehen hatte: ultramarinblau.

»Pan?« fragte ich ratlos. Ich war ja ohne Mythen aufgewachsen.

»Ja, Pan, bockshörnig, nackt und behaart, mit schwarzen Zotteln zwischen den feisten Schenkeln«, fuhr Elsa in ihrer Geheimsprache fort und drehte dabei an ihrem von innen beleuchteten Globus.

»An solchen Mittagen tritt er in der flirrenden Hitze aus dem dichten Unterholz des Hegewaldes. Sein braunfleckiges Hengstgeschlecht ist erigiert. Er spielt auf einer selbstgeschnitzten Baumflöte eine Melodie, die noch niemand gehört hat. Aber wer sie hört, fällt in tiefe Ohnmacht, bis ihn die Schnittermädchen wecken. Sie kitzeln ihn mit einem Roggenhalm oder dem frischen Grün des welschen Weidelgrases. Aber wenn der Überraschte aufwacht, ist Pan, der Gott des Waldes, längst wieder untergetaucht in dem undurchdringlichen Forst. Er zog sich schon zurück, als er die Mädchen kommen sah. Er zeigt sich nur einmal und nie wieder einem einzelnen Menschen, niemals einer Gruppe. Darum können die Mädchen der Kolonne ihn auch nie wahrnehmen. Ich bitte Sie: der Frieda würde Pan begegnen! Die hat doch nur Zoten im Kopf. Es fehlt ihr an Sensibilität, die Pan voraussetzt, wenn er sich einem von der Hitze benommenen Menschen zeigt. Aber auch für Frieda spielt Pan die Weidenflöte, und wenn es auch in diesem Fall ein vulgäres Lied ist, das die eintönige Arbeit erträglicher macht. Pan gibt sich nur den Erniedrigten und Beleidigten zu erkennen.«

Elsa sah ihn wohl zwischen den Parkbäumen auftauchen. Denn sie blickte mit weit aufgerissenen Tieraugen, den rehbraunen, den sommerbraunen, aus dem einzigen Fenster ihrer Dunkelkammer, in die sie ihr von ihrem Mann zugewiesenes Zimmer verwandelt hatte. Aber ich war zu müde, zu erschöpft von der monotonen Arbeit auf den schattenlosen Feldern, zu betrunken vielleicht auch, um Pan erkennen zu können. Ich sah nur einen großen mattgrünen Gartenspecht mit seiner roten Haube in dem für alle Spechte typischen wippenden Flug davonfliegen. Meine Ohren waren verstopft vom Staub der Wege und der Dreschmaschine. Ein jüdischer Arzt in Grodk hatte dann alle Mühe, mir die Pfropfen aus den zugewachsenen Ohren zu entfernen.

Pan blieb ein Phantom, das nur in Elsas wahnhafter Fantasie bestand.

Auch in Grodk fand ich keinen Zugang zu ihm. Aus der schwelenden Färberbrühe, dieser chemischen Nebelwolke über dem toten Fluß, konnte er nicht aufsteigen. Nur mein verrosteter Waschständer schuf eine reale Beziehung zu der Vergangenheit, die ich damals — das entsprach meinem Alter, meiner Jugend — für tot hielt, vergangen auf ewig. Nur aus der Leere in Grodk entstand ein diffuses Bild des Gewesenen, eine schmerzlich das Herz verkrampfende Sehnsucht nach dem, was mir bevorstand, nach der Zukunft in Duneyken.

Ich würde mit S., an der Seite seines mächtigen, mich

beruhigenden Schattens, über die Felder gehen. Auch S. würde Pan nicht wahrnehmen, wenn er ihm entgegentrat. S., dem ich einmal ein Fläschchen Parfüm ›Toska‹ mit der Aufforderung gegeben hatte: »Hier, trink, das ist ein prima Likör.« Und S., der niemals Parfüm gerochen hatte — bei ihm zu Hause in Gurnen bei Goldap gab es keine Duftelixiere, keine Essenzen à la 4711; gesunder Stallmist besaß einen Wert, war ergiebig, tat der Nase wohl, denn da steckte etwas dahinter, das brachte etwas —, S. nahm die Flasche, schnupperte daran, fand den Geruch angenehm und nahm einen kräftigen Schluck ›Toska‹. Er schüttelte sich. Der Geschmack entsprach nicht seinen Erwartungen. Da griff er doch lieber auf den Bärenfang zurück.

Ich tanzte vor Schadenfreude und sagte, ohne Rücksicht auf die Empfindlichkeit des Freundes: »Weißt du, was du eben gesoffen hast?«

»Was war das für ein Rachenputzer?« fragte er mich.

Nun witterte er eine Falle.

»Na, das ist Parfüm. Das schmieren sich die Weiber ins Haar und an die Klamotten, wenn sie auf Männerfang gehen.« Plötzlich wurde das breite, sonnengebräunte Gesicht S.s kalkweiß, ein absterbendes Gesicht. Er brüllte »Verdammter Kerl« und stürzte aus dem Zimmer, um sich draußen zu übergeben. Ich hörte sein Würgen und war beschämt von meiner Handlungweise, die meine Überlegenheit demonstrieren und den naiven Freund demütigen sollte. Aber er blieb unverändert in seinem Verhalten mir gegenüber, als hätte er die Episode vergessen.

Ich wartete und zwang mich zu der von meinem Gelegenheitsmonteur — für den die Arbeit an kaputten Motorrädern nur ein Abendjob war, eine Tätigkeit nach Feierabend, um seinen Fabriklohn etwas aufzubessern — verordneten Geduld. Von Waltraud kamen immer noch

die gleichen nichtssagenden gesellschaftlichen Erfolgs-
meldungen aus Sommerau: Tennisparties, Jagdgäste,
Kutschfahrten nach Lenken und Gerskullen zu Erichs
Onkel, dem es ›manchmal schmeckte, manchmal nicht,
heute gerade‹. Immer mit der Zunge zwischen den Zähnen gesprochen.

War Waltraud dumm? Hengste, Bullen und Eber wurden nicht mehr erwähnt. Nur der Luxus der Gutsgesellschaft konnte sie in Sommerau zum Überwintern veranlassen. Ich empfand kein Heimweh nach ihr. Nur Klara
hatte meinen Exodus aus Przytullen überlebt.

In diesen Wochen des Wartens entwickelte ich die Fähigkeit, die mir im Krieg zum Durchhalten verholfen hat,
die Fähigkeit, in meinen Gedanken an einem imaginären
Ort zu leben. Grodk, das ich später, als ich von dort verbannt wurde, mit der gleichen Intensität zu lieben begann, bedeutete mir nichts, es war meine Eß- und
Schlafstatt und nichts drüber hinaus. Geist und Seele
hatten sich Klaras Heimat verschrieben.

»Ihr Stern steht in der Venus«, hatte Elsa einmal behauptet. Dann konnten ihre erschreckten Augen strah-
len. Solche Mitteilungen und Prognosen waren für sie
Sternstunden.

»Wissen Sie, was das für Sie bedeutet?« fragte sie
triumphierend. Da ich von Venus nichts wußte, mir unter diesem Namen nichts vorstellen konnte — denn unsere Mädchen hießen anders, eben Marie, Frieda, Grete
und manchmal Druscha —, schüttelte ich den Kopf.

»Na, Sie werden Glück in der Liebe haben«, behauptete meine Amateurastrologin und zog das schwarze
Seidentuch von dem Totenkopf auf ihrem mit Horoskopen, Zeichnungen und Skizzen überladenen Schreibtisch.

Ich wollte dieses Monster schon immer einmal sehen.
Nun weihte mich Elsa in die Geheimnisse der ›Schwar-

zen Kunst‹, der Magie ein. Ich betrachtete den blankpolierten, elfenbeinfarbigen Schädel, der mir nichts bedeutete. Ein simpler Totenkopf, aber immerhin keiner aus Silberblech wie an den Mützen der ›schwarzen Husaren‹, der sogenannten ›Schutzstaffel‹, die im Kürzel als SS bezeichnet wurde, Typen wie aus einem Horrorfilm. Elsa merkte schnell, daß ich noch nicht reif war, ihr Assistent, ihr Vertrauter und Mithelfer zu sein, Heiraten zwischen den Gespannführern und ihren Küchenmarjells zu arrangieren. Sie simpelte weiter in der Astrologensprache, gebrauchte dabei immer wieder das Wort ›Aszendent‹, so oft, daß es sich mir einprägte, aber ich mir trotzdem nichts darunter vorstellen konnte. Ich wußte nur, daß ›Adebar‹ ein volkstümlicher Kosename für Storch war. Sollte Elsas ›Aszendent‹ eine Entsprechung sein, vielleicht ein Schutzheiliger der Gebärenden? Denn Freund ›Adebar‹ klapperte gerade aufgeregt in seinem Nest auf der Gärtnerei.

Uneingeweiht und unbelehrbar, wie ich war, nickte ich nur, gab mich erstaunt, täuschte Beteiligung, ja Begeisterung vor. Elsas stets schwarzgekleidete Mutter saß im Lehnstuhl vor dem Fenster auf den verlassenen Park hinaus. Sie hatte ein totes Gesicht, erloschene Augen. So sehen Gestorbene aus, denen man vergessen hatte, die Augen zu schließen. Es war treibhausschwül in Elsas Hexenküche. Zum Glück kam Liesbeth, die Küchenmamsell und stellvertretende Haushaltschefin, und bat ihre Herrin um einen Rat.

Ein Hofegänger — es handelte sich um den jungen F. — hatte wieder einmal das Essen unter den Tisch geschüttet und sie als Schlampe beschimpft. Elsa mußte persönlich eingreifen. Sie riß mich mit ins Freie. Seitdem habe ich ihr ›Zauberreich‹, das nicht ein Reich der Liebe wie bei Max Brod, sondern der Selbsttäuschungen war, nicht mehr betreten. Es kam die Entfremdung, dann der

Bruch, die Abkehr von dem Vertrauensverhältnis und schließlich die Trennung, meine Abreise ohne Gruß und Dank. Ich sollte Elsa nicht wiedersehen.

Aber einmal 1942 schrieb sie mir einen Brief in das Lazarett von Sokolow bei Warschau, der alle Details ihres weiteren Lebens und des Lebens der Menschen, die ich kannte, betraf. Ich weiß noch, daß ihr Mann, Gerd und Marianne darin erwähnt waren, auch Erich von Sperber, der zu diesem Zeitpunkt noch lebte. Aber kein Wort über Klara, nichts von Z., nichts von dem, was mir wirklich etwas bedeutete. Und so verschwand diese letzte Nachricht aus Przytullen im Papierkorb der Krankenbaracke. Wir hatten damals weiß Gott andere Sorgen, andere Gedanken, andere Pressionen zu überleben. Neben mir lag ein Gefreiter, dem die Hoden weggeschossen waren. Ich mußte mich gegen den Aasgestank dieses entmannten Mannes wehren. Elsa interessierte mich nicht im geringsten. Przytullen war mir so piepe wie unserem jüdischen Deutschlehrer einst der Minister von Papen, nach dessen Ernennung er das Klassenzimmer mit den unvergeßlichen Worten betrat: »Papen ist mir piepe, ich pupe auf Papen.«

Endlich war der Ersatzkolben eingetroffen. Jäger — so hieß mein Erlöser, der Monteur — baute noch am gleichen Tag den Motor wieder zusammen, setzte alles sachkundig an seinen Platz, zeigte mir die zerbröselten Kolbenringe und wiederholte nochmals: »Wie Sie damit überhaupt noch fahren konnten, ist mir ein Rätsel.« Dann erklärte er mir noch einmal die Funktion des Zündhebels, der die Kabel zu dem Motorblock führte und die Arbeit des Viertaktmotors regulierte.

»Na, dann kann es ja losgehen!« Er war kein Mann von großen Worten. Mir lag auch nichts daran, mich noch länger aufzuhalten.

Ich fuhr bereits am folgenden Tag mit der alt-neuen

Maschine, die schnell auf Touren kam, nach Masuren. Auch Grodk war keinen Abschied wert. Es reichte gerade noch für ein paar kurze Erklärungen, die ich meiner stets die Hände ringenden Mutter und meinem ebenso stets stummen Vater gab.

Über den Verlauf dieser Fahrt muß einiges Topographische oder sagen wir Verkehrsgeographische mitgeteilt werden. Denn die Anfahrt war nur möglich über den Grenzkontrollpunkt Neu-Bentschen. Dort mußte ich die Maschine in den Gepäckwagen des D-Zuges Berlin—Prostken verladen, weil ich den ›Polnischen Korridor‹ nicht durchfahren durfte. Wenn schon kein deutscher Zug in Polen, hier also in der ehemaligen Provinz Posen-Westpreußen, halten durfte, niemand ein- oder aussteigen konnte, so waren die Landstraßen natürlich ebenfalls für jeden Verkehr von und nach der deutschen Republik gesperrt.

Also erstes Etappenziel war dieser heute vergessene ehemalige Grenzbahnhof Neu-Bentschen mit seinen ziegelroten Backsteinhäusern für die Bahnangestellten und Arbeiter. Wer sollte sonst in Neu-Bentschen wohnen?

Ich fuhr von Grodk über Forst, an der Neiße entlang, nach Guben, das dann von einer gnadenlosen Geschichte in zwei Sektoren zerschnitten wurde, von denen der DDR-Teil noch den befremdenden Namen Wilhelm-Pieck-Stadt erhielt. Der Rest war polnisch. Von Guben weiter über Crossen an der Oder, wo der Vater des Dichters Klabund, der Apotheker Henschke, noch immer lebte, während der junge, seinerzeit umstrittene, berühmte, dann vergessene und nach dem Krieg partiell wiederentdeckte Sohn längst in Davos an der Ästhetenkrankheit, der Tbc, gestorben war. Klabund war ein aus der ersten Silbe von Klabautermann und der Endsilbe von Vagabund zusammengesetztes Pseudonym. Der alte Herr Henschke hatte seinen Sohn verdammt und nie wieder rehabilitiert. Er kam gelegentlich zu Revisionen in die Apotheke meines Vaters.

Dann also über die Oder hinweg nach Neu-Bentschen. Und hier überschneiden sich die Erinnerungen und Bilder, während ich einige Stunden in der Spätherbstkälte auf den D-Zug aus Berlin warten mußte. Dieser erbärmliche Grenzübertritt hat in meiner Erinnerung einen Vorzugsplatz. Denn als ich zum letztenmal hier mit dem Zug durchfuhr, saß ich mit einer jungen Frau, die in Frankfurt zugestiegen war, im Speisewagen. Ich hatte mich weit aus meinem Dritte-Klasse-Fenster gelehnt und sah der Abschiedszeremonie dieser etwa zwanzigjährigen, aufreizend schönen Frau zu, die hier von ihren Eltern und deren Anhang, Verwandte oder Bekannte — was weiß ich, ich habe nicht danach gefragt —, mit vielen Zärtlichkeitsbeweisen, Küßchen hier, Küßchen dort, Umarmungen, bis die rote Kelle des Bahnhofsvorstehers diesem Ritual ein Ende machte, Abschied nahm. Grüße wurden en masse und en detail mit auf die Reise geschickt.

Wohin mochte die Schöne mit dem blonden, damals gerade modernen, wie nach dem Lineal geschnittenen Bubikopf à la Judy Winter fahren?

Und nun ein Jahr später stand ich in Neu-Bentschen auf dem Bahnsteig, und der D-Zug aus Berlin lief ein. Ich schob meine neu-alte NSU zum Gepäckwagen, wo sie von den Männern mit den Worten »Donnerwetter, das ist ja eine tolle Maschine« in Empfang genommen wurde. »Bis Deutsch-Eylau«, erklärte ich, »dann fahre ich weiter nach Lötzen.« Ich wollte die Strecke endlich einmal nicht nur hinter den Scheiben eines Zugabteils zurücklegen, sondern auf der Chaussee, die bis Wartenburg kurz vor dem unseligen Rothfließ dicht neben der Bahnlinie verlief.

Von Wartenburg ab führte die große Hauptstraße direkt über Bischofsburg, Sorquitten, Sensburg nach Lötzen. Der große Bogen über die Drehscheibe Korschen und Rastenburg, den die Bahn beschrieb, wurde durch die direkte Straßenführung vermieden, die Fahrt um etwa achtzig Kilometer verkürzt.

In Osterode, dem Venedig Ostpreußens, das sich zwischen dem langgestreckten Drewenzsee, bevor man die Stadt erreichte, und dem Schillingsee, wenn man sie wieder verließ, einfügte wie ein Basar in das Straßenlabyrinth einer fernöstlichen Stadt, hätte ich bleiben sollen. Aber ich kam nie nach Osterode. Ich durchfuhr die Stadt mindestens zwanzigmal in Frieden und im Krieg, als ich in Allenstein am Okullsee einer Genesungskompanie angehörte. Doch ich verbrachte keinen Tag und keine Nacht in Osterode. Osterode blieb ein weißer Fleck auf meiner Landkarte. Auch an diesem Tag fiel bereits die Dämmerung über das Hockerland, die Weizenebene zwischen Westpreußen und dem masurischen Archipel. Aber ich fuhr zwischen den Seen hindurch wie durch ein Wasserbad. Die Stadt war umgeben von weiten Uferlandschaften, die seinerzeit noch die Reinheit und Klarheit fischreicher Gewässer spiegelten.

Auch die Dämmerung hat ihren Glanz, den matten Glanz des Zerstörbaren. Auch Osterode entging dieser Heimsuchung nicht. In einem Brief bestätigte mir die Lyrikerin Ingrid Würtenberger das venezianische Bild dieser Stadt. Ich erhielt diesen Brief während meiner Niederschrift. Er vermittelte einen Eindruck von dem Leben damals und von der Intensität einer Erinnerung, die sich in Sprache umsetzt und sich nur so dem Partner, dem Leser, den Menschen in ihrer Gesamtheit mitzuteilen vermag. Sprache ist wortgewordene Erinnerung.

»Sie wissen, ich lebte nur wenige Jahre in Osterode am Drewenzsee. Unser Garten stieß unmittelbar ans Wasser, ins Wasser, und ich war im Sommer eine Najade: Die Schulmappe flog in die Ecke, und der Staub der kleinen Stadt wurde im See abgespült. Fast sensationell war es, wenn ich den See der Länge nach durchschwamm bis zu der verlotterten romantischen Gartenwirtschaft ›Grünortspitze‹ und gegen Abend erst wieder auftauchte. Es gab rund um Osterode herrliche Ausflugsorte, wo alte Wirte mit aller Unschuld versierter Kuppler ›Zimmerchen‹ anboten, während im Kaffeegarten kleinbürgerlich mit Teelöffeln geklappert wurde. Dann gab es Pillauken, wo am Wochenende die derben, lauten Tanzvergnügungen der Soldaten und Marjells das Wild im Wald verscheuchten, aber wo der See am verträumtesten war und der breite Schilfgürtel das beste Versteck für Mensch und Tier bot . . .«

Ich war damals Osterode nicht gewachsen. Ich wurde vorwärts getrieben von meiner Angst vor der Einsamkeit. Die Dämmerung war die Zeit meiner tiefsten Furcht vor dem Alleinsein. Ich kann heute noch keine Landschaft, keine sehenswürdige Stadt, keinen mir unbekannten Ort allein besuchen. Panik erfaßt mich, macht den Aufenthalt zur Qual. Aber damals war es eine psychotische Erscheinung, eine Krankheit, von der ich erst — so widersinnig es sich anhört — im Krieg durch das Untertauchen im Kollektiv, in einer anonymen Masse, vorübergehend geheilt wurde.

Später, als ich meine Odyssee beendet hatte, als ich zum Überlebenden wurde, überfiel mich diese Furcht vor dem Alleinsein erneut und hält mich noch heute gefangen. So versäumte ich Osterode. Ich trieb meine NSU auf der Chaussee nach Allenstein voran mit gedrosseltem Motor. Denn der neue Kolben erlaubte keine hohe Geschwindigkeit. So hatte ich eine unübersehbar lange Fahrt bis Duneyken vor mir. Im blauen Dunst versank die nie betretene Stadt.

Ich hatte eine Nachtfahrt vor mir. Ich würde nichts

von den Seen erkennen, die schwarz in der mondlosen Nacht zu beiden Seiten der Chaussee lagen. Es war mir, als führe ich ins Nichts, in ein Land ohne Menschen, in ein Land ohne Namen. Daddaisee, Gehlandsee, Junosee, Rheiner See, die Namen der Dörfer: Alles ist untergegangen auf dieser Fahrt durch den gespenstischen Nebel, der aus den feuchten Wiesen und Wäldern aufstieg, die sich heranschoben und wieder entfernten, zurücktraten hinter der majestätischen Menschenferne, die erst im Morgengrauen in Lötzen von mir wich, von mir genommen wurde, abfiel von mir, mich freigab.

Ich schaffte auch noch die letzten fünfzig Kilometer bis Duneyken. Dann war ich zu keinem Schritt mehr fähig. Als S., der immer gleichbleibende und verläßliche Gefährte dieser Jahre, mir auf dem Gutshof entgegenkam, konnte ich nur sagen: »Ich muß gleich schlafen. Zeig mir mein Zimmer. Ich bin die Nacht durchgefahren. Die Luft ist raus.«

Ich ließ meine NSU einfach stehen. Ich ging davon, während S. mein Motorrad wegschob, wegführte wie ein Pferd, das seinen Reiter abgeworfen hatte.

»Morgen werden wir weiter sehen«, rief ich noch, als das Hausmädchen mich ins Gutshaus und in mein Zimmer führte. Ich fiel unausgezogen, die Beine mit den verdreckten Stiefeln auf den Boden hängend, ohne mich zuzudecken, in den Schlaf des Menschen, der noch keine Stimulantia braucht, nur die Erschöpfung der Überforderung, um sofort in einen traumlosen Schlaf des Vergessens zu fallen. Das war Leben. Ein anderes konnte es in dieser körperlichen Kraftprobe nicht geben . . .

»Morgen werden wir weiter sehen!«

Bin ich eine triviale und sentimentale Existenz? Meine Niederschrift kann nur dieser Geisteshaltung entsprechen. Ich schäme mich dieser Eigenschaften und bestehe trotzdem auf ihrer Legitimität. Denn sie sind ein Teil jeder Persönlichkeit. Es sind menschliche Eigenschaften wie die Dummheit, die Unarten, die Feigheit und der Mut. Auch die feigen Helden, die sich fürchten wie Kinder im dunklen Wald, sind triviale und sentimentale Existenzen. So bleibe ich nicht allein in meinem chronischen Versagen vor der Liebe, vor dem Tod, vor der Arbeit in Duneyken. Alle Wesenszüge zusammen bilden die Mitte unseres Daseins, sie sind unser Leben, unteilbar und unauswechselbar. Und weil das so ist und ich ein hypersensibler Neurotiker war, halte ich mich an die Fakten. Ich weiche gewissermaßen vor dieser Situation in die Fakten aus.

Duneyken war nur ein Zerrbild, eine Karikatur, eine Mini-Ausgabe von Przytullen. Aber die Lage des zwölfhundert Morgen großen Restgutes — einige hundert Morgen waren bereits an Siedler vergeben — war noch reizvoller als die sanfte Hügellandschaft des B.-Imperiums. Hier gab es kein Imperium, nur einen um das nackte Überleben ringenden Diplomlandwirt, der als Sachverständiger der Ostpreußischen Siedlungsgesellschaft das einer alten Witwe gehörende Gut Duneyken aufteilen sollte und dabei feststellte, daß dieses Gelände für eine vollständige Besiedlung absolut ungeeignet war. Mit Urwald bewachsene Mulden wechselten mit Sümpfen, Mooren und Sandkuppen, auf denen nichts wuchs außer Quecke, Melde und Hahnenfuß. Es gab einige Parzellen mit gutem Boden, von denen aber das Gut nicht leben konnte. Pittoresk waren die Viehweiden, die auf der Ostrow-Insel im Duneyker-See lagen. Ich erwähnte dieses Phänomen schon. Nun hatte der Theoretiker und Siedlungsspezialist in völliger Verblendung und Verkennung seiner realen Möglichkeiten das nicht siedlungsfähige Gut einfach übernommen, und zwar mittels eines großen Bankkredits der Sparkasse in Treuburg. Ein Praktiker mußte her. Er sollte die verfahrene Situation retten und Duneyken aus den Schulden wie am Schopf aus dem Sumpf ziehen. Dieser Praktiker war Ernst S. Wilhelm D. hatte durch Zufall in einem Gespräch mit dem benachbarten Rittmeister J. erfahren, daß dessen Oberinspektor Hermann S. einen ebenso tüchtigen Bruder hatte, der in Przytullen als unterbezahlter Inspektor, eigentlich mehr als Vorarbeiter, tätig war und daß dieser Retter in der Not eine neue Stelle suchte, die seinen Fähigkeiten entsprach. So machte D. ein Angebot, und S. kam und begann mit der Reorganisation des heruntergewirtschafteten Gutes, von dem nur das Gutshaus einen guten und stattlichen Eindruck machte. Es lag an der Straße von dem Bauernhof Duneyken, das sich einen Hügel emporwand, nach Schwentainen. Unter dem okkergelben, repräsentativen Herrenhaus lag glasklar der Duneyker-See, aus dessen Mitte wie ein Pilz der Inselhügel des Ostrow ragte.

Als S. in mein Zimmer trat, war ich noch ›tot‹. »Klapper nicht gehört?« Er schüttelte mich. Ich erwachte. S. erkannte meine Arbeitsunfähigkeit und sagte väterlich — er konnte das, ohne gönnerhaft zu wirken —: »Na, dann schlaf weiter. Aber wenn du ausgepennt hast, fahren wir mit dem Boot hinüber zum Ostrow. Ich zeige dir erstmal die Wirtschaft, damit du unsere Grenzen kennenlernst und dich nicht zu den Nachbarn verlaufen kannst, du Kreet.«

Ich war schon wieder weggetaucht. Am Nachmittag fuhren wir über den völlig unbewegten See mit seinen tiefen Buchten, seinen steilen Abhängen, auf denen Birken, Kiefern, Erlen und Buchen wuchsen. Zahllose Rehe sprangen ab. S. zählte das Jungvieh, das auch im Winter auf der Insel blieb und nur, wenn der See zufror, zum Gut hinübergebracht wurde. Anschließend unternahm er mit mir eine Flurbegehung, zeigte mir sein großes Projekt: die Urbarmachung der versumpften und verschilften Wiesen, die zum Teil schon vom Tiefpflug umgebrochen waren und ihre schwarze, fruchtbare Erde sehen ließen.

»Da fangen wir mit Hafer an. Dann im Jahr danach kommen Kartoffeln drauf. Dann ist die Humusschicht so locker — Kartoffeln lockern ja den Boden enorm auf —, daß wir alles säen können, auch Raps.«

Am folgenden Tag begann unser Zehn-Stunden-Programm. Die Runkelrüben mußten vor dem Frost noch geerntet und in Mieten gelagert werden. Auf diesen Rüben basierte die ganze Milchwirtschaft, und sie war D.s letzte Reserve. Der Bestand war allerdings auf etwa fünfzig Milchkühe reduziert worden. Außerdem waren noch hundertfünfzig Schweine vorhanden. Aber mit den Erträgen aus Stall und Acker konnte D. die Kreditzinsen kaum aufbringen. So wurde von Tag zu Tag, Woche zu Woche, Monat zu Monat und Jahr zu Jahr improvisiert. D. bemühte sich um eine Hypothek, mit der er sein Restgut noch mehr belasten konnte. Das Jungvieh mußte, um Schulden zu decken und das Geld für die Arbeiterlöhne hereinzubringen, vorzeitig verkauft werden. Auf einem Teil des Jungviehs lag bereits ein Pfändungsbeschluß, der aber noch nicht vollzogen wurde.

D., der in die NSDAP und SA eingetreten war, verstand es, sich mit dem Kreisbauernführer aus Klein-Gordeyken anzufreunden. So bekam er Schützenhilfe und erzwang immer wieder einen Aufschub der Zwangsvollstreckung. Die fünfzig Mark Lehrgeld, die ich ihm monatlich zahlte, verwendete die etwas verwachsene Frau D. zur Aufbesserung ihres Haushaltsgeldes. S. wartete vergeblich auf das ihm zugesagte Gehalt. D. erkannte schnell seine Gutmütigkeit, Geduld und seine Sturheit, die eher aus einem übertriebenen Pflichtbewußtsein und der grenzenlosen Liebe zu seiner Tätigkeit resultierte. S.

konnte sein Projekt der Urbarmachung und der Rekulti-
vierung, der Stabilisierung der verfahrenen Wirtschaft
einfach nicht im Stich lassen.

Es war grotesk mitzuerleben, wie D. plötzlich dem Be-
dürfnis folgte, seine Gespannführer selbst zu kontrollieren. Das geschah in der Zeit meines Aufenthaltes in Duneyken nur selten. Aber dann lief er, so schnell ihn seine
Füße tragen konnten, mit Trippelschritten zu den Pflügern, die den großen Roggenschlag vorbereiteten, und
blickte den Gespannen nach. Es ging ihm nur darum,
daß sie eine schnurgerade Furche zogen. Wenn er das
feststellen konnte, war sein Interesse an der Arbeit
schon erloschen. Er lief ebenso schnell und wortlos nach
Hause, wo er sich ans Telefon hängte und mit diversen
Dienststellen und Geldinstituten sprach.

Eine peinliche Situation entstand, als er die Akkordarbeiter während der Hackfruchternte nicht bezahlen
konnte. Da blieb dem von seiner eigenen Fehlplanung
bedrängten Diplomlandwirt nichts anderes übrig, als zu
seinem Gutsschmied zu gehen und ihn zu bitten, ihm
die Summe, den Akkordlohn für eine Woche, zu leihen.
Das war D.s Canossa.

Die Mittags- und Abendmahlzeiten wurden schweigend eingenommen. D.s, die noch den Vater der Hausfrau, einen pensionierten Postinspektor aus dem Ermland, aufgenommen und außerdem zwei Kinder hatten,
löffelten fahl und verbittert ihre Suppe. Frau D. hob ihre
schiefe Schulter über den Tisch und verteilte die Fleisch-
häppchen. Ihr Vater blickte erstaunt auf seinen fast leeren Teller. S. und ich schoben bereits nach dem Essen
Kohldampf wie später bei Preußens.

In Duneyken herrschten Armut, Verwirrung und Langeweile. Die Gespannführer waren ebenso lustlos wie
ihre Herrschaft, von deren Misere sie natürlich wußten,
vor allem, wenn sie wieder einmal ihren Wochenlohn

nicht bekamen und bis zum nächsten Schweineverkauf vertröstet wurden. Aber auch die Schweine waren bereits verpfändet. D. hatte nur noch die Wahl, sie gleich dem Viehhändler abzuliefern oder sie noch einige Wochen zu mästen, damit er mit dem höheren Erlös einen größeren Teil seiner Schulden abtragen konnte. So schlingerte das so schön anzusehende Flaggschiff Duneyken durch die Flut. S. bewahrte es noch eine gewisse Schonzeit vor dem Auflaufen auf dem Felsen der totalen Pleite.

Ich habe meinen Umweg zu den Pflügern stets durch den Urwald gemacht, denn dort standen die Rehe. D. war kein Jäger, wußte gar nicht, wie er ein Gewehr laden sollte. Er hätte sich selbst erschossen, wenn er es fertiggebracht hätte. Ich sah dann die Silhouette der Gespanne gegen den Waldhorizont. Erst wenn sie mich kommen sahen — denn sie betrachteten mich als D.s Spitzel, als einen Aufpasser und Zuträger —, setzte sich die Gruppe in Bewegung, zog sie langsam ihre Runden um das bei jeder Umkreisung kleiner werdende Feld. S. rodete mit dem Tiefpflug das trockengelegte Moor und gewann neue Erde für Duneyken.

Eine schlimme Zeit kam, als ich zur Rübenernte abkommandiert wurde. Das waren dann Tage der Erschöpfung wie in Przytullen. Meine Hände waren trotz der Wollhandschuhe steif und wund vom Spaten — es gab Nachtfröste — und von den eiskalten Blättern, an denen man die Rüben aus dem Boden ziehen mußte. Sie wurden wie das geschossene Wild nach der Treibjagd dicht nebeneinander gelegt und dann mit dem Spaten geköpft. Die Blätter wurden gleich auf Kastenwagen gelegt und als Viehfutter verwendet, die enthaupteten Rüben selbst aber winterfest eingemietet. Das Verfahren war überall das gleiche. An diesen Tagen haßte ich meine freiwillige Entscheidung, Landwirt, Bauer oder Inspektor zu werden. Die Monotonie des Lebens auf dem abseits gelegenen Gut, das dem Verfall preisgegeben schien, vertiefte noch meinen verzweifelten Widerstand gegen die ungeliebte Arbeit.

Eines Tages verließ ich das Feld und streifte durch die Landschaft bis zum Abbaugut Gronden, das auf der anderen Seite des Sees hinter einem Hügel lag. Da faßte ich den undurchführbaren Entschluß, nach Malga zum Omulefsee zu Janusz Ochlast zu wandern, einfach fortzugehen ohne ein Wort, auch zu S. nicht. Zweihundert Kilometer westwärts. Ich war im Begriff zu desertieren. Aber dann wagte ich nicht den Sprung ins Ungewisse. Ich hatte keine Nachricht mehr von meinem Freund aus den Herbsttagen in Rossitten.

Aber Waltraud schrieb, daß sie nun nach Berlin zurückkehren wolle, in Kürze schon. Das Leben auf dem Lande sei doch nicht das, was sie sich davon versprochen hatte, und vor allem könne sie nicht halten, was ich von ihr erwartet hätte. Sie würde mit dem ›Bummelzug‹ aus Insterburg über Gerdauen kommen. Ich sollte ihr bald eine Nachricht über diese ›einzige Möglichkeit, uns wiederzusehen‹, geben. Aber ich zögerte noch. Denn wie sollte ich dem D. erklären, daß Waltraud eben etwas ganz anderes, etwas Besonderes, Unantastbares war? Ich mußte S. einweihen und für meinen Plan gewinnen, nach Korschen zu fahren und dort Waltraud zu treffen. Ich wollte dann mit ihr durch das ganze Ermland, nach Braunsberg, Frauenburg und Tolkemit fahren, wollte die ganze Strecke, die ich seinerzeit mit dem Fahrrad kennengelernt hatte, mit Waltraud noch einmal bereisen, wollte ihr die Schönheit dieses Landes zeigen, um vielleicht ihren Sinn doch noch zu ändern, ihr Herz für dieses geliebte Land zu erwärmen. Sie sollte es mit meinen Augen sehen. Was für eine Täuschung! Welcher Wahnsinn! Wie konnte man einen von einem Menschen bereits gefaßten Entschluß revidieren, der weder das Land noch mich wirklich, das heißt bedingungslos liebte?

In diese Zeit der Unentschlossenheit fiel einer meiner mißlungenen Ausbruchsversuche aus Duneyken. Eines Morgens verließ ich die Gruppe der Pflüger, die ich zu beaufsichtigen hatte, wobei ich auch selbst einmal den Pflug in die Hand nehmen mußte. Ich überschritt am Waldrand, an dem abends oft bis zu achtzig Stück Rehwild standen, im Sommer Dachse im Hafer die reifenden Rispen naschten, die Grenze zum Niemandsland. Das Niemandsland war das riesige, zum Teil versumpfte Waldgebiet, das sich menschenleer fünfundzwanzig Kilometer bis zur polnischen Grenze erstreckte, bis zu den Sümpfen von Raczki.

Dazwischen lag nur noch die Domäne Polommen, an der ich vorbei mußte, um auf einer schnurgeraden Schneise durch die Wälder zu wandern. Ich war im Begriff, in dieser Richtung zum Laschmiedensee vorzustoßen und dann bei Lyck über die Hauptbahn weiter zum Spirdingsee, dem masurischen Meer, dem größten See Ostpreußens, durch die Johannisburger Heide weiter über Babenten und Klein-Jerutten an Ortelsburg vorbei bis Malga zu gelangen. Zweihundert Kilometer und mehr, ohne andere Bekleidung, als die ich auf dem Leib trug, meine grüne Winterjoppe, die mich als Landmann auswies, und meine Breeches mit den Lederstiefeln, über die Gamaschen geschnallt waren.

Ich marschierte ohne Aufenthalt auf dieses Fernziel zu. Aber schon wenige Kilometer hinter Polommen trat ein Förster, ein Forstmeister, wie er dann erklärte, auf die schmale Schneise und verstellte mir den Weg. Es gab ja Wilddiebe aus Polen in diesen fast unkontrollierbaren Wäldern. Die Grenze war überall durchlässig. Es gab noch keine Minenfelder, keine Selbstschußanlagen, keine

Stacheldrahthindernisse, keine Beobachtungstürme. Es ging noch menschlich zu unter Menschen.

Der Förster hielt mich mit der Frage, in der ein drohender Unterton schwang, an: »Wo wollen Sie denn hin?«

Ich antwortete offen, keiner Schuld bewußt. Durfte ich denn nicht durch die Wälder wandern? Hier gab es doch kein Sperrgebiet.

»Ich wollte Hirsche beobachten.«

In der Tat sollte es hier auch Hirsche geben. Ich hatte noch keinen Hirsch in der Freiheit gesehen. In den mageren Kiefernheidewäldern um Grodk gab es keine Hirsche. »So, Hirsche beobachten«, sprach der Mann von der grünen Zunft mir nach. »Hier gibt es keine Hirsche. Wo kommen Sie denn her? Wer sind Sie? Wo wollen Sie hin?«

Nun muß man wissen, daß damals in den unbewohnten Waldgebieten Förster eine selbst angemaßte Polizeikontrolle ausübten und auch gewisse dahingehende Vollmachten besaßen.

Ich sagte der Wahrheit gemäß: »Ich bin Eleve beim D. in Duneyken.«

»So, Eleve sind Sie, und dann läßt Ihr Herr Sie so am hellen Tag während der Arbeit hier im Wald herumlaufen? Das ist ja unverständlich. Haben Sie noch nichts von Disziplin und Pflicht gehört?«

»Natürlich, aber er hat es mir ja erlaubt.«

»Na, dann gehen Sie mal ganz schnell wieder zurück an Ihre Arbeit. Hier dürfen Sie jedenfalls nicht weitergehen!« Links und rechts schimmerte grünlich der moorige Waldboden aus dem Dschungel. Es gab nur diese schmale Piste zum Laschmiedensee. Ich gab das Unternehmen Malga auf und zog mich auf dem gleichen Weg an Polommen vorbei zurück.

An der Mittagstafel wurde ich zwar vermißt. Aber dafür bekam der pensionierte Postinspektor ein Häppchen, mein Häppchen Fleisch zusätzlich. Wilhelm D. fragte grundsätzlich nicht, wo ich war, ihn interessierten nur die fünfzig Mark Wirtschaftsgeld für die Haushaltskasse seiner Frau. S. erzählte ich von dem Zusammentreffen mit dem Forstmeister.

»Ja, der hat hier angerufen und den D. gefragt, ob er weiß, daß sein Eleve im Wald herumläuft, statt zu arbeiten.« D. hatte zwar S. informiert, daß er mir davon berichten sollte. Mir selbst gegenüber war er stets zu feig, um überhaupt nur ein Wort der Kritik an meinem Verhalten zu äußern.

Am folgenden Sonntag sagte S.: »Hast du Lust, mit mir nach Gurnen zu fahren? Dort hat mein Onkel einen großen Hof direkt an der polnischen Grenze. Den könnten wir mal mit dem Motorrad besuchen.«

Er sagte allerdings nichts von den zwei Söhnen des Onkels, zwei im ganzen Grenzgebiet bekannten Schlägern, die in der SS waren und gelegentlich auch mal kurz polnische Bauern auf der anderen Seite überfielen und zusammenschlugen. Er sagte auch nichts von der dicken Tochter der alten Großbauern. Aber mir war es egal. Mich lockte die Fahrt mit S. über Schareiken und die Seesker Höhe nach Gurnen. Hier kam es im Krieg zur ersten Katastrophe im Winter 1944, als die Russen bis Gumbinnen durchbrachen. Also wir fuhren über Treuburg. Es war ja nicht weit. Der schwere S. rutschte einmal vom Sozius. Aber da wir auf den sandigen Wegen nur langsam fahren konnten, passierte nichts. Wir erreichten etwas eingestaubt, an dem wunderschönen Rittergut Wensöwen vorbei, den Grenzhof zur Mittagszeit. Das Essen wurde für mich zur Qual. Mein Magen hatte sich in einem Magenpförtnerkrampf verschlossen. Ich hatte die dann chronisch auftretenden Kopfschmerzen mit Erbrechen. Erst vor dieser fettstrotzenden Tafel bemerkte ich, daß S. seiner nur als Karikatur einer Frau zu beschreibenden Cousine, die keinen Freier fand, Aussicht auf eine ganz reiche Partie mit dem ihm anvertrauten Eleven und Sohn eines Apothekers, der sogar schon in Berlin gewesen sei, gemacht hatte. Ich wurde wie ein Himmelsbote behandelt. Das bedeutete auf diesem reichen Hof: Fressen und Gefressenwerden. Aber ich hatte entsetzliche Kopfschmerzen und mußte während des Festmahls mir zu Ehren kotzen.

Die Bäuerin, ebenfalls gemästet und alles unter ihrem Fett begrabend, funktionierte tatsächlich wie eine Fernkampfbatterie. Sie wurde geladen, nein, sie lud sich selbst auf und schoß die volle Breitseite ihres Wohlwollens auf mich ab: »Wir sind hier keine Städter. Hier wird gegessen, was auf den Tisch kommt, und nun hau rin, Koslowski.«

Irgendwo hatte ich das schon mal gehört. Ich stand mitten in der nicht endenwollenden Mahlzeit, die wie ein Verlobungsfest begangen wurde, auf, stieß S. zur Seite und wankte ins Freie, von wo ich nicht mehr ins Haus zurückkehrte. Nach einiger Zeit erschien S. ziemlich konsterniert und schuldbewußt. Ich saß auf meiner NSU, meiner letzten und einzigen Liebe, und startete durch, sobald er sich näherte.

»Du bist vielleicht ein Versager«, schimpfte er. Aber er schimpfte ganz leise. Er beschimpfte mehr sich als mich. »Na, wenn wir die Brüder treffen, die hier auch mit dem Motorrad unterwegs sind, dann hauen sie dir den Arsch voll. Dann kommst du ohne Veilchen nicht nach Duneyken.«

Er hatte mich in Przytullen mit seiner Schwester bekanntgemacht. Auch da — das wurde mir erst Jahre später klar — handelte es sich um ein Komplott. Ich sollte mich damals für Angelika S. interessieren. Es war kein häßliches, aber sehr bäuerliches Mädchen und sehr

279

streng, hochfahrend, durchaus in der Lage, die Führung eines Gutsbetriebes an sich zu reißen. Zum Glück fand S.s Schwester mich völlig ungeeignet für das ländliche Leben. Sie erkannte, daß sie mit mir ihr Glück nicht machen konnte, und verhielt sich abweisend und störrisch, so daß es zu keinem näheren Kontakt kommen konnte.

Mann, war ich froh, aus Gurnen mit heiler Haut und ungeschoren davongekommen zu sein. Wir begegneten auf der Sandpiste hinter dem Dorf tatsächlich noch den beiden SS-Schlägern, die, wenn S. nicht seine Autorität eingesetzt hätte, mich nur aus dem Grund zusammengeschlagen hätten, weil ich ein Fremder war, der noch dazu ihre überfällige Schwester nicht heiraten wollte. So fuhren sie weiter, ohne von ihrem Faustrecht Gebrauch zu machen. Der übelste dieser Burschen mit der Henkervisage sagte nur abfällig, aber sehr eindeutig: »Laß dich hier nie wieder sehen, sonst machen wir Kleinholz aus dir, du dummer Arsch.«

Das war ein Sonntag in Masuren, wie er einem nicht immer geboten wurde!

Ernst S. hatte es sich offensichtlich in den Kopf gesetzt, mich zum masurischen Gutsbesitzer zu machen. Inzwischen war der Winter vergangen, monoton, mit Mistfahren, Dreschen und Saufen. Waltraud war immer noch bei den Sperbers. Ihre Briefe enthielten nichts, was ich über die Jahrzehnte hinweg in mein Bewußtsein gerettet habe, was lebendige Erinnerung geworden ist.

Der masurische Winter mit meterhohem Schnee und zwanzig Grad Kälte — ich hatte seit der Rübenernte jukkende Frostbeulen an Füßen und Händen — bekommt in meiner Niederschrift keinen hohen Stellenwert, nur eine Erwähnung. Denn es gibt nur einen Winter, an dem ich alle Winter messe, die dann noch kamen und die noch kommen werden: Das war der Katastrophenwinter 1941/42 an der Front vor Moskau. Auch der masurische Winter hält mit diesem Geschehen aus Dantes Hölle keinen Vergleich aus. Es gibt auch keine Beschreibung dieses Winters in der Kriegsliteratur, weder von Plievier noch von Carell, die diesem Inferno gerecht geworden wäre. Ich selbst sehe mich außerstande, über diese Vorgänge, die vereinfachend unter dem Stichwort ›Winterschlacht‹ behandelt werden, etwas zu sagen oder gar zu schreiben. Im Inferno, in der Hölle gibt es keine Sprache, jedenfalls keine artikulierbaren Chiffren, die sich mitteilen lassen.

Wir — also S. und ich — waren einmal in Schwentainen zu einem Dorftanz, blieben aber unschlüssig an der Tür stehen, von wo wir das Gewoge der Paare überblicken konnten. S. tauchte nach einer Runde, die er mit einer Marjell gedreht hatte, schwitzend und hochrot aus der Bier- und Zigarettenrauch-Dunstwolke auf und fand keinen Spaß an der Sache. So gingen wir zurück über die schneeknirschenden Felder, über die der eisige kontinentale Wind des Ostens fegte und Hexenringe aus Schnee aufwirbelte.

Ich erlaubte mir manchen respektlosen und auch arroganten Witz mit S., dem archaisch-bäurischen Menschen, der außer Masuren nichts von der Welt gesehen hatte. Mein Mißlingen, meine eigene Unfähigkeit, eine Sache zu Ende zu führen, kaschierte ich durch Herzlosigkeit im Umgang mit dem mir so ergebenen Lehrmeister. Die Toska-Affäre hatte ich nicht mehr erwähnt. Sie war mir peinlich. Sie hatte die Wirkung eines Bumerangs. Denn ich fühlte mich selbst erniedrigt durch diese fatale und alberne Provokation. Aber S. sagte mal, daß die Anna, das Küchenmädchen, so patent und sauber wäre. Er erinnerte sich an den Duft des Parfüms und begründete seine Meinung über die so gepflegte Anna mit den Worten: »Weißt du, Mannche, was die Anna ist, die riecht nach Foska, richtig wie 'ne große Dame.«

Er sagte wirklich ›Foska‹ statt Toska. Er hatte seit diesem blamablen Zwischenfall nie wieder eine Parfümflasche gesehen. Aber nun sagte ich mit dem Hinweis auf sein Verhältnis zu oder auch mit Anna, die nie etwas über ihre Beziehung zu S. verriet — denn das tun Masuren-Mädchen nicht; das hatte ja die Eva St. auch nicht getan, bevor ihr Mann die Tür eingetreten und sie in flagranti erwischt hatte —, nun sagte ich zu meinem vertrauensseligen Freund: »Du bist ein richtiger Casanova.« S. hatte den Namen dieses Meisters der Liebe und der erotischen Literatur natürlich nie gehört.

»Was bin ich? Ein Kasanowitz? Wer ist denn das?«

Ich versuchte, ihm zu erklären, was ein Casanova, was ein Don Juan wäre. Er schüttelte den Kopf und lachte mit seinem breiten, wulstigen, slawischen Mund: »Du bist mir der richtige Kasanowitz mit deiner Waltraud und Klara und Marianne vom B.«

So blieb es bei dieser Namensverstümmelung. S. sprach von jedem Windhund nur als ›Kasanowitz‹. Er nannte mich seitdem sogar nur noch: »Mein lieber Kasanowitz.«

Und als dann das Schmelzwasser versickert, die Felder wieder begehbar, die Straßen wieder befahrbar waren, die Kopfsteine wieder aus dem abfließenden Wasser auftauchten, machte S. einen neuen Anlauf, einen verblüffenden Vorschlag: »Mein lieber Kasanowitz, wir fahren am Sonntag nach Dagutschen. Das Gut gehört einem alten General. Es soll verkauft werden. Mein Bruder Hermann war dort und hat erzählt: Der General will nach Goldap ziehen. Er hat die Wirtschaft total herunterkommen lassen. Aber der Boden ist Güteklasse eins. Da läßt sich was machen.«

»Dagutschen?« fragte ich. Niemand wird heute noch wissen, daß es dieses Rittergut unmittelbar an der polnischen Grenze, noch hinter der Rominter Heide, hinter

Dubeningken, jemals gegeben hat. Es wird einen verwässerten nazideutschen Namen bekommen haben, bevor es polnisch wurde. Die wenigen Bewohner sind von der ersten Angriffswelle der sowjetischen Offensive im Winter 1944 überrollt und in den Lehm gewalzt worden.

»Ja, wir fahren nach Dagutschen. Da ist keine Zeit zu verlieren. Wir müssen dem Makler zuvorkommen, sonst treibt er den Kaufpreis hoch. Der General hat keine Summe genannt, aber der soll nicht mehr ganz klar im Kopf sein. Dem können wir einen Preis machen nach unserem Ermessen.« Dumm war mein letzter Archaiker nicht, wenn es um Grund und Boden ging, ein guter Rechner und tüchtiger Landmann. Nur war es ihm immer noch nicht gelungen, den sich abstrampelnden D. dazu zu bewegen, ihm das vereinbarte Gehalt zu zahlen. Vielleicht wartete S. auf die Zwangsversteigerung und daß er dann von der Sparkasse honoriert wurde.

Also, wir fuhren nach Dagutschen. Von Dubeningken gab es nur noch einen Feldweg, der noch nicht ganz abgetaut war. Wir mußten herunter vom Motorrad. Der Lehm zog uns fast die Stiefel aus. Aber so konnte S. mit sachkundigem Auge gleich die Qualität der Erde, der Felder, den Zustand des Ackers begutachten.

»Guter Boden, aber viel Unkraut dazwischen, und die Feldraine müssen wir umpflügen. Diese kleinen Parzellen müssen zusammengefaßt werden zu großen Schlägen. Der alte General hatte das Gut ja verpachtet, und so sind lauter Kleinbauernfelder daraus entstanden. Na, das kriegen wir hin.«

Dagutschen lag gegenüber dem polnischen Dorf Przerosl und dem niemand bekannten Seengebiet der Jezioro Rospudo, das sich bis Filipow erstreckt.

Wir betraten das unverschlossene Gutshaus, gerieten in einen großen leeren Saal mit Stuckdecke und braunen Wasserflecken. Es regnete durchs Dach. Wir riefen: »Ist hier niemand?« Es dauerte lange, ehe ein seniler Greis, zitternd und am Stock, auftauchte, uns gelangweilt aus trüben Augen musterte, uns als nicht standesgemäß abqualifizierte. Er machte eine Handbewegung, als ob er eine Fliege von seinem Gesicht fegen wollte, grunzte dann mit gebrochener Stimme: »Was wollen Sie?«

S. wagte einen Vorstoß: »Wir haben gehört, das Gut ist zu verkaufen. Sind Sie der Besitzer? Wir möchten es gern erwerben.«

»Da ist nichts mehr zu verkaufen. Sie sehen doch, es ist alles schon verkauft. Ich selbst ziehe in den nächsten Tagen fort.«

Der General — es konnte nur der Herr des Hauses sein — bot uns keinen Platz an. Wo auch? Es gab nur noch die wasserfleckige und stockige Leere mit dem verwüsteten Stuck.

»Na, dann ist nichts zu machen«, schloß S.

»Nichts zu machen«, echote der Greis und drehte sich um, bevor wir den Saal verlassen hatten. Er ließ uns grußlos stehen. Wir hätten auch den Saal für besetzt erklären können. Es hätte ihn nicht mehr interessiert. Aber die Zeit der Hausbesetzer war noch nicht gekommen. So hat jede Zeit ihre Probleme und ihr Moden. Ich kannte damals noch nicht einmal das unvergeßliche Landsermotto: »Alles Scheiße, deine Elli.« Aber so war uns zumute. Zurück durch den Lehm nach Duneyken mit heißgelaufenem Motor und blaugrün verfärbtem Auspuffrohr.

Bevor es zur letzten und entscheidenden Begegnung auf Nimmerwiedersehen mit Waltraud kam, verwirklichte S. einen neuen Plan: die Reise nach Schülzen c. Es gab außerdem noch ein Schülzen b und vielleicht auch a, aber ich kann mich nur an zwei Güter erinnern, die nebeneinander lagen und die gleichen Namen trugen. Diesmal hatte Ernst sogar ein Maklerbüro eingeschaltet.

Das Gut c sollte tatsächlich zu verkaufen sein. Es stand aber auf der Liste der angebotenen Objekte nichts davon, daß auch die Tochter des Hauses mitgekauft werden mußte, daß nur unter dieser Bedingung ein Kaufvertrag abgeschlossen werden konnte.

Ich habe darüber berichtet und daß ich die offensichtlich bisher unverkäufliche Tochter zwar im bereits verschönten Foto, aber nicht in Wirklichkeit zu sehen bekam, daß aber auch das Foto Auskunft über ihre Häßlichkeit gab. Ein derart abstoßendes Lebewesen hatte ich unter Frauen bisher nicht gesehen. Die Mädchen aus Masuren sind entweder sehr schön und stolz oder auf groteske Weise häßlich gewesen, jedenfalls wenn man dieses Foto ansah, das geradezu eine lähmende Reaktion bei dem Betrachter hervorrief.

Damals neigte ich zu brutalen Kommentaren. Die Zeit entwickelte sich zu einer brutalen Totalität. Davor hielt uns keine Macht der Erde mehr zurück. In allem saß der Wurm, auch in Schülzen c, für das S. Vorschußlorbeeren spendete. Meine NSU, die letzte wirkliche und nicht abstrakte oder eingebildete Liebe, war wieder in einer Werkstatt, diesmal bei einem Fachmann in Treuburg, das ich viel lieber Marggrabowa nenne. Treuburg klingt so aufgesetzt und ist als Name einer Stadt weder der Landschaft noch den in ihr lebenden Menschen gemäß. Marggrabowa dafür so slawisch wohltönend wie alle die alten Namen, denen weder die Preußen noch die Nazis ihren Charme nehmen konnten.

Wir fuhren mit der Bahn von Griesen nach Lötzen und weiter bis Angerburg, wo wir beim Podelka, einem riesigen bazarähnlichen Krämerladen mit Gastwirtschaft, einer richtigen Schnapsdestille, übernachteten. S. traf viele schon betrunkene Bekannte. Denn wir passierten ja Kruglanken, Possessern und Ogonken. Alles Stationen, auf denen Bauern zustiegen, die bei Podelka ihre

Geschäfte abwickeln und natürlich auch einen gewaltigen Schluck aus der Pulle nehmen wollten.

Es war ein unbeschreiblicher Lärm in der verräucherten ›Kolonialwarenhandlung‹, wo es alles gab, was der Mensch in Masuren brauchte: darunter eben Stallaternen, Piassavabesen, Zaumzeug, Harzer Käse, Soleier, eingelegte Gurken, Pfannkuchen und Pariser.

S. behauptete, Pfannkuchen hießen auch Eierkuchen, während die Kartoffelpuffer Flinsen genannt würden. Ich blieb dabei, daß es keine weißen Mäuse gäbe. Doch es gibt ja auch weiße Kaninchen, beide hatten rote Augen. Ich nannte diese rotäugigen Wesen Bastarde, was S. veranlaßte, mir, indem er aufstand und sein Glas erhob, einige väterliche Ermahnungen zuteil werden zu lassen: »Mein lieber Kasanowitz, misch dich nicht in Sachen, von denen du nichts nicht verstehst, du Student. Aber morgen früh stehen wir um sechs Uhr auf und wandern gemeinsam nach Schülzen.«

Dorthin gab es keine Bahnverbindungen. Schülzen lag hinter dem Mauersee bei Drengfurt. Die nächste Bahnstation war Rosengarten. Und das waren, da die Bahn den See umfahren mußte, immerhin zwanzig Kilometer. S. hatte herausbekommen, daß die Chaussee über das vormals dem Grafen Lehndorff gehörende aufgeteilte Gut Stawken direkt zu den drei Gutshöfen führte. Von dort konnten wir dann nach der Besichtigung des Objektes nach Rosengarten herunterwandern. Denn Schülzen lag auf einer Hochebene, Rosengarten in einem Tal.

Hier hat dann später der Ostpreußenflüchtling und zum Erzähler gewordene Schneider und Kleinbauernsohn Arno Surminski aus Jäglack sein Phantomdorf Jokehnen gegründet, das 1974 seinem ersten großen Masurenroman als Vorlage und Untergangsvision diente. Von dort brach die Familie Steputat nach Deutschland auf, als die Russen kamen, die ›Goldfasanen‹ längst das

Weite gesucht hatten und der große Treck begann. Die Parole ›Heim ins Reich‹ kam zu spät. Die treffendere Parole ›Rette sich, wer kann‹ rettete nur noch wenige, aber immerhin Surminskis Steputat und den Erzähler selbst.

Als ich im dichten Frühnebel an den nicht mehr verwendeten Gutsgebäuden des Grafen vorüberwanderte, war mir der Kopf schwer von der Nacht bei Podelka in dem größten Krämerladen aller Zeiten. Ich habe niemals wieder einen derartigen Tumult miterlebt. Aber es war ja Sonnabend, und da wurde eben gesoffen und gestritten und gerauft, weil am Sonntag die ›Olsche‹, die Frau des Bauern, allein die Kühe melken mußte.

So kamen wir an der Mini-Post von Schülzen an, einem Häuschen, das nur aus einem Raum bestand, in dem die lustige Posthalterin ihr Amt ausübte, wohnte und schlief. Ohne sie gleich zu erkennen — wir hatten ja nur wenige Minuten mit ihr gesprochen, fragten nach dem Weg zu dem Gut —, stand ich ihr 1945 nach der Sperrstunde in der Bahnhofsbaracke von Nienburg an der Weser Bauch an Bauch gegenüber. Die englische Besatzung hatte von zehn Uhr abends bis sechs Uhr früh Ausgangssperre für alle Deutschen angeordnet. Ich wollte nach Sulingen, kam aus Hannover. Die Nebenbahn nach Sulingen im Sulinger Moor fuhr erst am folgenden Morgen. Ich weiß nicht mehr, wohin die Dame von der Post aus Schützen bei Drengfurt wollte, aber sie stand wie alle die in der Baracke zusammengepferchten Menschen hautnah an ihr Gegenüber gepreßt. Sie hatte ein verwüstetes Gesicht. Das hatte wohl der Treck aus ihr gemacht. Wir hätten es einen Sonntag lang gut bei ihr gehabt. Aber S. wollte Schülzen kaufen, und so stiefelten wir weiter in den gelichteten Morgen hinein, nun schon seit drei Stunden.

Den Besuch auf dem Gutshof und die an der hartnäkkigen Forderung, die in Klimken als Küchenmädchen tätige Tochter mit zu übernehmen, gescheiterten Verhandlungen habe ich bereits geschildert. Es blieb unser letzter gemeinsamer Versuch, ein masurisches Gut zu kaufen. Ich ließ mich dann 1936, also ein Jahr danach, in Mecklenburg nieder und ließ Ernst S. nachkommen, was zu einer Katastrophe, zum Bruch führte. Denn Mecklenburg war nicht Masuren, und S. blieb S., und das wollte zusammen nicht funktionieren. Das war einfach unvereinbar miteinander.

Am Ende eines Jahres voll Streit, Mißverständnissen und vergeblichen Versuchen, die durch diese Unvereinbarkeit zerstörte Vertrauensbasis zu retten, reiste Ernst S. zurück nach Masuren. Ich habe nie wieder etwas von ihm gehört. Er ging mit seinem Land unter wie fast alle, denen ich in Ostpreußen begegnet bin. Die Überlebenden des Exodus starben inzwischen, von der Nabelschnur getrennt, die sie mit der ›großen Mutter Masuren‹ verbunden hatte. Als wir am Montag nach Duneyken zurückkamen, händigte Wilhelm D. meinem erfolglosen Pionier und Experten S. ein Telegramm aus. Es war an mich adressiert und kam von Waltraud aus Sommerau. D. richtete grundsätzlich kein Wort mehr an mich. Nur am ersten Tag eines neuen Monats wartete er freundlich darauf, daß ich seiner Frau, die mich stets mit ihrer schiefen Schulter rammte, die fällige Elevengebühr von fünfzig Mark übergab. Den Rest des Monats übersah er mich, und ich fand diese Zurückhaltung prima. Sie betraf mich nicht. Ich konnte sie ignorieren, denn S. hielt zu mir.

Das Telegramm enthielt die alarmierenden, verheißungsvollen Worte, die Botschaft, die meine Seele zerriß: »Bin morgen 10.36 Uhr in Korschen. Kommst Du?« Was konnte ich anderes tun? Es gab keine Alternative, als Waltrauds Ruf zu folgen, auch wenn es Monate hindurch still in meiner Brust gewesen war, meine Liebe geschlafen hatte.

Ich sagte zu S.: »Ich gehe jetzt sofort nach Griesen zum Bahnhof und fahre nach Treuburg. Vielleicht ist mein Motorrad fertig. Dann fahre ich morgen früh nach Korschen. Es sind ja nur hundert Kilometer.«

»Mensch«, warnte mein Lehrmeister, den ich wieder einmal in die größte Verlegenheit brachte, »der D. wirft dich raus.«

»Das ist mir egal. Ich muß nach Korschen. Ich muß Waltraud treffen, sonst gehe ich kaputt.«

»Na, na, mein lieber Kasanowitz. Du wirst ja nicht gleich kaputtgehen, wenn du sie nicht siehst.«

»Ich will sie nicht nur sehen, sondern mit ihr durch Ostpreußen fahren, durch das Ermland, hinauf bis nach Elbing. Von dort soll sie dann mit dem D-Zug direkt nach Berlin fahren. In drei Tagen bin ich wieder zurück.«

S. hatte noch nie einen Menschen gesehen, den die Liebe um seinen Verstand gebracht hatte. Für ihn war die Beziehung zu einer Frau eine rein körperliche. Frauen waren die geborenen Matronen. Sie hatten Kinder zu gebären, zu kochen, den Haushalt und die Klamotten in Ordnung zu halten.

Also, ich ließ mich zwar vorwarnen, aber nicht halten. Mir war jetzt die ganze Landwirtschaft schnurzegal, einfach vergessen, und weg war der Husten. Als ich mit dem Zug nach Treuburg fuhr und unter mir in der großen Biegung der Strecke, die sich wie ein Fluß durch das grüne Land wand, das Dorf Orlowken auftauchte — die Dächer ganz aus Stroh, die Häuser gelb aus Lehm —, überwältigte mich ein haltloses Weinen. Waltraud war meine letzte Chance. Nichts wußte ich von der Liebe, aber alles vom Tod!

»Wir haben schon auf Sie gewartet«, sagte der Mechaniker in der Werkstatt, »Ihre Maschine ist schon seit Tagen fertig. Aufgesessen und ab geht die Post.«

Er war ein Optimist, ein Witzbold unter den Motorfachleuten, die ihr Handwerk mit höllischem Ernst betrieben, als sie noch Götter waren und keine Konkurrenz durch die Tankstellenwarte zu befürchten hatten. Tankstellen gab es nur in den Städten und auch da nur selten.

Ich fuhr gleich nach Duneyken zurück. Es war schon Nacht. Aber morgen würde Waltraud die Nacht mit mir verbringen. So wollte ich es. So wollte es meine wieder erwachte Liebe.

Als ich noch in der Dämmerung nach Korschen aufbrach, befielen mich Herzrhythmusstörungen. Schon damals, als es noch nicht um Tod und Leben ging wie später, als meine polnische Freundin Wronka mit ihrem vollen dunklen Haar in die Gaskammer in Treblinka getrieben wurde und ich im Zug an den rauchenden Todesöfen vorbeifuhr, als Lazarettkurier von Sokolow unterwegs nach Warschau mit den Sputumproben im Kasten, die ich dort abliefern sollte, später dann, als Liebe und Tod nur zwei verschiedene Worte für dieselbe Sache, für den gleichen Vorgang waren — da hatte ich das sichere Empfinden, daß die Liebe mich eines Tages umbringt, daß sie mich töten würde. Da saß ich im Abteil für Deutsche, und der Wind trieb vom Lager Treblinka den Aasgestank herüber. Ein Landser sagte: »Mach das Fenster zu, Kumpel, hier stinkt es ja, als ob einer von uns einen toten Vogel in der Tasche hätte.« Ein Zivilist lachte und fand das alles sehr lustig. Aber drüben bei den rauchenden Schloten verbrannte Wronkas weiches jüdisches Haar, und ich war wehrlos den Mördern ausgeliefert. Ich hatte noch nicht die Kraft, in den Untergrund zu gehen. Dazu fand ich erst ein Jahr danach Gelegenheit, als Treblinka schon nicht mehr existierte, als es in einem blutigen Aufstand untergegangen war mitsamt seinen Henkern.

Ach, Waltraud, du hast das alles nicht gewußt. Du hast es vielleicht sogar gutgeheißen. Du hast ja nicht mich, sondern einen Offizier des ›Führers‹ geheiratet, der am ersten Tag des Krieges gegen Frankreich fiel, ›für Führer, Volk und Vaterland‹, wie du es in der Zeitung angezeigt hast.

Aber an diesem strahlenden Morgen, als ich in Korschen vor dem Bahnhof auf dich wartete, hatten wir noch alle eine kurze Schonfrist vor dem Inferno, auch wenn die Galgen schon aufgerichtet waren, an denen wir hängen sollten — wie es der ›Führer‹ befahl. »Eine Clique ehrgeiziger und ehrvergessener Kanaillen«, wie wir genannt wurden.

Dann traf der Zug aus Insterburg ein. Waltraud kam aus der Schwingtür. Ich war dekorativ auf meiner NSU — meiner vorletzten Liebe — sitzengeblieben, hatte die weiße Motorradkappe aus Leinen auf und sah ihr entgegen. Sie war eine reife junge Frau geworden, ein Wunder der Vollkommenheit, eine Lichtgestalt. Auch aus der ungeheuren Distanz von fast fünfzig Jahren vermag ich sie nicht anders zu sehen. Der Glanz, der sie umgab, ist nicht erloschen.

So blieb sie bis zum letzten Wort, das wir miteinander wechselten vor dem Hauptbahnhof in Elbing. Mein Gott, daran durfte ich gar nicht denken. Ich mußte sie behalten, festhalten, ganz allein für mich haben. Endlich schien der Bann gebrochen. Ich würde sie küssen. Sie würde sich mir öffnen. Ich würde endlich ein Mann werden. Alles Hirngespinste, Illusionen, Trapezakte eines hoffnungslosen Psychopathen! Ich weiß.

Aber nun war sie bei mir und stieg tatsächlich mit ihrer Bernsteinkette, der weißen Bluse, unter der die festen, faustrunden Brüste sich abzeichneten, dem lichtblauen, ganz kurzen Rock auf den Soziussitz. Dieser Rock auf dem Motorrad mußte sich bis über die Knie hinaufschieben während der Fahrt, mußte ihre schlanken Beine, die schön gewachsenen Schenkel zeigen. Wer konnte das ertragen, ohne hinzusehen und am Straßenrand stehenzubleiben?

Wir drückten uns die Hände. Ihr Händedruck war trocken und fest, er hatte nichts Verschwommenes, Verwaschenes, Unklares an sich. Diese Einundzwanzigjährige kannte ihren Weg. Sie wußte, was sie wollte. Sie machte es mir auf der Fahrt nach Elbing noch einmal auf herzsprengende Weise klar, daß das Landleben eine für sie unakzeptable Sache, eine Provokation des guten Geschmacks, eine Verleugnung des Stils, kurz eine Art Nihilismus war, ›barbarisch‹: das gleiche Wort, das in ganz anderem Sinn Wolfgang B. gebraucht hatte.

»Das Landleben ist barbarisch«, sagte sie hinter mir auf dem Sozius, als wir in Richtung Bartenstein davonfuhren. Auch dahin sollte mich dann der Endkampf um Ostpreußen verschlagen, ehe ich die Trennung von meinen Angehörigen vollziehen und untertauchen konnte.

Ich brachte die Maschine auf hohe Fahrt. Wenigstens diesmal und auf diese Weise wollte ich Waltraud meine Überlegenheit beweisen. Sie sollte im Flug durch das Land davongetragen werden, das sie so schnöde verleugnete, das sie nicht lieben konnte mit ihrer doch zur Liebe bestimmten Körperlichkeit. Denn ich wollte nicht glauben, daß Frigidität als Folge der Überkultivierung und Übersensibilität Waltraud zu jeder körperlichen Gemeinschaft unfähig machte, damals und später — wie ich vermutete. Denn auch ihr Mann war ein Ästhet, der, seltsam genug, sein Soldatentum als Liebe begriff und nichts anderes als den ›Führer‹ und das ›Vaterland‹ begehren konnte. Waltraud blieb kinderlos und starb kinderlos. Aber der Wind trug mir den Geruch ihres Mädchenkörpers zu. Ich spürte ihre Arme im Rücken, ihren Jubel über das Tempo der Fahrt.

Hier umgab sie kein Berliner Mief. Hier traf uns der reinigende Atem der Erde, der Wiesen, Weiden, der Felder, auf denen bereits handhoch die Saat stand. Irgendwo zwischen Bartenstein und Landsberg hielten wir an einer sanft ansteigenden Anhöhe, auf der wir uns niedersetzten. Sie ging in einen Heidewald über. Vor uns die Straße, die Kastenwagen eines Rittergutes, deren Gespannführer uns Zoten zuriefen.

Aber da hatte ich Waltraud schon lange Minuten in meinen Armen gehalten. Der unvermeidliche Abschied schmerzte. Mein Herz schlug wild, tat mir weh. Wir küßten uns nach Jahren zum erstenmal wieder. Waltraud reagierte auf die Zurufe — so kannte ich sie — peinlich berührt. Sie wurde wieder einmal bestätigt in ihrer Ablehnung des ›barbarischen‹ Lebens, von dem sie sich jetzt trennte, um zurückzukehren zu ihren Studien, zu den Professoren der Kunstwissenschaft, zu den Bildern der großen Niederländer, in die Villa in Lichterfelde Ost, wo die Angehörigen ihren Familienkult pflegten, von dem Waltraud sich niemals lösen konnte.

Was konnte ich anderes tun, wenn ich mich nicht aufgeben wollte, als die Fiktion aufrechtzuerhalten, daß Waltraud zu mir kommen würde, wenn ich von Duneyken weggehen und ein eigenes Gut bewirtschaften würde? Ich suggerierte ihr diesen Wunsch, als ob es ihr eigener wäre. Aber sie war schon nicht mehr in diesem Land. Sie hatte es schon für immer verlassen. Ihre Seele war vorausgeeilt. Sommerau blieb eine Sommer-Episode, die wider Erwarten auch noch einen Winter gedauert hatte.

Nun brachte ich sie als ihr Fahrer — nicht anders als der Kutscher am Morgen nach Tilsit — zum Bahnhof nach Elbing, zum D-Zug nach Berlin. Berlin: Das war

Freiheit und Leben. Da konnten ihr keine brünstigen Bullen nachlaufen, keine brüllenden Hengste den Tag verderben, das Bild der Schönheit trüben. Eine blutleere Schönheit, wie ich behauptete. Sie schüttelte den gut geformten Kopf mit dem gerade gezogenen Mittelscheitel ihres dunkelblonden Haares, das ich so bewundert hatte, auf das ich so stolz gewesen war in meiner kindischen Verzückung.

Wir erreichten nach hundertfünfzig Kilometern Braunsberg. Auch das wurde dann eine Station meiner Odyssee zwischen den Fronten. Ein Priester begegnete uns in dieser Barockstadt mit den Kirchen, die mich nicht interessierten, weil ich um Waltraud kämpfen mußte, nur sie behalten wollte.

Aber dann hörte ich hinter mir ihr kleines Lachen: »Der Priester hat auf meine Beine gesehen. Mein Rock ist verrutscht. Das war sicher eine Versuchung für ihn. Hast du sein Gesicht beobachtet? Er ist ganz rot geworden, so sehr hat ihn der Anblick schockiert.«

»Ich hoffe, er vergißt dich nicht so schnell«, sagte ich bitter.

Dann kam Frauenburg. Wieder Burg und Dom, Backstein, Kastanien, Wälle, Nischen, Kopfsteinpflaster. Niemand außer uns. Waltraud wollte in den Dom. Endlich fanden wir den Wärter, dem diese Einheit von Burg, Festung und frommer Besinnung anvertraut war. Er berichtete im Stil eines Reiseführers mit monotoner, unbeteiligter Stimme von dem Wirken des Kopernikus von 1510—1543. Kopernik nennen die Polen diesen Astronomen und erheben Anspruch, ihn für sich allein zu besitzen. An den Wehrtürmen rankte sich Efeu empor. Waltraud riß eines der lederdicken Blätter ab und behielt es als Souvenir. Ein Souvenir von Kopernikus. Es war nicht von mir. Ich weiß nicht, ob sie mit diesem Blatt die Erinnerung an mich verbinden würde, später, wenn sie an das ferne, ihr fremd gebliebene Land denken würde.

In Tolkemit war es dann Nacht. Wir mußten uns um ein Quartier bemühen. Wir klopften einfach an eine Tür und fragten unbefangen, ob wir hier zwei Zimmer für eine Nacht haben könnten. Die Matrone war neugierig genug, um dem Liebespaar — wie sie vermutete — eine Chance zu geben: »Ja, bleiben Sie nur, und wenn Sie was essen oder trinken möchten: Ich geb's gern.«

Aber Waltraud hatte einen ihrer unberechenbaren Einfälle: eine Art Test, eine Mutprobe, der sie mich zum Abschluß unserer gemeinsamen Jahre gerade hier unterziehen wollte.

»Ja, wir bleiben bei Ihnen, gern«, bestätigte sie der gastfreundlichen Alten. Aber zu mir sagte sie und wendete mir mit einem hintergründigen, fast boshaften Lächeln ihr vom Fahrtwind erhitztes Gesicht zu — es war ein Lächeln, das ich vorher niemals an ihr bemerkt hatte —: »Komm, wir klettern auf den Leuchtturm, natürlich nicht auf der Leiter, sondern über das Gestänge.«

Es war ein teuflischer Plan. Denn nur Todesverachtung konnte sie dort hinauftreiben. Die eisernen, nachtkalten Streben waren so weit voneinander angebracht, daß man nur durch Klimmzüge von der einen zur nächsten Etage gelangen konnte. Wer eine Sekunde lang nicht aufpaßte, wen die Kraft verließ, der schlug auf den eisernen Sockel des berühmten Leuchtturms von Tolkemit am Frischen Haff auf. Es war eine Mutprobe, die dem Handschuh im Löwenzwinger entsprach, dem Apfelschuß. Waltraud hatte es auf mein Herz abgesehen. Hier sollte ich es ihr zum Opfer bringen. Aber sie stieg schon über mir empor, grazil und ohne Mühe. Ich klammerte mich an die Eisenstreben und versuchte, ihr nachzukommen. Es gelang nicht. Ich zappelte wie eine Fliege im Spinnennetz. Es gab kein Entrinnen. Ich mußte meine Niederlage hinnehmen, mußte meine Unfähigkeit, ihr nachzueifern, zugeben, blieb auf halber Höhe hängen, während sie oben auf der Plattform stand und jubelte. Ihr Haar flog jetzt offen im Wind, verhüllte ihr Gesicht. Waltraud hatte sich in diesem Augenblick von mir und diesem Land befreit. Das war die Stunde der Wahrheit, ›el momento de verdad‹. In der Arena wäre ich ausgepfiffen, beschimpft, verjagt worden. Waltraud hangelte sich ebenso mühelos herab und sagte dann, als wir uns unten wieder gegenüberstanden: »Das hätte ich von dir nicht gedacht. So ein Versager!«

Aus. Es war zu Ende. Ich war dann noch nach der Nacht in den getrennten Zimmern, nachdem wir einen Glühwein getrunken hatten — Waltraud hatte ihr Glas umgestoßen und die neue, mit selbsterfundenen Mustern bestickte Decke verdorben, was die Wirtin mit Gelassenheit hinnahm, sie machte dafür einen pauschalen Preis für Übernachtung und Getränk —, ich war dann noch mit Waltraud auf dem kaiserlichen Gut Cadinen unter der Elbinger Höhe. Der Oberinspektor zeigte mir seine Kaltblüter. Waltraud machte wieder ihr abweisendes Gesicht. Aber es war so und so nichts mehr zu retten. Nur der Schmerz in meiner Brust nahm zu. Wie sollte ich dieses blamable Ende ertragen?

Waltraud wollte einen gewaltsamen Schlußstrich ziehen. Sie wollte mir demonstrieren, daß ich ihr nicht gewachsen war. Sie hatte diese Situation gesucht, herbeigeführt und in Tolkemit gefunden. Nun gab es kein Dakapo mehr. Ich führte, völlig abwesend, ein inhaltloses Gespräch mit dem feisten Oberinspektor, dem ich von Przytullen und Duneyken erzählte, während er mit gierigen Augen Waltraud anstarrte. ›Na, das ist ja ein flottes Paar‹, mag er gedacht haben. Es war aus seinem neugierigen Gesicht und komplizenhaften Lächeln leicht zu schließen. Dann fuhren wir über Neukirch-Höhe auf der zweihundert Meter aus dem Haff steigenden Elbinger Höhe auf einer kurvenreichen Straße in die Stadt hinein direkt bis zum Bahnhof. Es war Schichtwechsel auf den Werften, der Abend grau und regenverhangen. Arbeiter strömten aus dem Bahnhof und drängten hinein. Keiner von ihnen besaß ja damals ein Auto.

Waltraud sagte: »Gerade im letzten Augenblick. Der D-Zug muß gleich abfahren. Leb wohl und komm gut nach Duneyken.« Sie gab mir ihre trockene, feste Hand. Ich konnte sie nicht halten. Ich war unfähig, ein Wort des Abschieds zu sagen. Ich sank über die Lenkstange meiner NSU. Vor mir lag eine Nachtfahrt von etwa zweihundertfünfzig Kilometern über unglaublich verwahrloste Straßen mit Schlaglöchern, durch fast unbeleuchtete Dörfer und winklige Städte.

Es war die Kapitulation; und trotzdem mußte ich am nächsten Morgen, wenn S. die ›Klapper‹ schwang, in Duneyken antreten. Ich fuhr wie von Sinnen, willenlos, in dumpfer Ergebenheit dahin, ließ alles, was mir begegnete, hinter mir wie in einem Grab. Ich legte mich selbst in dieses Grab. Es gab keine Wahl, als wie ein Geblendeter dahinzufahren. Abfahrt und Ankunft, Start und Ziel waren das gleiche: das unwiderrufliche Nichts und Nirgendwo. Aber ich spürte das schmerzende Herz, die Zerrissenheit in mir wie einen Keim verzweifelten Überlebenswillens. Es war das gleiche Grundgefühl, die gleiche Ausgangsposition wie Jahre später, als ich aus der Wehrmacht in die Freiheit der Wälder floh. Auch damals gab es keine Alternative. Nur war das Gewicht ein anderes. Hier mit Waltraud wogen die Partikel des Erlebten vielleicht ein paar Gramm. Später wurden es Zentner, Tonnen, nicht mehr meßbar. Das kleine Leid macht für Stunden und Tage stumm. Das große Leiden zwingt zur Handlung, zum Sprechen, zur Sprache, zur Zeugenschaft, zum Kampf.

Meine masurische Liebe! Meine Liebe Masuren! Masuren war damals die einzige beständige Leidenschaft, als meine Zuneigung zu Frauen ambivalent war und an meiner Undiszipliniertheit scheiterte. Immer wieder, stets blieb sie ein Experiment ohne Aussicht auf Erfolg. Ich blieb im Versuchsstadium stecken und zerstörte dann die Grundform, den Grundriß, die ersten Konturen eines Entwurfs, der sich nur mit Geduld und Zielstrebigkeit verwirklichen läßt.

In der Liebe wird uns nichts geschenkt. Auch die Liebe zu einem Land will verdient sein, muß durch langsame und behutsame Annäherung gewonnen werden. Wie gilt das erst für die Menschen dieses spröden Landes, und dann vor allem für die Frauen, die nur dieses eine Land, ihr Land, ihr Mutterland kennen und von anderen Ländern nur träumen können. Wollen wir nicht von Vaterland sprechen. Es weckt Ressentiments und historische Vergleiche, Perspektiven, die nicht mehr stimmen, die ungültig geworden sind seit dem Totalausverkauf der Vaterländer . . .

Sigrid P. träumte von Berlin.

Sigrid, die jeden Wochentag mit dem D-Zug Prostken-Berlin zum Mädchengymnasium nach Rastenburg fuhr, um dort ihr Abitur zu machen, war, obwohl sie Tochter eines Lehrers war, eher eine rustikale Schönheit voll Kraft und Leben. Vielleicht würde ich sie heute für matronenhaft plump halten. Aber ihre Frische würde sie auch modernen Schönheitsidealen gegenüber behaupten, sie würde die Starletts und Sternchen von der Bühne der Zeit wischen.

Sigrid begegnete ich bei einem turbulenten Tanzvergnügen, das im großen Saal des Kurhauses in Lötzen, kurz bevor es abbrannte, stattfand. Auf der Galerie, auf der wir saßen, traf ich Wolfgang B. und seinen ›Stab‹

wieder. Das Fest endete mit einer Schlägerei wie die meisten Veranstaltungen dieser Art im ›Lande der Barbaren‹. B. war nach wie vor davon überzeugt, daß dieses Land das einzige lebenswerte Land für ihn und alle Menschen seines Imperiums war. Das wurde mir wieder zur Gewißheit.

Wir saßen auf der Galerie und sahen dem Spuk im Tanzsaal unter uns zu: dem Stampfen und Lärmen, dem Fluchen und Schreien der Streitenden. Ich kämpfte wieder mit einer Attacke meiner Psychose, meiner Heimatlosigkeit in diesem Kreis: von Sperber, von Dreßler, Sauvant, K., Marianne B., die nun sechzehnjährige kindlich gebliebene Tochter des Oolen. Ich blickte in ihr ebenmäßiges, aber noch blasseres und traurigeres Gesicht. Ich bekam dieses würgende Gefühl einer nicht begründbaren, aber schrecklich aufsteigenden Angst. Ich weinte, ohne mich zu schonen und zu schämen. Und in diesem für Außenstehende grundlosen Weinkrampf bemerkte ich die Fremde in unserer Gruppe, das ausdrucksvolle Mädchen mit dem krausen, brünetten Haar und dem flammenden Gesicht. Ich hatte seinen Namen nicht verstanden, aber ich fragte es danach, nachdem es zu mir herübergekommen war und, den Spott des Ex-Chefs nicht beachtend — »der Kerl fängt tatsächlich an zu flennen« —, meinen Kopf in seinen Schoß gedrückt hatte. Ich roch sein Parfüm, seine Haut, seinen Körper und war beruhigt wie in einem Melodram, zu dem meine Existenz zu entarten drohte in jenen Jahren der Ziel- und Hilflosigkeit.

Das Mädchen erzählte mir, daß es Sigrid hieße, daß es in Lötzen wohnte, daß es gerade vor dem Abitur stünde, das ihm schwerfiel, da es kein großes ›Kirchenlicht‹ sei. Ich bat Sigrid um ihre Anschrift. Ich versprach ihr, daß ich ihr schreiben würde, sobald ich wieder zu Hause sei. Warum erst dann? Ich legte mir bereits wieder selbst

Hindernisse in den Weg, Stationen eines sinnlosen Kreuzweges. Denn wann würde ich zu Hause sein? Und wohin würde ich reisen? Wo gab es ein Zuhause für mich Unbehausten, der sich fürchtete vor den Kreuzrittern, die ausgefahren waren, um das Reich zu zerstören, die gen Ostland reiten wollten eines schlimmen Tages?

Ich hatte mich von Wolfgang B. und seinen Eleven getrennt und war zu S. nach Duneyken ›übergelaufen‹, auf das Gut des Diplomlandwirts Wilhelm D.

Ja, ich würde Sigrid schreiben, einen Termin vorschlagen, an dem wir uns in Lötzen treffen konnten. So sollte es sein. Als es Tag wurde nach dem großen Skandal dieser Nacht, fuhr ich mit der Bahn über Widminnen nach Griesen. Griesen war unser Verladebahnhof und etwa fünf Kilometer von Duneyken entfernt. Heute findet man die Bahnstrecke Treuburg—Lötzen nicht einmal mehr in alten Atlanten.

Besaß ich damals noch das bei der Firma Braun in Gumbinnen gegen den Willen des Oolen gekaufte Motorrad NSU, 25 PS? Viertaktmotor. Aber noch ohne automatische Zündung, ohne Drehgas. Sicher war ich von Duneyken mit dem Motorrad nach Lötzen gekommen. Das war schneidig und imponierte damals jedem jungen Mann und den Mädchen, die stets gesehen werden wollten, noch mehr. Es gab ja kaum Autos. Nur wenige Auserwählte fuhren einen Wagen. Motorräder waren schick, fielen auf. Der Fahrer war entweder ein reicher Junker oder ein Monteur. Aber Monteure hatten alte Klamotten an und nicht die unverwechselbare Kleidung eines Gutsbesitzersohnes: weiche Lederstiefel, möglichst braune, und eine grüne Joppe, wie sie die Jäger trugen, dazu die entsprechende Kappe mit einer Schnalle unter dem Hals. Meine Motorradkappe war aus weißem Leinen. Ja, ich schuf so einen Ausgleich für mein psychisches Versagen, für meine Impotenz.

Ich bekam eine Zusage von Sigrid. Ich war wieder einmal für eine kurze Zeit bis zum nächsten Schwächeanfall gerettet oder sagen wir richtiger: geborgen. Ich fühlte mich befreit wie von einem schweren körperlichen Leiden, als ich mich am nächsten Morgen — es wird ein Montag gewesen sein — bei dem Schweinekartoffelkoch Ganz in der kleinen Küche, wo in einem Dämpfer der Firma Gotthardt und Kühne die Futterkartoffeln gekocht wurden, einfand. Dort war es warm. Denn nun kam der masurische Winter. Ich hielt mich dann am liebsten bei dem Junggesellen Ganz auf, um mit ihm zu palavern. Es gab kein gemeinsames Thema außer der Pleite des Diplomlandwirts Wilhelm D., den wir kurz DDDD nannten, Kürzel für ›Diplomlandwirt D. dauernd im Druck‹. Das las sich wie die Bezeichnung für ein neues Unkrautvernichtungsmittel.

Trotz ihrer strahlenden Heiterkeit hatte Sigrid traurige Augen. Sie bildeten einen Kontrast zu ihrem großen besitzergreifenden Mund. Heute, aus der ungeheuren Distanz fast eines halben Jahrhunderts, erschienen mir diese Augen wie eine ungeschriebene Metapher für die Vergeblichkeit des Lebens. Ein Land wurde verwüstet, ein Volk vernichtet, eine Sprache ging unter. Was bleibt von der Geschichte außer unserer Erinnerung, einer Erinnerung in den Köpfen weniger befristeter Überlebender? Auch sie verschwinden, und dann hat es Menschen, Land und Sprache niemals gegeben. Sie sind getilgt aus der Menschengeschichte.

Nur die Erinnerung der Lebenden vermag Vergangenheit in Gegenwart zu verwandeln, vermag sie hinüberzuretten aus dem alles zerstörenden Strom der Zeit. Nur wenn ich das bedenke, ist meine Begegnung mit Sigrid P. und den flüchtigen Gestalten der masurischen Szene auch bedenkenswert. Wenn nicht diese Erfahrung, diese Erkenntnis — die ich damals nicht als Zäsur verstehen konnte — meine Erinnerung in lebendige Gegenwart verwandeln würde, wäre es zwecklos, sich damit zu beschäftigen. Dann wären diese Jahre lediglich der Stoff für eine Dutzendgeschichte, literarische Konkursmasse.

Es war in den Wochen nach dem Treffen im Lötzener Kurhaus — das nach der Brandkatastrophe nie wieder aufgebaut wurde — unerträglich in der eisigen Einsamkeit des Gutsbetriebes Duneyken, neben dem schweigsamen Freund S. fast unmöglich, die schwere Arbeit in den Rübenfeldern durchzustehen. Es strich ein Todeshauch, ein schneidender Ostwind über den kahlen Hügel über dem Duneyker See, in dem auf einer Insel, Ostrow genannt, das Jungvieh untergebracht war, eine natürliche Weide, die nicht eingezäunt zu werden brauchte. Wir fuhren zur Kontrolle gelegentlich mit dem Kahn hinüber und sahen nach den Tieren.

Meine Fingerkuppen waren weiß, gefühllos geworden von dem Herausziehen der Runkelrüben, die dann, in eine Reihe gelegt — wie Tote nach der Schlacht —, mit einem Spaten entblättert wurden. Man brauchte nur Schritt für Schritt den gleichen Spatenstich zu machen. Das ging ohne ›Zielwasser‹. Der Eiswind trieb mir die Tränen in die Augen. Es waren andere Tränen als die Festtränen im Lötzener Kurhaus. Ich brauchte mich nicht zu schämen. Tagelang dieselbe Arbeit bis zur Erschöpfung, zehn Stunden, immer an der Frostgrenze. Es mußte schnell gehen, sonst froren die Rüben ein, und D.s Kühe, seine letzte Bastion, blieben ohne Futter.

Der Melkermeister verstand sein Handwerk. Da konnte man ihm nichts vorwerfen. Was er in seiner Freizeit machte, ging uns nichts an. Aber einmal nahm er mich mit in den Krug vom Kolpak an der Straßenkreuzung unterhalb des langgestreckten Kleinbauerndorfes Duneyken — das Gut lag außerhalb am Weg nach Schwentainen, wo die Chaussee von Lötzen nach Treuburg vorüberführte. Eine düstere Spelunke, in der es hoch herging, in der Bärenfang und Schnaps, der ›Witte‹, der Weiße also, gekippt wurde, als wäre es Gurgelwasser. Ich ließ mich auf eine Runde mit dem trinkfesten Melkermeister ein und war schon nach einer Stunde nicht mehr vernehmungsfähig. Blöd und leichtfertig war nur, daß ich überhaupt mit ihm zum Saufen gefahren war. Ich ahnte ja nicht, welche Dimensionen die Orgie annehmen würde. Schließlich riß ich mich von den Trinkenden los und taumelte ins Freie, ließ mich in den Straßengraben neben mein Motorrad fallen und sah, wie sich die Sterne in tollem Wirbel rasend wie auf einem Bild van Goghs aus Arles um die Erde drehten. Meine einzige noch vernünftige Reaktion war die, liegenzubleiben, bis die Sterne ihre Weltraumreise beendet hatten. Dann würde ich aufstehen und auch wieder fahren können.

Mir war so elend, daß ich sogar Sigrid vergessen hatte, an die ich in jeder Minute dachte. So sollte es mein ganzes Leben lang sein, schwor ich in der chronischen Überschätzung meiner Gefühle, denen jeder Realitätsbezug abhanden gekommen war, jede Selbstkontrolle und jede mögliche Distanz zu den Vorgängen um mich herum.

Ich war zu Tode betrunken, und die Sterne kreisten und kreisten. Sie beschleunigten ihr irres Tempo noch, als ich aufzustehen versuchte und in die Knie fiel, zurücksank in das welke Wintergras. Ja, ich wartete und visierte den Himmel an, diese mitleidlose Ewigkeit, die sich unseren Eingriffen, Hoffnungen und Wünschen entzieht. Dann raffte ich mich auf und taumelte zu meinem Motorrad, es gelang mir, es anzuwerfen. Es gab ja noch keine elektrische Zündung. Man mußte den Starter heruntertreten. Ich schwang mich in den Sattel und glaubte ein von Wespen verfolgtes und gestochenes Pferd zwischen meinen Schenkeln zu haben. Ich schaltete den ersten Gang, und es gelang mir tatsächlich, in diesem Langsamgang die ansteigende Dorfstraße mit ihrem erbärmlichen Kopfsteinpflaster und Löchern bis zum Gutshof, etwa zwei Kilometer entfernt, hinaufzufahren. Ich weckte alle schlafenden Hunde im Dorf, und allmählich ließ die Betäubung des Rausches nach. Ich konnte erbrechen. Ich empfand grausame Kopfschmerzen. Aber das brauchte ich niemandem zu erklären, der jemals volltrunken gewesen ist. Am Morgen erwachte die Erinnerung an Sigrid, und ich schlich mich zu Ganz in die Futterküche. Frühstück fiel aus. S. spottete über mein Elend: »Unser junges Herrche hat sich besoopen. Das jibt sich an der frischen Winterluft. Auf und vorwärts! Marsch, marsch in die Rüben!«

Kurz darauf schrieb ich Sigrid einen Brief. Es muß einer meiner beschwörenden Liebesbriefe gewesen sein, in denen ich versuchte, etwas von meiner Identität zu bewahren, die in diesem fremden Land verloren, einfach vor die Hunde zu gehen drohte. Ich schrieb einen souveränen, selbstbewußten Brief, der nichts von der weinerlichen Ichsuche, dem Ichzerfall der Begegnung in Lötzen Wochen zuvor mehr vermittelte.

Ich beschloß, Duneyken zu verlassen und vorerst nach Grodk, in meine sorbische Heimat, zurückzukehren. Ich war wieder einmal an die Grenzen meiner Möglichkeiten der Selbstverwirklichung gekommen. Ich schlug Sigrid ein Treffen in einem Café am Marktplatz in Lötzen vor, Tag und Stunde inklusiv. Sigrid antwortete leidenschaftlich zustimmend. Ich reiste ab, von S. zurückhaltend, aber nicht unfreundlich verabschiedet: »Du mußt ja wissen, was du tust, mein lieber Kasanowitz.«

Den D.s, die wieder dauernd im Druck waren trotz des Besuchs des Landrats, wofür sie die letzten Mittel aufgewendet hatten — den Wochenlohn für die Gespannführer und die anderen Arbeitskräfte bestritt wieder der Schmied, denn der hatte Mark auf Mark gelegt und war nun der reichste Mann in Duneyken —, den D.s sagte ich kein Wort von meiner Abreise. Ich desertierte im Morgengrauen. Die Flucht vor der eigenen Wahrheit war in diesen Jahren meiner pathologischen Existenzkrise auch stets eine Flucht vor den Örtlichkeiten, vor dem Platz, an dem ich mich gerade befand. So war ich ununterbrochen in dem Zustand eines Suchenden, der nicht einmal weiß, was er verloren hat und wo er es wiederfinden kann. Ich fuhr auf dem Motorrad davon und ließ alles Gepäck zurück, ganz mit der Umwelt versöhnt.

Der Rausch des Fahrens, der Schnelligkeit ist ja auch heute ein Zeichen für die Unreife und Ziellosigkeit der Jugendlichen, nur daß sich in den zurückliegenden fünfzig Jahren das Tempo gesteigert, mehr als verdoppelt hat. Für uns waren sechzig bis achtzig Stundenkilometer bereits die Höchstgrenze der Selbstbetäubung. Heute müssen es mindestens hundertzwanzig, ja zweihundert Kilometer sein, sonst taugt der Schlitten nichts, mit dem man auf der Piste ins Nichts unterwegs ist.

Mein Nullpunkt war das vereinbarte Café in Lötzens Innenstadt, dem großen, etwas länglich angelegten Marktplatz mit seinen Bürgerhäusern aus der Zeit der Jahrhundertwende, als Masuren noch Niemandsland war. Ich setzte mich an ein eisernes Tischchen mit geschwungenen Beinen, die über dem Boden in einer Locke ausliefen. Damals gab es noch keine bunten Decken und kostbar geschnitzte Stühle, keine Caféhaus-Tische mit eingelegten Glasplatten. Außer eingelegten Gurken gab es überhaupt nichts Eingelegtes, aber viel Reingelegtes und vor allem Reingelegte, obwohl man in Masuren kaum wahrnahm, daß uns ein von der Vorsehung bestimmter ›Führer‹ regierte. Außer D.s Uniform bemerkte ich 1935 kaum Anzeichen für die totale Gleichschaltung im NS-Regime.

Also, ich setzte mich an die Tür mit Blick auf den winterlich leergefegten Marktplatz von Lötzen — heute polnisch Gizycko genannt — und wartete auf meine Masurenliebe, die, verläßlich wie die Menschen dieses Landes — und auch dieser Zeit? —, bald kommen würde. Natürlich kam sie, erregt und glühend vom schnellen Laufen und der Wiedersehensfreude, die für sie ein wirkliches Glück zu sein schien und — wie ich mit Staunen erfuhr — auch war. Das Arrangement ist auch heute nach fast fünfzig Jahren noch unverändert. Der oval geformte Marktplatz präsentiert nach wie vor seine sinnliche Gestalt. Ich sitze an einem eisernen Tischchen gleich hinter der Eingangstür — es ist nur für zwei Personen Platz — und blicke auf die menschenleere Straße.

Sigrid ist gekommen. Sie hat den Trauerschleier von ihren Augen gezogen. Denn sie kann diesmal die Rolle der Mütterlichkeit nicht übernehmen. Ich weine nicht. Ich bin übermütig. Ich bin im Begriff, das geliebte und geschmähte Land mitsamt seinen Engeln zu verlassen. Ich weiß, daß ich in dem mir verhaßten Elternhaus auch keine Heimat finde. Aber in diesen Stunden finde ich sie im Zusammensein mit Sigrid, obwohl mir nichts als Dummheiten und Kalauer einfallen. Ich will die Niederlage vom Kurhaus jetzt durch Forschheit, in Wirklichkeit durch Brutalität wettmachen. Sigrid soll mich für einen ganzen Kerl halten. So erzähle ich in pausenlosem Monolog von Grodk, vom alten B., von Elsa und Marianne, markiere den Überlegenen, den Sieger, den ›Mann von Welt‹.

Immer, wenn ich damals nicht mehr weiterwußte, spielte ich den Clown und hielt mich so für unwiderstehlich. Sigrid sollte einfach von meiner Männlichkeit überfahren werden. Ich kündigte ihr, ohne schonende Vorbereitung auf die bevorstehende Trennung, meine Abreise nach Grodk an. Aber ich sprach nicht von Grodk, sonder nur immer von Berlin. Denn diese so ferne Weltstadt war das Traumziel, das anziehende und beunruhigende Ziel aller Wünsche der Menschen auf der großen Insel Ostpreußen, die durch den dreihundert Kilometer tiefen Korridor vom ›Reich‹ getrennt war. Ich monologisierte und meditierte über Franz Biberkopfs Stadt, als ob Sigrid lediglich ein Computer war — ein Wort und ein Begriff, die man damals natürlich noch nicht kannte —, den ich mit meinen Clownerien füllte.

»Meine Mama hat zwei Ohren. Mit den Ohren kann sie hören«, dozierte ich respektlos. Sigrid war wie alle Masurenmädchen, die ich kannte, konservativ und familienbezogen. Es herrschte in ihrer Familie eine strenge Zucht wie in B.s Imperium, ein Patriarchat, in dem keinerlei Abweichung von der Norm denkbar war, auch nachdem der Patriarch ausgeschieden war.

Für Sigrid hatten diese Stunden, in denen die Welt um uns herum untergegangen war, etwas unheimlich Befreiendes, aber auch Bestürzendes. Denn ich war nicht mehr der kleine traurige junge Mensch, der in chaplinesker Art Hilflosigkeit zeigte und Geborgenheit suchte. Ich war ein skrupelloser Spieler, der sich selbst, seine ganze gebrochene Existenz zum Einsatz brachte. Sie schien mich nicht zu durchschauen. Der Schock, daß ich mich, kaum daß ich mich ihr tränenreich anvertraut, ja ausgeliefert hatte, wieder von ihr zurückzog, muß sie tief getroffen haben. Aber sie war stärker als ich, sie war eine Masurin, sie hielt wie später Sauvant und die 14. Panzerdivision die ihr zugewiesene Stellung. Sie freute sich über meine gespielte Selbstbestätigung und wiederholte, wenn ich meine Herzlosigkeit mit Forschheit übertrumpfte, immer wieder die gleiche Bewunderung ausdrückende Redensart: »Ist das wahr? Das ist ja fabelhaft!«

Dabei handelte es sich um Vorgänge, die so banal und

nichtig waren, daß sie mir heute fast fünfzig Jahre später im gleichen Café am Marktplatz von Gizycko nur als Summe meiner Ohnmacht und Torheit denkbar erscheinen. Es gibt kein Dakapo im Leben. Alles, was geschieht und uns betrifft, was wir auslösen und wovon wir betroffen werden, geschieht nur einmal im Leben.

Ich weiß nur, daß Sigrid alles wie einen vorhergesehenen Sturm über sich ergehen ließ.

»Dann sehen wir uns nicht mehr?« fragte sie ruhig, aber mit vor Trauer leiser Stimme.

Sie fragte mich in einem Augenblick, da ihre Gegenwart mich wie eine Droge betäubte und ich vergessen hatte, daß ich schon gesagt hatte, daß ich am nächsten Tag mit dem D-Zug von Prostken über Lyck, Rastenburg, Korschen, Rothfließ, Osterode, Deutsch-Eylau und die kleine Grenzstation Neu-Bentschen bis Frankfurt an der Oder fahren würde. Dort mußte ich umsteigen in eine Nebenstrecke nach Cottbus.

Ich erinnerte mich an meine Reise hierher in dieses abgeschnittene Land, in dem die Bewohner — viele, nicht alle natürlich — voll vergeblicher Hoffnung auf das ›Reich‹ jenseits des Niemandslandes, das der Korridor für sie bedeutete, blickten. Wer dort leben konnte, war ein Glückspilz. Niemand hier hatte verstanden, warum ich aus Berlin in das ›Land der Barbaren‹ gekommen war, noch dazu freiwillig. Das war unvorstellbar. Höchstens von oberster Instanz abkommandiert. Oder war ich gar ein Krimineller?

Damals, 1933 bis 1935, blieben die Ostpreußen, vor allem die Masuren, die Natanger, die Pomesanier, Samländer und Hockerländer und gar erst die Jäger und Bauern der Elchniederung noch unter sich. Sie blieben ungeschoren von dem ansteckenden Pilz, der ihre Körper zerfraß und ihre Seele vergiftete und in der Reichskanzlei in der Leipziger Straße in Franz Biberkopfs Stadt gezüchtet und von dort verbreitet wurde, alles zerfressend und zuletzt zerstörend. Der Überträger des Pilzes hieß Gauleiter Koch.

Sigrid sagte lapidar: »Hier ist es wenigstens mollig warm.« Ich hielt ein in meinem Monolog und sah, daß nicht ihr glühendes Gesicht, sondern nur ihre Stirn blaß geworden war. Welche phantastischen Gedanken bewegten sich hinter dieser hohen, reinen Stirn? Mir war es damals schnurzegal. Ich hatte meinen Auftritt. Ich mußte den Schwächeanfall vom Kurhaus ausbügeln, mußte diesem Mädchen gegenüber meine Männlichkeit beweisen und erzählte nun von den nächtlichen Streifzügen mit dem inzwischen toten Hermann Krech. Denn Krech-Biere waren ihr ein Begriff.

»Wollen wir ein Krech-Bier trinken?« fragte ich sie.

»Lieber nicht, ich mag kein Bier, mir wird immer gleich schlecht davon.«

Wieder eine Trumpfkarte für mich. Meine Trümpfe stachen. »Ich kann zehn Biere trinken, ohne blau zu werden«, gab ich an. So mag es weitergegangen sein bis zur Erschöpfung meiner Reserven.

Eine Monologpause benutzte Sigrid, um entschlossen aufzustehen: »Jetzt muß ich aber gehen. Meine Mutter wartet auf mich.«

Da war sie wieder, die Mutter, das Matriarchat, das ich ebenso haßte wie die Herrschaft der Väter. Es war der mir damals nicht bewußte Grund meiner notorischen und offensichtlich unaufhebbaren Heimatlosigkeit.

Ich liebte Sigrid bis zum Zerreißen meiner Clownsrolle, in die ich mich in Selbstverleugnung gerettet hatte, um nicht zugeben zu müssen, wie elend mir zumute war. Morgen würde alles vorbei sein. Ich würde erneut in die Beziehungslosigkeit, in die Leere und Verlassenheit stürzen. Mich grauste vor der Heimfahrt. Wo gab es ein Heim für mich? Ich gehörte, ohne es zu ahnen, zu der ausgelieferten Generation, die dann in den Weiten Rußlands, in diesen wunderbar blühenden und duftenden Ebenen vor Moskau, ohne Protest der Gegenwehr unterging. Sie wurde hingemordet, weil sie profillos war, weil sie eine Rolle spielte, die angemaßte und selbstmörderische Rolle der Sieger auf Zeit. Nur diese Generation der Heimatlosen, die sich dem Zerrbild eines ›Führers‹, einem Untermenschen anvertraute, weil sie das Menschenbild zertreten hatte, weil sie alle Spiegel zerschlagen und kein Gesicht mehr hatte, konnte singen: »Heute gehört uns Deutschland und morgen die ganze Welt.«

Morgen würde mir wieder einmal nichts mehr gehören, auch Sigrid nicht. Sigrid war in diesen Stunden meine Hoffnung und mein Halt. Ich zerstörte dieses Bild von ihr. Aber auch ich wurde kleinlaut, melancholisch und wortkarg, doch ohne diesmal Tränen zu zeigen. Sigrid sollte weinen. Das war meine Rache an mir selber. Sie war aufgestanden, schlüpfte in ihren Mantel, der mit einem kleinen kümmerlichen Pelzkragen besetzt war. Sie war ein tapferes Mädchen, das sich durch das Abitur boxte, wofür es und seine Mutter Entbehrungen tragen mußten. Ich begleitete das Mädchen bis vor die Haustür zu seiner Mietwohnung. Noch gab es keinen Zapfenstreich, aber die aufkommende Verzweiflung hatte meine großsprecherische Rede zum Verstummen gebracht. Als ich Sigrid meinen Arm um die Hüfte legte — ich bemerkte ihre runden, etwas eingesunkenen Schultern —, sagte sie energisch: »Bitte nicht küssen!«

Ich gehorchte. Ich war wieder ein Unterlegener, ein Alleingelassener. Schnell vereinbarten wir noch, daß wir uns am nächsten Tag, wenn Sigrid aus dem Mädchengymnasium in Rastenburg, wohin sie täglich fuhr, zurück war, nachmittags in der legendären Festung Boyen, die im Ersten Weltkrieg dem zaristischen Ansturm standgehalten hatte und im zweiten fast kampflos verloren wurde, treffen wollten. Ich beschloß, mir ein Hotelzimmer zu nehmen, was im Vorwinter kein Problem war.

Die Gutsbesitzer blieben zu dieser Zeit in ihren warmen Arbeitszimmern mit Jagdhund und den Geweihen an der Wand. Ich dachte an B.s vollgestelltes kleines Büro. Aber das war ein abgeschlossenes Kapitel, es glich dem ›Letzten Kapitel‹ Hamsuns. Es war eine Hamsun-Landschaft, wenn ich zurückdenke, jetzt fast fünfzig Jahre danach und an dem gleichen Fenstertisch am Marktplatz in Gizycko.

Die Chargen und auch die Statisten waren verschwunden. Mit welchem Recht überlebte ich? Was wollte ich noch erfahren, da es doch über so viele Zäsuren hinaus, wie sie der Krieg schlug, keine Erfahrungen mehr geben kann?

Ich will auch dieses allerletzte Kapitel vor dem großen Exodus schließen, ohne Details zu berichten. Sigrid und ich trafen uns also auf den bewaldeten Wällen der noch verlassenen Feste Boyen. Die Wehrmacht zog erst später hier ein. Ich trotzte Sigrid das ›Du‹ ab. Damals dauerte es oft Monate, ehe einer dem anderen das vertrauliche ›Du‹ anbot. Besonders vor einem so windigen Berliner nahmen sich die Masuren in acht, hielten sie sich zurück. Keine Vertraulichkeiten, die zu Gegenleistungen verpflichteten! Es gab auch keine Küsse. Sigrids Stimme war verhängt, ihr vom Eiswind gerötetes Gesicht weggedreht. So gingen wir immer wieder den gleichen Weg um den Rundwall, unter uns der dampfende Löwentinsee, das Kurhaus, wo alles begonnen hatte, das ganze blamable Melodram, für das ich mich noch immer schämte.

Dann sagte Sigrid: »Mir ist schlecht. Laß uns gehen!« Ich ging an ihrer Seite. Sie war meine Herrin. Ich war ihr

Hund, ein Windhund in ihren Augen. Anders kann ich mir ihre verschwiegene Reaktion nicht vorstellen. »Bitte nicht küssen!« und dabei blieb es.

Am nächsten Morgen fuhren wir die fünfzehn Fahrtminuten im D-Zug Prostken—Berlin bis Rastenburg zusammen. Wir blieben auf dem Gang stehen. Es lohnte sich nicht, ein Abteil aufzusuchen. Jetzt weinte Sigrid. Sie sah sonderbar fremd, aber auch reizvoll aus in der Uniform der Abiturientinnen, in der reich bestickten Jacke, die flache blaue Mütze mit dem Silberband etwas keck auf den Kopf gesetzt, unter der das braune Haar hervorsah. Kleine Haarlocken, die mich krank machten vor Kummer, daß dies unsere letzten Lebensminuten waren.

Kurz vor der Einfahrt in den Bahnhof Rastenburg sagte Sigrid mit kaum beherrschbarer Stimme, und die Tränen ließen sich nicht mehr aufhalten: »Nimm mich mit nach Berlin! Ich kann hier nicht mehr leben. Bitte, nimm mich mit, egal wohin!«

Was sollte ich antworten? Die Zeit des Sagens war verstrichen. Die Monologe, alles, was ich mühsam unter meinem gespielten Übermut, unter meiner tatsächlichen Feigheit versteckte, zählte nicht mehr. Ich mußte die Wahrheit sagen: »Das kann ich nicht. Das geht doch nicht. Was sollen wir denn in Berlin tun? Wovon wollen wir leben?«

»Ach, dann laß es doch. Gib doch auf«, flüsterte Sigrid, »da sind wir . . . Gute Reise, und laß von dir hören.«

Ich gelobte es und tat es nicht. Ich schrieb kein einziges Wort an dieses auf seltsame Weise wunderbare Mädchen. Ich fragte auch nicht nach ihr. Ich hatte Masuren ebenso verraten wie alle und jeden in meinem jungen Leben. Jahre danach, als ich einen Bauernhof in Mecklenburg erworben hatte, eine furchtbare Bürde, weil das devastierte Grundstück tief verschuldet war — kein Vieh, keine Maschine, kaum Arbeitskräfte —, bekam ich eine Ansichtskarte vom Marktplatz in Lötzen. Darauf war das Café, unser Café, angekreuzt. Es war zum Jahresbeginn eines der folgenden Jahre. Denn auf der Ansichtskarte stand nur ein Satz: »Mein erster Gruß im neuen Jahr gilt Dir. Deine Sigrid.«

Ich war eine Sekunde betroffen. Dann warf ich die Karte in den Papierkorb neben meinem Arbeitstisch und wendete mich meinem kräfteverzehrenden Arbeitstag zu, der vom Schweinefüttern morgens um fünf Uhr bis in die Dunkelheit der mecklenburgischen Winternacht dauerte, die nicht anders war als die Masurennacht, nur daß sie nicht endete, während die masurischen Nächte befristet waren.

Epilog
oder
Das letzte Gefecht

In Rossitten hatte Janusz Ochlast unter der großen Wanderdüne der Kurischen Nehrung einmal vorausschauend gesagt: »Das Reich wird untergehen und mit ihm der Antichrist, der Beelzebub, der falsche Gott, der sich zum Führer ernannt hat.«

Das kam mir damals wie eine ungeheuerliche Prophetie vor, die jeder realen Grundlage entbehrte. Aber Janusz Ochlast, der Lehrer aus Malga, wußte, wer ich war, zu wem er das sagte, es sagen konnte, ohne denunziert zu werden. Doch nun wollte ich zu ihm nach Malga, als ich in Allenstein in der Kaserne am Okullsee lag, wollte endlich wissen, wie das Ende aller Schrecken aussehen würde.

Ich hatte keine Zeit mehr zu verlieren. Die sowjetische Offensive war nach dem Massaker von Nemmersdorf bis Gumbinnen vorgetragen, aber von schnell herangeführten Totenkopfverbänden und anderen Eliteeinheiten wieder bis hinter Goldap zurückgeworfen worden. Goldap heißt heute polnisch einfach ›Ort‹.

Ich ging zu unserem Hauptmann, der vom Soldatenleben offensichtlich ebensowenig hielt wie ich, und erfand eine traurige Geschichte über meine durch einen Luftangriff obdachlos gewordene Familie. Ich weiß nicht, ob der Kompaniechef mir glaubte, was ich erzählte. Vielleicht wollte er es gar nicht glauben. Er bewilligte mir ohne weitere Nachfragen einen Sonderurlaub, einen sogenannten ›Bombenurlaub‹. Ich fuhr nur auf dem Urlaubsschein nach Hannover, wo meine Frau gewohnt hatte, aber nun verschollen war. Das Reiseziel war darauf angegeben, aber der ›Sonderurlauber‹ kam nie dort an. Denn ich war entschlossen, zu Janusz Ochlast nach Malga zu fahren, der mir auf der hohen Düne versprochen hatte: »Du kannst immer zu mir kommen, auch unangemeldet. Bei mir bist du sicher.«

Die totale Urlaubssperre und der im Winter folgende Großangriff der Sowjetarmeen auf Ostpreußen beendeten die ›Ära‹ der Fronturlauberzüge. Niemand kam mehr aus der Falle des brennenden Landes heraus, als der riesige Kessel von Königsberg und Elbing geschlossen wurde. Die letzten deutschen Verbände verbluteten im ›Heilsberger Dreieck‹ oder ergaben sich. Aber ich durfte noch ausreisen. In Allenstein, wo sich bereits auf dem von Truppentransporten Richtung Heimat verstopften Bahnhof die Niederlage abzeichnete, stieg ich einfach in einen Zug nach Neidenburg, also Richtung Süden, nicht Heimat. Zum Glück kontrollierten die ›Kettenhunde‹ den Zug nicht. So nannten wir die Feldgendarmen auf Jagd nach kriegsmüden Landsern. Wahrscheinlich waren sie alle in Frontnähe eingesetzt und mit Erschießung von Deserteuren beschäftigt.

Ich kam unangefochten nach Neidenburg. Von dort konnte ich mit einer Nebenbahn nach Ortelsburg über Grünfließ bis Muschaken fahren. Muschaken war die Malga nächstgelegene Station, etwa fünfzehn Kilometer von meinem Ziel entfernt.

Ochlast, das sagte mir mein im ganzen Krieg zuverlässig funktionierendes Ahnungswissen, würde zu Hause sein. Er war der einzige Lehrer und auch zu alt, um noch zum Kommiß eingezogen zu werden. Außerdem kannte er eine — wie er behauptete — ›hundertprozentig wirksame Methode‹, einen schweren Herzfehler zu simulieren. Er legte dann einfach eine Kupfermünze in einen Schuh, und das Herz reagierte auf die Ausstrahlung des Kupfers mit starken Rhythmusstörungen.

Ich wanderte über die Goldberge. Niemand war unterwegs in der Dämmerung des tiefen Winters. Sehr weit am Horizont vernahm ich das Grummeln und Rumoren der Artillerie, schwere Haubitzen, die Störfeuer schossen. Vorboten eines Angriffs. Aber das Hinterland schlief, und die Bauern waren schon abgezogen in Richtung ›Reich‹, wo sie vor dem Feuersturm Rettung erhofften. So kam ich nach Malga. So fand ich Ochlast, meinen wirklichen Lehrmeister, wieder. Er war gar nicht erstaunt. Er sagte nur: »Ich wußte, daß du eines Tages, spätestens fünf Minuten vor zwölf, kommen würdest. Jetzt ist es soweit. Es fehlen nur noch drei Minuten bis zum Ende. Aber ich weiß ein Versteck im Schilf des Omulefsees. Wir gehen sofort noch in dieser Nacht los.« So lernte ich den See kennen, konnte ihn freilich nur erahnen in der schwarzen Masurennacht — es lag kein Schnee —, den Prototyp aller Seen, den wir in vierstündigem Marsch ganz umkreisten, an dem bereits verlassenen Fischerdorf Seehag vorbei.

Dann erreichten wir die Schilfhütte. Das Schilf war hier wie Bambus hoch und dicht und mindestens einen Kilometer in den flachen See hineingewachsen. Das war der Ort der Geborgenheit, des Untertauchens. Ochlast blieb in dieser Nacht bei mir. Dann kehrten wir nach Malga zurück. Denn noch blieben mir drei Minuten Schonzeit, ehe ich mich von Janusz, der ohne jede Unruhe die Russen erwartete, trennen mußte, mit Proviant für einige Tage versorgt.

Als wir in dieser Nacht, die alles entschied und in der Ochlast mir so viel erzählte, was die kommende Katastrophe betraf, die so viele schon erreicht hatte in den masurischen Wäldern, durch den Morast des sumpfigen

Omulef-Flusses stampften, gab mir mein Gefährte den Rat, die Uniform auszuziehen, sobald wir den Hof wiedergefunden hatten. Auch Malga war von seinen Bewohnern verlassen worden. Nur die hungrigen Hunde heulten. Die streunenden Katzen sprangen im Dunkel in den Schutz der Mauern. Wir verbrannten meine verdreckte und verlauste Uniform auf dem Hof, während sich die Front immer näher an den Ort heranschob und das Mündungsfeuer der schweren Batterien bereits zu sehen war. Jetzt war es kein fernes Rumoren mehr, sondern ein schnell heraufziehender Donner.

Ich wollte das Ordensband der Winterschlachtmedaille von meinem Rock reißen, wollte es aufbewahren. Der kluge, so viel ältere Freund riß es mir aus der Hand: »Bist du verrückt? Wenn sie den Scheiß bei dir finden, bist du dran. Dann wissen sie, daß du am Angriff auf Moskau teilgenommen hast. Da kannst du dich gleich erschießen.«

Nun, ich hatte keine Waffe bei mir. Ich wußte nur, daß Ochlast, der Jäger, seine Büchse vergraben hatte. Ich bekam eine komplette Winterausrüstung, einen fest gestopften Strohsack, damit ich in der Schilfhütte nicht erfror, bevor ich mich hervorwagen konnte und die letzten Verteidiger abgezogen waren.

»Dobsche, dobsche, tralala«, lachte Ochlast, als die Flammen meine Landserklamotten fraßen und der Hof nach verbranntem Tuch stank. Wir veranstalteten ein kleines Abschiedsfest. Ochlast schwang eine Flasche ›Witten‹ in der Hand und tanzte um den kleiner werdenden Wehrmachtsrest aus der Kleiderkammer von Allenstein. Ich stand unschlüssig daneben. Er hatte mir das Ordensband weggenommen und als Abschluß des Autodafés in die schwarze veraschende Glut geworfen. Dann zog er sich die Stiefel aus, aus denen das Sumpfwasser blubberte, und stapfte mir voraus barfuß durch den vom

Feuer erwärmten blasigen Schlamm des verlassenen Schulhofes. Flackerndes Licht lag über den Goldbergen, auf denen das Artillerieduell des Endkampfes immer heftiger wurde. Die Erde bebte.

»Es ist Zeit«, sagte Janusz Ochlast zu mir, »die letzte Minute vor zwölf ist verstrichen. Jetzt mußt du gehen. Ich kann dich nicht in dein Versteck begleiten. Ich würde es nicht mehr zurück schaffen. Du weißt den Weg. Du brauchst nur dem Omuleffluß an Omulefofen vorbei bis zum See zu folgen. Wir waren in der Nacht dort. Wenn du den See erreicht hast, gehst du einfach an seinem linken Ufer im Schilf weiter, bis du zur Hütte kommst. Vergiß den Strohsack nicht.« Ochlast hatte Proviant für etwa eine Woche hineingestopft. Ich schwang mir den Sack auf die Schulter. Ich umarmte meinen Befreier nicht. Das war nicht unsere Art damals. Gefühl wurde nicht gezeigt. Emotionen blieben im Geheimfach.

»Mach's gut, Alter. Wenn alles vorbei ist, komme ich zurück. Dann beginnt unser Leben, ein anderes Leben, ein Leben ohne Befehle, ohne Terror. Dann gibt es keine Jäger und Gejagte mehr, keine Erniedrigten und Beleidigten.«

Aber als ich aus meinem Versteck kroch, als sich das Feuer weitergefressen hatte in das verlorene Land hinein, als sich die Goldberge wieder klar und nicht mehr von zuckenden Flammen umgeben aus der Ebene erhoben, als ich glaubte, daß das Ende auch der Frieden war, fand ich weder von Ochlast noch von Malga eine Spur. Es war, als wäre ich aus einem Traum in einen anderen, noch tieferen Traum gestürzt. Denn die Wirklichkeit entzog sich meiner Vorstellung.

Ich träumte, ich saß neben Hitler auf einem Sofa an einem anonymen Ort. Wir waren umgeben von Journalisten, Redakteuren, Offizieren und Gestapoagenten, die alles notierten, was ich sagte. Ich sagte unter anderem:

»Alles, was ich getan habe, meine Beteiligung am Attentat des 20. Juli 1944, mein Aufenthalt als Simulant in einer Wehrmachtsklapsmühle, habe ich für Sie getan, mein Führer.«

Hitler, blaßgrau durch sein Termitenleben im Bunker, blickte unberührt von meinem Geständnis vor sich hin. Er hatte sich bereits verpuppt, trug eine Maske. Er faßte mit seiner weichen, aber ausdrucksstarken Hand nach meinem rechten Arm und sagte mit sonorer, begütigender Stimme, indem er aufstand, aber meinen Arm dabei festhielt: »Wir können doch in Ruhe über alles sprechen, mein Freund.« Er ging auf die Tür zu, und erst da bemerkte ich, daß ich keine Schuhe trug, daß ich in Socken neben dem ›Führer‹ herging. Ein Sakrileg in dieser Situation. Ein Mann kommt in Strümpfen zum Empfang beim obersten aller Halbgötter. Auch die Gestaposchergen in Zivil waren aufgestanden und folgten uns. Da erwachte ich und wußte, daß ich verloren war. Ich stand am siebenten Tag nicht vor dem Beginn der Schöpfung, sondern vor ihrem Ende.

Originalausgaben
großer Autoren
im Heyne Taschenbuch

Jeden Monat erscheinen über 40 neue Heyne-Bücher

01/6426 - DM 6,80

01/6370 - DM 6,80

01/6205 - DM 7,80

01/6401 - DM 12,80

01/6433 - DM 6,80

01/6416 - DM 9,80

Heyne Taschenbuch-Bestseller

01/5750 - DM 12,80

01/5738 - DM 9,80

01/6343 - DM 9,80